W0323551

INHALT

DANKSAGUNG		7
VORWORT		9
KAPITEL 1	Warum arbeitet man an der Börse?	13
KAPITEL 2	Vom Präsenz- zum elektronischen Handel – Start des algorithmischen Tradings	19
KAPITEL 3	Verschiedene Formen des Tradings	27
3.1	Systematisches Trading	27
3.2	Extrembeispiel für systematisches Trading: LTCM und seine Folgen	28
3.3	Diskretionäres Trading	32
3.4	Extrembeispiel für diskretionäres Trading: 9/11	33
3.5	Verschiedene Trading-Ansätze	37
3.6	„Gut Feeling" – Handel aus dem Bauch heraus	38
3.7	Fundamental – billig oder teuer?	38
3.8	Breakouts – Ausbrüche	39
3.9	Mean Reversion – zurück zur Mitte	40

3.10 Trendfolge – es gibt kein Limit ... 40
3.11 Retracements und Extensions – Engineering ... 41
3.12 Extrembeispiel für Handel ohne konkreten Trading-Ansatz: 2 Tage im September 2007 ... 41

KAPITEL 4 Verschiedene Marktteilnehmer an den Börsen ... 45
4.1 Der Arbitrageur ... 45
4.2 Der Marketmaker ... 46
4.3 Der Spekulant ... 47
4.4 Langfristiger Investor: Fonds, Hedgefonds, Notenbanken, Privatpersonen ... 47
4.5 Kurzfristiger Investor: Day-Trading in verschiedenen Zeitintervallen ... 48
4.6 Extrembeispiel für Handel mit institutionellen Kunden: The good, the bad and the ugly ... 48

KAPITEL 5 Risiko- und Money-Management ... 51
5.1 Extrembeispiel Immobilien- und Finanzkrise 2008/09: Ein Trading Floor wird vaporisiert ... 55
5.2 Die zehn häufigsten Gründe, weshalb Trader kein Geld verdienen ... 57

KAPITEL 6 Der Handel mit zwei Algorithmen an den Rohstoffmärkten ... 59
6.1 Warum Rohstoff-Futures-Märkte? ... 60
6.2 Der erste Algorithmus: Breakout-System Global One ... 64
6.3 Das Global-One-Signal ... 65
6.4 Die Einstiegssignale und Einstiege ... 68
6.5 Die Ausstiege und Stop-Loss-Levels ... 70
6.6 Der Backtest ... 71

6.7 Unser Fazit ... 72
6.8 Der zweite Algorithmus: Trendfolgesystem Global Two ... 74
6.9 Das ALGO-GT-Signal ... 75
6.10 Die „Storyline“ und unsere Erfahrung ... 76
6.11 Commitments-of-Traders-Daten und ihre Bedeutung ... 77
6.12 Exkurs: Erweiterter CoT-Report ... 79
6.13 Saisonalität ... 80
6.14 Die Umsetzung mit Futures oder Optionsscheinen ... 82
6.15 Unser Fazit ... 86
6.16 Generelle Erläuterung zu den einzelnen Futures ... 87

KAPITEL 7 Die Energiemärkte ... 89
7.1 Crude Oil (Erdöl) ... 90
7.2 Heating Oil (Heizöl) ... 100
7.3 RBOB Gasoline (bleifreies Benzin) ... 108
7.4 Natural Gas (Erdgas) ... 116

KAPITEL 8 Metalle ... 125
8.1 Gold ... 126
8.2 Silver (Silber) ... 136
8.3 Copper (Kupfer) ... 146
8.4 Platinum (Platin) ... 154
8.5 Palladium ... 162

KAPITEL 9 „Soft Commodities“ ... 171
9.1 Kaffee (Coffee) ... 172
9.2 Arabica Coffee ... 174

9.3 Robusta Coffee 184
9.4 Cocoa (Kakao) 190
9.5 Sugar (Zucker) 200
9.6 Cotton (Baumwolle) 210
9.7 Orange Juice (Orangensaft) 220

KAPITEL 10 Agrarrohstoffe 227
10.1 Wheat (Weizen) 228
10.2 Hard Red Winter Wheat (Harter roter Winterweizen) 236
10.3 Corn (Mais) 243
10.4 Soybeans (Sojabohnen) 250
10.5 Soybean Meal (Sojabohnenmehl) 257
10.6 Soybean Oil (Sojabohnenöl) 264

KAPITEL 11 Die Fleischmärkte 273
11.1 Lean Hogs (Magere Schweine) 274
11.2 Live Cattle (Lebendrinder) 281

KAPITEL 12 Weitere Futures im Überblick 287
12.1 T-Bond Future (langlaufende amerikanische Staatsanleihe) 287
12.2 Bitcoin 294
12.3 Bund Future 300
12.4 DAX Future 306
12.5 Nasdaq Future 311

SCHLUSSWORT 317

DANKSAGUNG

Wir möchten uns bei unserem Partner, der Börsenmedien AG, bedanken.

Wir haben uns natürlich auch überlegt, bei wem wir uns, wenn wir schon ein Buch schreiben, noch bedanken möchten. Doch da wird es spärlich. Wir haben gemeinsam anlässlich dieses Buchprojekts unsere letzten 30 Jahre an den Börsen Revue passieren lassen und festgestellt, dass sich jeder im Investmentbanking eigentlich immer selbst am nächsten war. Haben es die Märkte gut mit uns gemeint (und ließen uns Geld verdienen), wurde intrigiert, geneidet und es wurden gefährliche Allianzen geschmiedet. Wer hat den besten Rückhalt, die stärkste Lobby und bekommt dadurch den größten Scheck? Doch wehe, die Märkte waren uns nicht wohlgesonnen. Dann wurde über Intrigen hinaus auch noch das Maschinengewehr ausgepackt und Mitarbeiter und Kollegen fielen reihenweise den „notwendigen" Umstrukturierungen zum Opfer. Die Leidtragenden waren traditionell die „Juniors", junge Menschen, hochengagiert und voller Zukunftspläne. Eines kam fast nie vor: dass eine „Führungsperson", ein sogenannter Managing Director, geopfert wurde. Diese gingen meist freiwillig, wenn die eigenen Taschen übervoll waren, oder mutierten zum „Frühstücksdirektor", zeichneten sich durch gekonntes Nichtstun aus und warteten auf ihren Rausschmiss. Hätte es keine Söldner gegeben, das Investmentbanking hätte diesen Beruf erfunden, ebenso wie die Profession der Blender. Eines können wir auf jeden Fall bestätigen: Anders als im Film „Wall Street" (mit Michael Douglas in der Hauptrolle) ist Gier nicht gut, aber unvermeidbar der Treibstoff, der die Märkte antreibt. Nach unserem Beruf gefragt, schütteln viele Menschen den Kopf („Wie könnt ihr nur?"), um unter vier Augen dann doch schnell nachzufragen, ob wir nicht den einen oder anderen Börsentipp für sie hätten.

Doch halt: Wir wollen hier nicht auf die eine oder andere Story, die Sie in diesem Buch finden, vorgreifen, nein, wir wollen Danke sagen. Wir halten das jetzt einmal allgemein: Danke für alles, was wir in den vergangenen drei Jahrzehnten „live" erleben und überleben durften.

VORWORT

Den Handel mit Rohstoffen gibt es seit Tausenden von Jahren. Mit Rohstoffen wurde schon gehandelt, lange bevor es die ersten Währungen gab. Die Währungen der Vergangenheit repräsentierten damals, anders als heute, den Wert der Rohstoffe, aus denen sie gemacht waren, und hatten damit einen „realen" Wert. Oft bestanden diese Münzen aus Gold, Silber oder Kupfer.

Womit wir bereits bei einer wichtigen Beobachtung sind: Rohstoffmärkte sind für uns die letzten „ehrlichen" Märkte. Preise kommen durch Angebot und Nachfrage zustande und werden nicht durch Eingriffe der Notenbanken, wie zum Beispiel den Fed Put und die langfristige Niedrigzinspolitik, beeinflusst. Auch werden Notenbanken weltweit immer wieder direkt in den Aktien-, Währungs- und Bondmärkten tätig und „greifen in das Marktgeschehen ein". Damit verzerren sie den „wahren" Wert des zugrunde liegenden Instruments. Doch was ist real? Ganz einfach: das „Gleichgewicht" (Equilibrium) zwischen echter Nachfrage und dem verfügbaren Angebot. Dieses Gleichgewicht nennt man Preis. Natürlich sind wir Rohstoff-Trader immer wieder im Mittelpunkt politischer und medialer Kritik: Wir seien Preistreiber, die auf Kosten der Bevölkerung Gewinn machen, nicht zu vergessen der fehlende Beitrag unserer Tätigkeit zum gesamtvolkswirtschaftlichen Nutzen. (Rohstoff-Handelsfirmen wurden auch schon einmal als „Institut für null volkswirtschaftlichen Nutzen" tituliert.) Natürlich haben wir auch keine „Lobby", die unsere Interessen in der Öffentlichkeit vertritt. Was diese Kritiker gern vergessen, ist, dass Preise in Rohstoffmärkten steigen *und* fallen können und diese nicht nur ein Betätigungsfeld für rücksichtslose Spekulanten sind. Das beste Beispiel ist der Preis für Crude Oil oder auch amerikanisches Rohöl, das im Zuge des Erdöl-Preiskriegs und des Coronavirus Levels erreichte, die wir so noch nie gesehen hatten, und am Höhepunkt der Krise sogar negativ handelte.

Wir sind überzeugt, dass der Preis in allen diesen Märkten die Wahrheit widerspiegelt. Egal ob bei Gold, Silber, Zucker, Weizen oder anderen Produkten, es kann immer ein fairer Preis gefunden werden. Natürlich gibt es auch Phasen der Preisverwerfungen, sei es aufgrund von Ernteausfällen, Krankheiten, geopolitischen Spannungen et cetera, am Ende aber „gewinnt" immer der faire Preis und damit der Markt.

Rohstoffe beeinflussen unser tägliches Leben. Egal ob wir mit Öl heizen, unser Auto betanken, ein Haus bauen, Milch zum Frühstück trinken, mit Geldscheinen oder Münzen bezahlen: Der Ursprung all dieser Produkte sind Rohstoffe. Der Mensch tendiert dazu, Preissteigerungen eher zur Kenntnis zu nehmen als Preissenkungen. Wahrscheinlich ist dies auch der medialen Aufmerksamkeit für Teuerungen geschuldet.

Fakt ist: Die Welt wird weiter wachsen, wenn auch aufgrund von Pandemien (Coronavirus) und der damit verbundenen Einbrüche von Angebot und Nachfrage wahrscheinlich etwas langsamer als in der Vergangenheit. Fakt ist auch, dass die Ressourcen, die uns unser Planet zur Verfügung stellt, nicht mehr werden. Im Jahr 2019 hatte die Welt circa 7,71 Milliarden Einwohner. Seit 1950 hat sich die Erdbevölkerung mehr als verdreifacht, die Mehrheit der Menschen, circa 4,5 Milliarden, lebt in Asien. Während die Bevölkerungszahl in der Eurozone sinkt, ist der Saldo aus Geburten und Sterberate immer noch positiv, das heißt, es werden im selben Betrachtungszeitraum mehr Menschen geboren als Menschen sterben. Das ist eine positive Ausgangslage für die Rohstoffmärkte.

Wir haben auf den verschiedenen Börsentagen und Konferenzen festgestellt, dass der Informationsbedarf bezüglich des Themas Futures-Trading und Rohstoffe enorm ist. Ein weiteres trockenes, theoretisches Buch zu diesem Thema wäre mindestens eines zu viel. Deswegen haben wir beschlossen, unser Buch über die Theorie hinaus mit praktischen Beispielen und Erzählungen unserer eigenen Erlebnisse während der letzten drei Jahrzehnte an den Börsen aufzulockern.

Frankfurt und Gasteinertal im Juni 2020

Markus Hechler und Carsten Stork

KAPITEL 1

WARUM ARBEITET MAN AN DER BÖRSE?

Wie kommt man auf die Idee, an der Börse zu arbeiten? Wir befragten unsere zwei Autoren direkt im Interview.

DER AKTIONÄR: Herr Stork, Herr Hechler, können Sie Ihren Lesern einen kurzen Einblick geben, warum Sie als Händler an der Börse arbeiten und wie es dazu gekommen ist?

Carsten Stork: Mich hat immer schon die Geschwindigkeit der Märkte fasziniert. Ich glaube, da ist auch viel Intuition dabei. Als ich das erste Mal auf einem Trading Floor war – das war in Wien 1995 –, war ich von der Atmosphäre fasziniert. Kaufen und Verkaufen sind ureigene Formen menschlicher Aktivität, als Händler wird die Qualität deiner Entscheidung jeden Tag durch Gewinn oder Verlust unmittelbar bewertet. Das Geschäft wurde in diesen Jahren größtenteils durch unsere physische Präsenz an den Börsen abgewickelt, erst später hat der elektronische Handel unseren Beruf immer mehr anonymisiert und wahrscheinlich auch skrupelloser gemacht. Ich habe im Sommer 1996 ein Praktikum an der Börse absolviert und damals auch meine Händlerprüfung an der Deutschen Terminbörse (DTB) abgelegt. Die ersten Jahre meiner aktiven Zeit als Händler war ich als sogenannter Marketmaker tätig, meine Aufgabe war es, verbindliche Kauf- und Verkaufskurse zu stellen und damit Geld für die Bank zu verdienen. Von Wien ging es nach Frankfurt, wo ich bei einer deutsch-englischen Bank anheuerte, damals einer der begehrtesten Arbeitgeber im Bereich Trading. Ich erinnere mich an meinen zweiten oder dritten Arbeitstag auf dem Floor in Frankfurt. Mein damaliger Chef musste beruflich verreisen und übergab mir das Optionsbuch mit der Anweisung, nichts zu handeln und ihn im Zweifel anzurufen. Einfach nichts anbrennen zu lassen und physisch präsent zu sein. Der DAX brach an diesem Tag im Vorfeld der Russlandkrise um mehrere Prozentpunkte ein, das mir übergebene Buch hatte eine ziemlich große Gamma-Long-Position, der Markt fiel immer weiter, das Buch wurde immer mehr short und nachdem ich meinen Chef nicht erreichen konnte, habe ich irgendwann zu kaufen begonnen. Dazu muss man wissen, dass eine Gamma-Long-Position in einem Optionsbuch dazu führt, dass man in einem fallenden Markt short wird, also von fallenden Kursen profitiert, und in einem steigenden Markt long wird, also bei steigenden Kursen Gewinn macht. Damals musste abends noch jeder Händler sein Gewinn/Verlust-Statement beim Leiter der Abteilung abgeben – bei mir war es an diesem Tag ein sechsstelliger Gewinn. Ich dachte, das sei für eine große deutsche Bank eine Selbstverständlichkeit – war es aber nicht, und so begrüßte mich der Abteilungsleiter am nächsten Morgen bereits mit Handschlag und kannte meinen Namen (lacht). Gelungener konnte mein Einstand eigentlich nicht laufen.

Markus Hechler: Nach der Banklehre und einer kurzen Zwischenstation im Clearing Deutsche Terminbörse (DTB) bei der Bank mit dem grünen Band der Sympathie war für mich klar, dass ich Händler werden wollte. Als Marketmaker für Optionen und später Portfolio-Trader hatte man damals schon als „Junior-Trader" eine immense Verantwortung und bewegte teilweise dreistellige Millionenbeträge.

ABBILDUNG 1.1 | MINIATURRADIO Quelle: Privat
Die „gute alte Zeit"

Vergleicht man einen Handelsfloor aus den 90er-Jahren mit der heutigen Zeit, war das wahrhaftig eine andere Welt. Auf dem Trading Floor, auf dem ich damals arbeitete, ging es Tag für Tag heiß her. Alle Abteilungen saßen eng beisammen: Kundenhandel, Eigenhandel, Aktien-Sales, Derivate und Research dicht gedrängt auf einem Stockwerk – heute undenkbar! Es herrschte ein rauer Ton, viel Geschrei und Hektik, natürlich durfte auch geraucht werden. Manch ein Händler qualmte am Tag locker zwei Packungen Zigaretten. Die alten Börsianer schwebten majestätisch über den Floor, um dann gemütlich vom Bahnhofsviertel zur Frankfurter Wertpapierbörse in der Innenstadt zu schlendern. Sie hatten alle ihr Geld gemacht – Compliance gab es damals nicht wirklich. Die Musik spielte auf dem Parkett, das elektronische Handelssystem IBIS steckte noch in den Kinderschuhen und der typische Händler hätte sich schwer vorstellen können, dass sich in wenigen Jahren die Liquidität vom Parkett auf die elektronische Plattform Xetra verlagert. Vorreiter war sicherlich der Handel mit dem Bund-Future (10-jährige deutsche Bundesanleihe), einem der liquidesten und meistgehandelten Futures am Pit der Londoner Terminbörse LIFFE. Nach dem Zusammenschluss der Deutschen Terminbörse mit der Schweizer Terminbörse Soffex im Jahr 1998 wanderte immer mehr Liquidität vom Parkett zur elektronischen Plattform. Heute findet so gut wie kein Umsatz mehr auf dem tristen Parkett der ehemaligen Weltbörsen statt, sie dienen eher als Kulisse für die täglichen Börsenberichte. Der Börsenhändler von damals war sicherlich ein anderes Kaliber als heute. Das gesprochene Wort zählte, und eine gewisse Standhaftigkeit „am Glas" in den Bars und Kneipen war auch gefragt. Zarte Charaktere und vermeintliche Schwächlinge hatten in der damaligen rauen Welt nicht viel zu lachen. Der typische Trader von heute ist ein Uni-Absolvent mit hervorragendem Abschluss, bedient die automatischen Handelssysteme, übermittelt die Ausführungen dem Kunden online und geht nach Handelsschluss in ein Fitnessstudio. Ich bezweifele, dass es heute in den Banken noch Trader gibt, die sich annähernd vorstellen können, wie es sich anfühlt, am 30.12. im „Bitburger" zu stehen und Briefkurse auf die eigene Hose, Schuhe und Hemd stellen zu müssen. Der junge Kollege von damals musste dann nackt im Schneetreiben (die Jacke wurde ihm gelassen) über die Freßgass laufen und war um 5.000 Euro reicher. Im Jahr 2020 undenkbar!

DER AKTIONÄR: Wir werden im Laufe dieses Buches ja immer wieder einzelne Anekdoten aus Ihrem persönlichen Handelsleben hören. Bevor wir nun in die Sachthemen einsteigen, noch eine Frage: Weshalb dieses Buch, weshalb dieser Zeitpunkt?

Stork: Nach unserem Ausstieg aus der Bankenwelt haben wir uns 2013 selbstständig gemacht. Ursprünglich haben wir diskretionär gehandelt, haben aber schnell erkannt, dass es schwierig ist, zu zweit mehr als 20 Märkte gleichzeitig im Auge zu behalten. So kamen wir auf die Idee, ein mechanisches System zu entwickeln, das uns dabei hilft. In der Fachwelt werden diese Systeme Algorithmen genannt. Unser erster Algorithmus war damit geboren. Zuerst als reine Handelsunterstützung bei der Beobachtung der verschiedenen Märkte konzipiert, entwickelten wir ihn bis Oktober 2015 zu einem vollautomatischen Handelssystem weiter. Wir sind nun also seit mehr als sieben Jahren in diesem Bereich aktiv und wollen mit dem Buch unsere Erfahrungen und Erlebnisse zusammenfassen.

Hechler: Wir sind inzwischen auf allen interessanten Rohstoffmärkten unterwegs. Wir mögen Volatilität – und irgendwo in den Rohstoff-/FX-Märkten ist immer etwas los. Im Sommer 2017 haben wir angefangen, nach einem Algo zu suchen, der uns entsprechende Signale im Trendfolgebereich liefern kann. So ist dann der zweite Algorithmus entstanden: ein Trendfolgesystem, das basierend auf Chartkonstellationen, Commitments-of-Traders-Daten (CoT) und saisonalen Effekten Kauf- und Verkaufssignale auswirft, die dann aber noch einer diskretionären Überprüfung unsererseits unterzogen werden. Wir werden in unserem Buch an anderer Stelle detailliert darauf eingehen. Unser Zeithorizont hat sich hier erweitert: Positionen werden Tage, ja manchmal Wochen gehalten. Live gegangen ist das System im Mai 2018.

Seit August 2019 werden die Signale und Trade-Set-ups in einer zweiwöchentlich erscheinenden Publikation, dem ALGOreport, besprochen. Wir haben einiges richtig, aber auch vieles falsch gemacht. Dieses Buch soll eine Orientierung für Trader sein, und damit es nicht zu langweilig und sachlich wird, haben wir unsere letzten 25 Jahre an den verschiedenen Börsen noch einmal Revue passieren lassen und einige „Storys“ festgehalten.

KAPITEL 2

VOM PRÄSENZ- ZUM ELEKTRONISCHEN HANDEL – START DES ALGORITHMISCHEN TRADINGS

DER AKTIONÄR: Herr Hechler, zu welchem Zeitpunkt Ihrer Karriere haben Sie denn die ersten Erfahrungen mit Handelssystemen gemacht?

Hechler: Das war in den 90er-Jahren, als ich im Portfolio-Trading gearbeitet habe. Ein Fokus unserer Arbeit war damals die Arbitrage von DAX Kasse gegen den DAX-Future. Im November 1990 legte die damalige Deutsche Terminbörse, also die heutige Eurex, den DAX-Future auf (FDAX). Der DAX notierte vor 30 Jahren noch bei knapp 1.500 Punkten, jeder Punkt entsprach einem Gegenwert von 100 DM, der gesamte DAX kostete damals also rund 150.000 DM.

Die Handelszeit war überschaubar: von 11:00 Uhr bis 14:00 Uhr. Wir rechneten den DAX damals in einem Excel-Sheet, das mit den Reuters-Kursen vom Frankfurter Parkett verknüpft war, manuell nach und hatten den Future parallel mitlaufen. Sobald sich eine Differenz von mehreren Punkten (konnte variabel eingestellt werden) zwischen dem FDAX und der Kasse ergab, wurde der Future verkauft (oder gekauft), und der Börsenmakler auf dem Parkett wurde angerufen und kaufte (oder verkaufte) einen von uns vordefinierten Basket der 30 DAX-Werte. Nach wenigen Minuten bekam man die Kurse vom Makler angesagt, die einzelnen Trades wurden dann von einem Junior-Trader oder einem selbst eingegeben. So konnten pro Basket, je nach Ausführungen der einzelnen Aktien auf dem Parkett, zwischen 1.000 und 5.000 DM „risikofrei" verdient werden. Am letzten Handelstag des DAX-Futures wurden die Positionen dann wieder glattgestellt, für den Börsenmakler auf dem Parkett war das viermal im Jahr der große Zahltag. Idealerweise hatte der Makler einen Kontrahenten, der die Kasse long war, und einen Kontrahenten, der die Kasse short war, somit konnte er beide Seiten risikolos „crossen" und kassierte zweimal die Kommission. Im Laufe der Jahre kannibalisierte sich der Arbitrage-Handel aber von allein, da immer mehr Marktteilnehmer etwas vom „free lunch" abhaben wollten und die Margen so stark schrumpften, dass nach Kosten kaum noch ein Gewinn übrig blieb.

DER AKTIONÄR: Herr Stork, oft wird davon gesprochen, dass die Verschiebung des Umsatzes an den Börsen von den physischen Präsenzplätzen zu den elektronischen Handelssystemen den Startschuss für die Entwicklung des Algo-Tradings gegeben hat. Sehen Sie das auch so, und wenn ja, wann hat diese Entwicklung eingesetzt?

Stork: Diesbezüglich eines der einschneidendsten Erlebnisse war mein Besuch an der Londoner Börse LIFFE am 9. Oktober 1997. An diesem

Tag hat die Deutsche Bundesbank den dritten Leitzins von 3 Prozent auf 3,3 Prozent erhöht. Das am meisten gehandelte Produkt der Londoner LIFFE war ein Terminkontrakt auf Bunds, die 10-jährige deutsche Staatsanleihe. Die DTB bot damals schon ein identisches Produkt an und hatte als elektronische Börse eine niedrigere Kostenbasis. Bis Ende 1996 war die LIFFE die mit Abstand größte Terminbörse in Europa, gefolgt von der MATIF in Paris und der DTB in Frankfurt. Die DTB war eine 1990 gegründete elektronische Börse und der Vorgänger von Eurex. Ich war damals genau zu dem Zeitpunkt der Zinserhöhung in der Nähe des Bund-Future-Pits. Die Präsenzbörsen waren damals noch in unterschiedliche „Pits" unterteilt, räumlich abgetrennte Bereiche, in denen ausschließlich bestimmte Produkte gehandelt wurden. Die Reaktion war gewaltig: Innerhalb weniger Minuten wurden Millionen von Kontrakten gehandelt. Ein englischer Kollege erzählte mir damals, dass zu diesem Zeitpunkt eine massive Vergrößerung der Londoner Börse LIFFE geplant war. Ich meine mich sogar zu erinnern, dass er eine Vergrößerung der Handelssäle auf die Größe von drei Fußballfeldern erwähnte.

Niemand konnte sich an diesem Tag vorstellen, dass der gesamte Umsatz in diesem Vorzeigeprodukt an die DTB wandern würde. Ich kann mich erinnern, dass ich mir im Januar 1998, circa drei Monate nach meinem Besuch an der LIFFE, den Umsatz im Bund-Future dort über Reuters angesehen habe. Schockiert nahm ich zur Kenntnis, dass die Umsätze auf wenige Tausend Kontrakte geschrumpft waren. Die LIFFE war tot – für mich eines der gravierendsten Beispiele, wie schnell Veränderung in den Finanzmärkten passieren kann.

ABBILDUNG 2.1 | LIFFE EXCHANGE LONDON 25.01.1993 Quelle: Shutterstock

Vollbesetzte LIFFE am 25.01.1993

ABBILDUNG 2.2 | LIFFE EXCHANGE LONDON 18.11.1999 Quelle: Shutterstock

LIFFE Exchange London, 18.11.1999: Der letzte LIFFE-Tag an der Cannon Bridge, bevor sie computerisiert wurde. Das Bild zeigt, wie die letzten Händler ihre Geschäfte wie gewohnt fortsetzen.

In den USA hat diese Entwicklung mit einiger Zeitverzögerung eingesetzt. Ungefähr um 2007 sind die Umsätze an den „Pits" langsam zu den elektronischen Handelssystemen abgewandert. Man kann das übrigens wunderbar in den sogenannten „Backtests" von Algorithmen erkennen. Viele Algos, die bis 2007 einwandfrei funktioniert haben, funktionieren danach überhaupt nicht mehr.

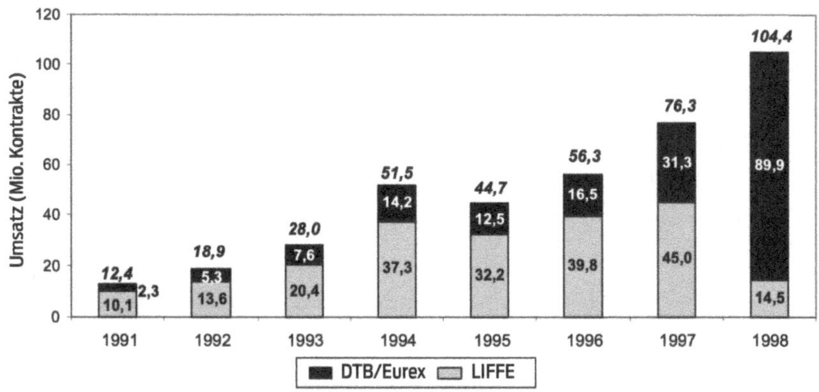

Quelle: Elektronischer Handel versus Präsenzhandel: Eine Untersuchung des Wettbewerbs von Terminbörsen am Beispiel des DM-Bund-Future, Prof. Dr. Wolfgang Bessler, Dr. Thomas Book, Mai 2002.

ABBILDUNG 2.3 | ELEKTRONISCHER HANDEL VERSUS PRÄSENZHANDEL
Umsatzentwicklung des DM-Bund-Future an DTB/Eurex und LIFFE (1991-1998)

DER AKTIONÄR: Wann kam die nächste große Veränderung an den Märkten und wie hat sie sich auf das Trading ausgewirkt?

Hechler: Eigentlich startete das Algo-Trading schon Ende der 90er-Jahre. Die Verlagerung der Präsenzbörsen auf elektronische Plattformen ebnete den Weg zum vollautomatischen Trading. Der Marketmaker an der Terminbörse DTB quotierte seine Kauf-und Verkaufskurse schon vollautomatisch, das elektronische Handelssystem IBIS (Integriertes Börsenhandels-und Informationssystem) wurde 1997 durch das bis heute bestehende Xetra-System abgelöst. Durch Schnittstellen-Programmierung war es nun den einzelnen Marktteilnehmern möglich, sich direkt an die Börse anzubinden und verschiedene Handelsmodelle sowie Quotierungstools live zu handeln. Sogenannte Autopiloten, die vom Händler selbst eingestellt wurden, waren nun in der Lage, größere Orders über den Tag verteilt in regelmäßigen Abständen an die Börse zu leiten. Die fortschreitende Automatisierung hatte zur Folge, dass es teilweise nicht mehr möglich war, auf die angezeigten Kurse zu handeln. Sobald man eine Aktie, die auf dem Handelsschirm mit 51,43 Euro zum Verkauf angeboten wurde, kaufen wollte, war „jemand" schneller und schnappte einem die Briefseite vor der Nase weg. Der nächste Kurs war dann zwei Cent höher und wurde vom selben Kontrahenten, der mit 51,43 Euro gekauft hatte, mit 51,45 Euro wieder verkauft. Mit dem bloßen Auge nicht erkennbar, wurden so die ersten Erfahrungen mit dem heute sehr verbreiteten „High-Frequency Trading" gemacht. In der heutigen schnelllebigen Börsenzeit ist der HFT-Trader, gemessen am täglichen Volumen, der größte Akteur. Diese Form des Tradings ist sicherlich eine der profitabelsten und gleichzeitig umstrittensten Arten des Handels.

Im Nanosekundenbereich kauft und verkauft der programmierte Algorithmus Futures, Aktien oder Optionsscheine an den elektronischen Börsen weltweit. Eine noch legale Form des Insider-Tradings, denn der HFT-Trader hat gegenüber den anderen Marktteilnehmern einen entscheidenden Vorteil: die Geschwindigkeit. Teilweise sind die Rechenzentren der HFT-Firmen in der Nähe der Börsen und verfügen über eine direkte Anbindung an den Börsenrechner. Trotz der hohen Kosten ist diese Form des „legalen Frontrunnings" sehr lukrativ und beschert den Firmen satte Gewinne. Dass es zu teilweise heftigen Verwerfungen an den Börsen durch vollautomatisierte Handelsprogramme kommen kann, beweisen folgende Beispiele: der berühmte Flash Crash im Mai 2010, als der Dow Jones innerhalb von wenigen Minuten mehr als 1.000 Punkte verlor, um danach wieder auf das alte Niveau zu steigen. Im August 2012 verlor Knight Capital durch eine Panne in der Trading-Software 440 Millionen Dollar an einem Tag. Abschließend kann bemerkt werden, dass durch die fortschreitende Verbreitung des Algo-Tradings in den verschiedensten Formen der Beruf des klassischen Börsenhändlers sozusagen wegrationalisiert wurde.

KAPITEL 3

VERSCHIEDENE FORMEN DES TRADINGS

3.1 Systematisches Trading

Das systematische Trading könnte sich kaum stärker vom diskretionären Trading im klassischen Stil unterscheiden. Sobald ein Händler eine Position nach einem klar vordefinierten Regelwerk eingeht, wird dieser Trade als systematisch bezeichnet. Ob die Order vollautomatisch durch ein Computerprogramm oder manuell eingegeben wird, spielt in diesem Fall keine Rolle. Der Vorteil des systematischen Tradings ist die vermeintliche Emotionslosigkeit in einem massiven Drawdown (Verlust zwischen einem Höchststand und dem darauffolgenden Tiefststand), den ein Trading-System, das backgetestet wurde, im Laufe der gehandelten Jahre sicherlich durchmacht. Der Trader, der fünf aufeinanderfolgende Verlust-Trades in einem über Jahre backgetesteten Handelssystem zu verkraften hat, geht besser mit dieser Situation um als der

Händler, der mit den identischen Trades, die „aus dem Bauch" eingegangen wurden, den gleichen Verlust einfährt. Die Märkte tun oft nicht das, was logisch erscheint. Der systematische Trader muss keine Angst vor seiner eigenen Psyche haben. Aufgrund der heutigen technischen Möglichkeiten ist es relativ einfach, selbst geschriebene oder gekaufte Handelssysteme in kurzer Zeit backzutesten. Wir empfehlen, die Backtests nicht über einen längeren Zeitraum als zehn Jahre durchzuführen. Im Zuge der Verlagerung des Präsenzhandels hin zum elektronischen Handel entstand ein neues Zeitalter, sodass es unserer Meinung nach nicht sinnvoll ist, auf ältere Daten zurückzugreifen. Kleinste Veränderungen im Regelwerk des Systems können im Backtest detailliert geprüft und angepasst werden. Als es noch keine Computer gab, wurde ein Backtest mühsam auf Millimeterpapier in tagelanger Schwerstarbeit durchgeführt – heute genügt ein Knopfdruck, und in wenigen Sekunden wird ein Markt mit vielen Parametern backgetestet. Ein erfolgreiches Handelssystem funktioniert idealerweise in mehreren verschiedenen Märkten und kann vom Trader ohne großen Zeitaufwand mit den entsprechenden Programmen 24/7 gehandelt werden. Somit sinkt der Zeitaufwand erheblich und der Trader muss nicht den ganzen Tag vor dem Schirm verbringen. Dadurch werden Wahrnehmungs- und Entscheidungsfehler massiv reduziert.

3.2 Extrembeispiel für systematisches Trading: LTCM und seine Folgen

Der Vorläufer des LTCM-Desasters war eigentlich die Russlandkrise, die 1998 zur Zahlungsunfähigkeit des russischen Staates führte. Ein der Öffentlichkeit fast gänzlich unbekannter Hedgefonds namens Long-Term Capital Management (LTCM) hatte sich im großen Stil verspekuliert und konnte nur noch durch das Eingreifen der Notenbanken und Kredite namhafter Investmentbanken gerettet werden. Doch der Reihe nach.

Nach dem Zusammenbruch der Sowjetunion wurde 1991 ein weitreichendes Reformprogramm beschlossen, was in den Nachfolgestaaten zu einer radikalen und schnellen Privatisierung von Unternehmensanteilen führte. Wurden 1991 nur etwas über fünf Prozent des Bruttoinlandsprodukts von privaten Unternehmen erbracht, waren es im Jahr 1998 bereits 70 Prozent. Allerdings waren die makroökonomischen Rahmenbedingungen nicht für eine Privatisierung in diesem Ausmaß geeignet, darüber hinaus fehlten staatliche Kontrollen bei der Kreditvergabe. Gleichzeitig konnten Unternehmen ihre Preise selbst festsetzen, der Kreditbedarf war enorm, und so kam es zur Hyperinflation. Ab 1995 versuchte die russische Politik, die Lage zu stabilisieren, allerdings verschärfte die Asienkrise 1997 die Situation. Die Schwellenländer wurden einer Neubewertung durch die internationalen Ratingagenturen unterzogen, wodurch es zu massiven Kapitalabflüssen aus den Bond- und Aktienmärkten kam. Am 17. August 1998 kam es dann zu der längst überfällig gewordenen Neubewertung des Russischen Rubel, der in der Folge um bis zu 60 Prozent einbrach, was die Zahlungsunfähigkeit Russlands einläutete. Im Sog dieser Entwicklungen geriet auch der Hedgefonds LTCM an den Rand des Abgrunds. Der Fonds war 1994 gegründet und mit circa 1,3 Milliarden US-Dollar kapitalisiert worden. Eine Leichtigkeit für das damalige Management-Team, das Geld einzusammeln, befanden sich doch unter den Partnern so prominente Namen wie John W. Meriwether, ehemaliger Star-Trader bei Salomon Brothers, Harvard-Professor Eric Rosenfeld, David Mullins, ehemaliger Vizepräsident der Fed, sowie Myron S. Scholes und Robert C. Merton, die im Jahr 1997 den Nobelpreis für ihre Beiträge zur Optionspreisbewertung erhalten hatten. Der Ruf der beteiligten Herrschaften war so makellos, dass einige Banken sogar auf die für diese Geschäfte notwendig zu hinterlegende Sicherheitsleistung (Margin) verzichteten.

Der Hedgefonds LTCM setzte mit Unsummen an Kapital und Fremdkapital auf das Funktionieren der „effizienten" Kapitalmärkte. Kleinste „Unstimmigkeiten" in Preisen wurden in den Märkten systematisch anhand von Modellen aufgespürt, und es wurde darauf gewettet, dass sich diese Preisdifferenzen im Laufe der Zeit wieder angleichen würden und LTCM aus dieser Angleichung aufgrund der enorm großen Positionen Gewinne machen würde. Der Hebel des Fonds war gewaltig: Zeitweise standen jedem investierten US-Dollar Eigenkapital 60 oder mehr US-Dollar Fremdkapital gegenüber. Die Strategie schien zunächst aufzugehen. Schon im ersten Jahr erzielte LTCM einen Gewinn von über 28 Prozent, der in den darauffolgenden Jahren auf zeitweise über 40 Prozent sprang. Doch schon 1997 wurde das Geschäft für den Fonds schwieriger, immer mehr Marktteilnehmer kopierten das Geschäftsmodell, unter anderem auch unsere Bank, die verzweifelte Versuche unternahm, um im vermeintlich profitablen Geschäft mit den exotischen Derivaten einen Teil vom Kuchen abzubekommen. Die Margen wurden kleiner, und durch die Abwertung des Russischen Rubel am 17. August 1998 kam es zum großen Knall: Über Nacht wurden sämtliche „Ramschanleihen" komplett wertlos, die Liquidität im Markt verschwand und die Spreads zwischen Geld (Ankauf) und Brief (Verkauf) wurden so breit gestellt, dass ein Panzer durchfahren konnte. Die Volatilität explodierte. Nur dank eines kurzfristig initiierten Treffens der größten Notenbanken der Welt und der wichtigsten Banken der Wall Street konnte am 23. September 1998 ein 3,8 Milliarden US-Dollar großes Rettungspaket geschnürt werden. Die beteiligten Rettungsbanken waren auch die größten Gläubiger des Fonds, sodass sie mit dem erworbenen 90-Prozent-Anteil de facto ihr eigenes Geld zurückkauften.

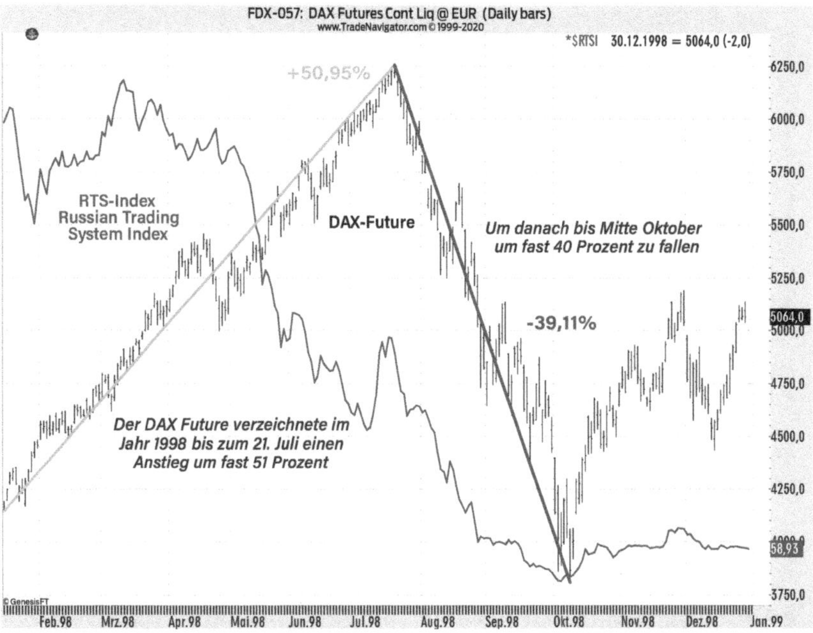

ABBILDUNG 3.1 | RTS_DAX_CHART 1998 Quelle: GenesisFT

Kursverlauf des DAX-Futures während der Russlandkrise und des LTCM-Desasters

DER AKTIONÄR: Herr Stork, wie haben Sie die turbulenten Monate während der Russlandkrise und das ganze Chaos um den Hedgefonds LTCM erlebt?

Stork: Die Russlandkrise und die Geschichte um LTCM im Jahr 1998 beschäftigten die Märkte weltweit noch Monate. Die Volatilität blieb hoch, es dauerte lange, bis die Liquidität in den „exotischen Derivaten" zurückkehrte. Aber auch einfache Optionsgeschäfte unter Marketmakern waren schwierig umzusetzen, und die Prämien waren extrem hoch. Abschreibungen mussten erfolgen, und so erlebten auch wir, wie ein Handelsdesk für exotische Derivate geschlossen wurde, da es in diesem Jahr einen siebenstelligen Betrag in den Sand gesetzt hatte. Ich hatte das „Vergnügen", bei den Aufräumarbeiten dabei zu sein. In dieser Zeit fanden wir in den Büchern im Wochentakt neue „Überraschungen". Es dauerte damals sechs Monate, um die größten Positionen glattzustellen. Ich kann mich auch noch erinnern, dass wir von der Arroganz und Überheblichkeit der bekanntesten Partner von LTCM gegenüber dem Markt überrascht waren. Der Markt hat immer recht, und das kann man eigentlich nur mit Demut zur Kenntnis nehmen. Ich habe Jahre später, ich glaube, es war 2008, einmal an einem Frühstück mit Myron Scholes teilgenommen. Er war äußerst sympathisch und betrieb damals mit einem ehemaligen Partner von LTCM einen neuen Hedgefonds namens Platinum Grove Asset Management. Die Firma hatte wieder mehrere Milliarden unter Management. Wir sprachen damals auch über LTCM. Er war nach wie vor überzeugt, dass theoretische Modelle im Handel erfolgreich sein können, dass man die Händler aber auch davon abweichen lassen sollte. Man solle nicht vorhersagen, sondern reagieren und sich auf einige „Sweet Spots" konzentrieren und nicht überall tätig sein. Er verglich den Handel damals mit einer Farm, auf der Jäger nichts verloren haben. Auch meinte er, dass Korrelationen nicht ewig funktionieren können: Man deckt einen Tisch für zwölf Personen. Solange nur zwölf kommen, ist alles gut. Aber wehe, jeder dritte Gast bringt einen Freund mit, dann wird es eng.

3.3 Diskretionäres Trading

Die meisten Händler, die sich dem Trading verschrieben haben, sei es aus Hobby oder aber als Beruf, werden die ersten Positionen an den Börsen durch sogenannte diskretionäre Entscheidungen eingehen. Der Händler setzt eine Idee um, die er aufgrund seiner subjektiven Analyse entwickelt hat. Die Handelsentscheidung trifft er aufgrund seiner persönlichen Einschätzung und je nach geistiger und körperlicher Verfassung vollkommen frei und ohne starre Regeln. Hier spielt sicherlich die Erfahrung des Traders eine große Rolle. Kommt es an den Märkten zu außergewöhnlichen Bewegungen und Szenarien, trifft der sehr erfahrene Trader intuitiv wahrscheinlich öfter die richtige Entscheidung. Dies wird sein Trading effektiver gestalten als das des unerfahrenen Anfängers. Der größte Vorteil im diskretionären Handel ist auch gleichzeitig der größte Nachteil: die Flexibilität!

An einem Tag werden vermeintlich identische Trade-Set-ups gehandelt, an einem anderen wiederum nicht. Die Folgen können emotional verheerend sein, man stellt sich als Trader selbst infrage, das Selbstvertrauen schwindet und es werden automatisch die falschen Entscheidungen getroffen. Beim Pokern gibt es hier den passenden Ausdruck „tilt“. Das bedeutet, der Spieler (Händler) „kippt“ und wird von Blatt zu Blatt (Trade) immer frustrierter. In der Folge kann er dazu neigen, Leichtsinnsfehler zu begehen, und das kostet sowohl beim Pokern als auch beim Trading oft viel Geld. Hier ist es wichtig, einen klaren Kopf zu bewahren und im Zweifel den Tisch (Trading-Bildschirm) zu verlassen. Viele diskretionäre Händler verzichten komplett auf automatische Handelsprogramme – wir nicht!

3.4 Extrembeispiel für diskretionäres Trading: 9/11

Niemand wird die apokalyptischen Bilder jemals vergessen können, die am 11. September 2001 um die Welt gingen. Eine Boeing 767 bohrt sich in den Nord-Tower des World Trade Centers in New York, 18 Minuten später schlägt eine weitere Boeing 767 in den Süd-Tower ein. Spätestens nach der zweiten Maschine ist den Behörden klar, dass es sich nicht um einen Unfall handelt, sondern um einen Anschlag. Beide Türme stürzen in sich zusammen. Kurz darauf trifft eine dritte Maschine das Pentagon, der gesamte Luftraum der USA wird geschlossen. Das vierte Flugzeug, das in die Terroranschläge verwickelt ist, ist eine Boeing 757, die in der Nähe von Pittsburgh abstürzt. Insgesamt sterben an diesem Tag mehr als 3.000 Menschen. Der am 14. September 2001 in den USA ausgerufene Ausnahmezustand ist weiterhin in Kraft.

Zum Thema 9/11 gibt es sicherlich genug Bücher, Analysen und wissenschaftliche Abhandlungen. Fest steht: Der von der amerikanischen Regierung in Auftrag gegebene offizielle Kommissionsbericht zu den Anschlägen ist genau betrachtet eine der größten Verschwörungstheorien, wird aber von den Mainstream-Medien als einzige Wahrheit angesehen. Sachliche und wissenschaftlich begründete Debatten werden gezielt vermieden, berechtigte offene Fragen werden mit dem Hinweis auf Verschwörungen diffamiert. Es geht wie immer auch um viel Geld: Am 10. September 2001, dem Tag vor den Terroranschlägen, verkündete der damalige US-Verteidigungsminister Donald Rumsfeld, dass der Verbleib von über 2.300 Milliarden US-Dollar (2,3 Billionen!) für das Militär nicht geklärt werden könne. Die Akten über diesen Sachverhalt lagerten in genau dem Flügel des Pentagon, der durch den angeblichen Flugzeugeinflug zerstört wurde. Seltsam …

Für uns als Börsenhändler sehr interessant, im Vergleich zu den 2,3 Billionen aber nur Peanuts: die Insider-Trades, die kurz vor den Anschlägen getätigt wurden. Unbekannte hatten auf Kursstürze von betroffenen Luftfahrtunternehmen, Banken und Versicherungen gewettet, indem kurz vor den tragischen Ereignissen massiv auf fallende Kurse der am meisten betroffenen Unternehmen spekuliert wurde. Im offiziellen Kommissionsbericht des US-Kongresses wurden die getätigten Insidergeschäfte in wenigen Sätzen dementiert, die Namen der Akteure wurden natürlich nicht offengelegt. Auch im Jahr 2001 war eigentlich nichts einfacher als den Käufer einer Option, die an einer Börse getätigt wurde, zu ermitteln. Solche Geschäfte können nicht mit Bargeld in einem Hinterhof anonym abgewickelt werden. An einer

Identifizierung möglicher Hintermänner und Drahtzieher bestand und besteht offensichtlich kein Interesse.

Ein Beispiel für die damaligen sehr dubiosen Trades sind die Put-Optionen auf Aktien der US-Fluggesellschaft American Airlines, die am 10. September 2001 gekauft wurden. An diesem Tag wurden 1.535 Kontrakte zu 2,15 US-Dollar gekauft, das ist 60 (!) Mal mehr als das durchschnittliche Tagesvolumen während der vorangegangenen drei Wochen. Nach Wiedereröffnung der Börsen waren die Puts 12 US-Dollar wert. Der Kurs der Airline fiel von 29,70 US-Dollar auf 18 US-Dollar. Abnormal hohe Transaktionen fanden außerdem im Bankensektor (Citigroup, Merrill Lynch, JPMorgan, Bank of America) sowie im Versicherungssektor (Swiss RE und Münchner Rück) statt. Wir wunderten uns damals über die vermeintliche Schwäche der deutschen Münchener Rück und konnten uns die Underperformance nicht erklären. Die unbekannten Käufer der Put-Optionen machten so in wenigen Wochen rund 30 Millionen US-Dollar Gewinn. Dank einer wissenschaftlichen Studie des Schweizer Finanzprofessors Marc Chesney, des Assistenzprofessors Loriano Mancini sowie des UBS-Analysten Remo Crameri aus dem Jahr 2016 wurde nachgewiesen, dass es sich bei den getätigten Geschäften um klare Insider-Trades handelte. Es wurden rund 9,6 Millionen gehandelte Optionen in einem Zeitraum von 1996 bis 2009 untersucht. Die Kriterien für mögliche Insidergeschäfte waren:

1. Die Menge der gekauften Put-Optionen ist außerordentlich groß.
2. Innerhalb weniger Tage oder Wochen wird ein riesiger Gewinn erzielt.
3. Die Put-Optionen sind nicht abgesichert. Insider denken, dass ihre Investition risikolos ist.

All diese Kriterien waren bei den Geschäften vor dem 11. September erfüllt, an einer gründlichen Aufklärung dieser mehr als dubiosen Trades ist die US-Regierung offensichtlich nicht interessiert.

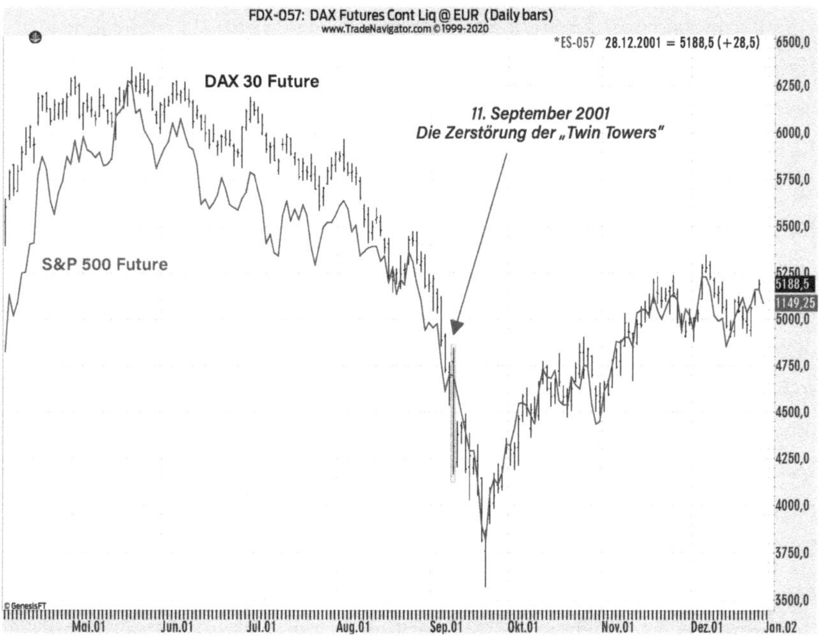

ABBILDUNG 3.2 | FDAX_S&P500_11092001 Quelle: GenesisFT

Kursverlauf des DAX- und des S&P 500-Futures vor und nach dem 9. September 2001

DER AKTIONÄR: Herr Stork, Herr Hechler, wo waren Sie am 11. September und wie haben Sie ihn erlebt?

Stork: Ich glaube, der 11. September 2001 ist ein Ereignis, bei dem sich fast jeder Mensch erinnern kann, wo er sich aufgehalten hat. Ich hatte damals schon ein wenig den Ruf bei den Kollegen, dass ich als alter Bulle bei Crashs normalerweise nicht am Floor bin. Und so war es auch dieses Mal. Ich befand mich an diesem Tag im Urlaub ... das Telefon stand allerdings keinen Moment still.

Hechler: Ich war mittendrin in dem Wahnsinn: Der Markt befand sich schon seit längerer Zeit in einem Abwärtstrend, der DAX verlor in den Wochen vor den Anschlägen schon mehr als zehn Prozent, und die 5.000er-Marke wurde gebrochen. Am frühen Nachmittag handelte der DAX relativ ruhig, doch plötzlich kam Unruhe im S&P-Future auf, ich bekam einen Anruf von einem befreundeten Sales-Mann einer amerikanischen Investmentbank, der meinte, es sei wohl gerade ein kleines Sportflugzeug in das World Trade Center geflogen. Da wir zu diesem Zeitpunkt für unseren Tisch schon einen ziemlich guten Jahresgewinn realisiert hatten und ich auch dafür bekannt war, „schnell zu schießen", verkaufte ich 100 DAX-Futures market. Nach wenigen Minuten brach auf dem Handelsfloor regelrecht Panik aus, und langsam realisierte jeder, dass sich etwas Größeres anbahnte. Die Kommentatoren auf *CNBC* und *N-TV* schalteten live nach New York, und jeder konnte das Drama mitverfolgen. Ein geordneter Handel war schwierig, die Kollegen aus London schrien eine Verkaufsorder nach der anderen in die Box und unser Handelstisch war am Limit. Gerüchte über weitere Flugzeugattacken, auch in Frankfurt, machten die Runde. Die US-Börsen wurden umgehend geschlossen, die deutschen Börsen blieben während der gesamten Zeit geöffnet. Die DAX-Futures stellte ich am selben Tag glatt, es blieb ein siebenstelliger Gewinn aus dieser Position – ein schwacher Trost.

3.5 Verschiedene Trading-Ansätze

Jeder Händler, egal ob diskretionär oder systematisch, legt seinen Handelsentscheidungen (hoffentlich) bestimmte Trading-Ansätze zugrunde. Die einen machen es bewusst, die anderen unbewusst. Das

Wichtige ist, einen Trading-Ansatz zu haben. Ohne Plan regiert das Chaos. Und mit dem Chaos kommen oft die Panik und der Verlust im Portfolio. Wir stellen in diesem Kapitel Trading-Ansätze vor, die wir selbst ausprobiert haben – mehr oder weniger erfolgreich. Manche Ansätze haben wir komplett verworfen, aus anderen haben wir Teile beibehalten. Die Ansätze geben generell einen guten Hinweis darauf, wann man in einen Markt einsteigen soll. Die Schwierigkeiten, die sich in weiterer Folge ergeben, sind das Verwalten der Position und der geeignete Ausstieg. Oder anders gesagt: Timing ist an der Börse alles.

3.6 „Gut Feeling" – Handel aus dem Bauch heraus

Dies ist ein sehr beliebter Ansatz, da er extrem einfach umzusetzen ist. Der Händler vertraut bei Kauf- und Verkaufsentscheidungen seinem Bauchgefühl. Oft wirken Futures oder Aktien in den Charts optisch billig, wenn sie stark gefallen sind, oder aber nach einem rasanten Kursanstieg teuer. Dieser Ansatz erfordert extreme Disziplin, und es gibt sicherlich den einen oder anderen Trader, der ihn erfolgreich umsetzen kann. Gefahren lauern hier vor allem durch das schnelle Mitnehmen von Gewinnen und das Laufenlassen von Verlusten. Auch wird gern „nachgemischt", was bedeutet, dass Long-Positionen zu noch niedrigeren Kursen oder Short-Positionen zu noch höheren Kursen vergrößert werden. Menschen neigen leider auch dazu, sich an die guten Trades zu erinnern und die schlechten zu vergessen. Ein klassisches Stammtischgespräch sind die Erfolge beim Handeln aus dem Bauch heraus. Bei entsprechender Bonität werden die „schnellen Schnäppchen" dann zu strategischen Positionen für Kinder oder Enkel. Von diesem Ansatz haben wir uns vor langer Zeit verabschiedet.

3.7 Fundamental – billig oder teuer?

Bei diesem Ansatz treffen logische und wirtschaftlich nachvollziehbare Bewertungskriterien auf die Logik des Marktes. Schon in dem

Film „Wall Street" hat Bud Fox nächtelang Unternehmen analysiert, nur um dann frustriert festzustellen, dass die Kurse anders gemacht werden. Beispiele gibt es ohne Ende: Volkswagen 2008, Bund-Future 2019, Crude Oil Future 2020 et cetera. Man liest die Analysen hoch bezahlter Analysten gern, um eine Begründung für Kauf oder Verkauf zu finden. Hedgefonds und große Anlagegesellschaften geben ein Vermögen für Research-Abteilungen aus. Meist sind diese nur für Kunden oder werden intern genutzt. Wir können Sie beruhigen: Wir haben mehr als 20 Jahre mit Analysten zusammengearbeitet, Sie verpassen nichts, wenn Sie nicht dabei sind.

3.8 Breakouts – Ausbrüche

Now we're talking. Dies ist der erste Trading-Ansatz, der konstant und statistisch nachweislich – siehe Kapitel 6.2 „Der erste Algorithmus: Breakout-System Global One" – positive Renditen einbringt. Aber ohne Konzept funktioniert er nicht. Was passiert beim Breakout? Hier wird ein Ausbruch aus einem vorher definierten Kursbereich gehandelt. Gern definieren Trader markante Punkte im Markt, das können zum Beispiel Höchstkurse oder Tiefstkurse in einem bestimmten Zeitraum sein. Wird der Punkt überschritten, kauft der Händler, bei Unterschreiten der Marke wird verkauft. Oft kommt es bei solchen Kursbewegungen zu einer Erhöhung des Volumens. Das liegt daran, dass solche Punkte von vielen Marktteilnehmern beobachtet werden. Man spricht hier auch gern von der „self-fulfilling prophecy" oder anders formuliert, der Handelsansatz wird in einem bestimmten Markt von so vielen Marktteilnehmern umgesetzt, dass die Bewegung in die „richtige" Richtung zunächst stattfindet. Nimmt die Dynamik der Bewegung ab und es kommt wieder zu einer Kursreaktion in die „falsche" Richtung, spricht man von einem Fehlausbruch. Wir haben unseren ersten Algorithmus mit Breakouts „gebaut", für die erfolgreiche Umsetzung war aber auch das Risikomanagement entscheidend.

3.9 Mean Reversion – zurück zur Mitte

Dies ist ein sehr interessantes Konzept, vor allem ist es logisch nachvollziehbar. Hier handelt der Trader, wenn sich der Kurs des Instruments zu weit von seinem Durchschnittspreis innerhalb einer bestimmten Zeitperiode entfernt. Geht der Kurs zu weit nach oben, wird verkauft, geht der Kurs zu weit nach unten, wird gekauft. Verglichen wird dabei der aktuelle Kurs des gehandelten Instruments mit der Größe der vergangenen durchschnittlichen Kursbewegungen innerhalb eines bestimmten Zeitraums. Die Idee ist, billig zu kaufen oder teuer zu verkaufen – in der Annahme, dass die extreme Preisveränderung sich wieder „normalisiert" und zum Durchschnittspreis über einen bestimmten Zeitraum zurückkehrt. Diese Rückkehr zur „Normalität" ist jedoch keinesfalls garantiert. Oft bleibt es über einen längeren Zeitraum bei größeren Preisbewegungen, und der Durchschnitt steigt somit auch. Uns ist es leider noch nicht gelungen, diesen Trading-Ansatz erfolgreich für uns umzusetzen.

3.10 Trendfolge – es gibt kein Limit

Große Gewinne, geringe Erfolgswahrscheinlichkeit: Das ist Trend-Trading. Oft folgen Preisentwicklungen einem Trend. Es geht (langsam) über mehrere Tage, Wochen oder sogar Monate nach oben oder nach unten. Händler machen sich diese Trendbewegungen zunutze, indem sie versuchen, den Anfang eines Trends zu erwischen und diesen so lange wie möglich „mitzunehmen". Oft sind die Einstiegskriterien auch bestimmte Punkte in einem bereits laufenden Trend, zum Beispiel 52-Wochen-Hochs. Man folgt der Börsenweisheit „The trend is your friend". Das klingt einfach, kann aber emotional sehr herausfordernd sein, weil langfristige Bewegungen auch immer von kurzen Korrekturen oder Erholungen gekennzeichnet sein können und Händler in diesen Phasen Positionen gern zu früh schließen. Das bekannteste Beispiel für erfolgreiche Trend-Trader ist die Gruppe der sogenannten „Turtle Trader“ in den 1980er-Jahren, die ein Trend-Trading-System mit klaren Regeln einsetzten und in den folgenden vier Jahren nach ihrer Gründung 80 Prozent und mehr Gewinn pro Jahr erzielen konnten. Trend-Trading hat heutzutage eine relativ geringe Gewinnwahrscheinlichkeit, und der Händler benötigt dafür einen langen Atem. Wir konnten Elemente des Trend-Tradings in unsere Handelsphilosophie einbauen, mehr dazu bei der Besprechung des ALGO-GT.

3.11 Retracements und Extensions – Engineering

Man neigt dazu, die Dinge komplizierter zu machen, um stärkere Argumente für bestimmte Entscheidungen zu haben – so zumindest unsere Erfahrung mit Retracements und Extensions. Auf der Suche nach den optimalen Einstiegen und Vorhersagen wurden Trader in der Vergangenheit immer kreativer. Ein Ergebnis dieser Kreativität war ein Handelsansatz, bei dem der prozentuale Anteil einer Preisbewegung in Relation zur vorangegangenen entgegengesetzten Preisbewegung gemessen wird. Oft werden zur Ermittlung der Unterstützungs- und Widerstandsniveaus Zahlen aus der Fibonacci-Zahlenreihe verwendet. Das funktioniert für viele Trader bestimmt wunderbar, für uns allerdings nicht. Deswegen werden wir darauf auch nicht näher eingehen.

3.12 Extrembeispiel für Handel ohne konkreten Trading-Ansatz: 2 Tage im September 2007

DER AKTIONÄR: Herr Stork, gab es bei Ihren Handelsaktivitäten in der Bank immer einen Handelsansatz, der strikt eigehalten wurde?

Stork: Im Team der sogenannten Block-Trader – das waren jene Händler, die für große institutionelle Kunden auf Anfrage verbindliche Geld- und Briefkurse stellen mussten – gab es klare Maßregeln, wer wie zu behandeln war. Die Kunden waren in Gruppen eingeteilt, je höher das „Ranking" eines Kunden, desto besser waren die Preise, die er bekam. Diese Liste wurde circa zweimal im Jahr überprüft und angepasst. Wir errechneten im Trading sogenannte „Loss Ratios", es wurde also gemessen, wie viel von der Kommission, die der Kunde der Bank bezahlt hatte, im Trading durch das Verarbeiten der Short- oder Long-Positionen wieder verloren wurde. Das war natürlich ein permanenter Streitpunkt. Oft verkauften Kunden Blöcke gleicher Größe an verschiedene Banken, und so kamen natürlich starke Kursbewegungen in den Märkten zustande. Der Ansatz war, möglichst viel Kommission zu „erhalten" und möglichst wenig Geld im Block-Trading zu verlieren. Um diese vorhersehbaren Trading-Verluste aufzufangen, bauten wir eine „Backbook"-Trader-Gruppe auf, die damals noch völlig legal bestimmte Positionen, die wir von Kunden erhalten hatten, auf sogenannte Eigenhandelsbücher nahmen. Mit diesen Positionen wurde dann auf fallende oder steigende Kurse spekuliert und Geld verdient. In einem guten Jahr war es so, dass die Backbook-Trader mehr Trading-Gewinne auf den Büchern hatten als die Block-Trader Verluste, und wir so in der Lage waren, zusätzlich 100 Prozent der Kommission einzufahren.

DER AKTIONÄR: Das klingt ja eigentlich gut durchdacht, hat das immer so funktioniert?

Stork: Nein, natürlich gab es Ausnahmesituationen. Man kann sich heute kaum noch vorstellen, wie hektisch es auf einem Trading Floor zuging, und Entscheidungen mussten oft in Sekundenbruchteilen getroffen werden. Ich erinnere mich an eine der schlimmsten Wochen in der Trading-Abteilung im September 2007. Im Zuge der sich anbahnenden Finanzkrise hoben Kunden der Bank Northern Rock in England massiv Geld ab. Bereits am Wochenende standen die Menschen in London in Schlangen vor den Geldautomaten, um ihr Geld „zu retten“. Das alles verhieß nichts Gutes, und so war es auch. Wir mussten am Montag bereits vor Börsenstart für einen Kunden, der einen größeren Block verkaufen wollte, einen Preis für Northern-Rock-Aktien geben. Nachdem die Aktie bereits am Freitag 30 Prozent eingebrochen war, konnten wir nur grob schätzen, wo sie starten würde. Wir nahmen damals einen signifikanten Abschlag für unseren Kaufkurs, die Aktie verlor aber an diesem Tag weitere circa 30 Prozent und wir mit dem Trade einen siebenstelligen Betrag. Damit aber nicht genug. Die Backbook-Trader waren aufgrund der Umstände extrem negativ für den Markt eingestellt und hatten massive Short-Positionen vor allem in den Finanzwerten auf den Büchern und setzten so auf fallende Kurse. Diese Positionierung war aufgrund des negativen Sentiments im Finanzsektor sicher gerechtfertigt. Allerdings machte Ben Bernanke, der damalige Chef der Notenbank Fed, den Händlern einen Strich durch die Rechnung: Er senkte am Dienstag, dem 18. September, die Zinsen in den USA um 50 Basispunkte, und die Märkte dankten es ihm mit steigenden Kursen. Die Aktienmärkte schlossen circa 1,5 Prozent im Plus. Ich bekam damals jeden Abend einen Anruf und wurde über das Gesamtergebnis der Abteilung informiert. Den Anruf an diesem Dienstag erhielt ich ausgerechnet bei einem Abendessen mit meinem damaligen Chef, und die Nachrichten waren nicht gut: Am Montag schon einen schlimmen Tag gehabt und am Dienstag dann noch einmal einen obendrauf gesetzt. Aber so ist Börse: Du kannst alle deine Risikolimite einhalten und trotzdem aufgrund eines Events, das so noch nie da gewesen ist, eiskalt erwischt werden. Diese Eventualität muss bei allen Maßnahmen immer irgendwo im Hinterkopf abgespeichert sein.

KAPITEL 4

VERSCHIEDENE MARKTTEILNEHMER AN DEN BÖRSEN

4.1 Der Arbitrageur

Ziel des Arbitrageurs ist es, einen Kursgewinn zu erzielen, indem er die Kursunterschiede zwischen verschiedenen Märkten ausnutzt. Beispielsweise kauft der Arbitrageur an der Börse Frankfurt 1.000 Daimler-Aktien zu 25,20 Euro und verkauft diese zur gleichen Zeit an der Börse Stuttgart zu 25,25 Euro. Mit der zunehmenden Ausbreitung des Computerhandels sowie der Vernetzung der Börsenplätze werden die Möglichkeiten für Arbitrage in den heutigen Zeiten jedoch immer weniger.

In der heutigen schnelllebigen Börsenzeit ist der HFT-Trader (High-Frequency Trading) gemessen am täglichen Volumen der größte Akteur. Diese Form des Tradings ist sicherlich eine der profitabelsten und gleichzeitig umstrittensten Arten des Handels. Im

Nanosekundenbereich kauft und verkauft der programmierte Algorithmus Futures, Aktien oder Optionsscheine an den elektronischen Börsen weltweit. Üblicherweise hat der HFT-Trader keine Positionen über Nacht offen und ist am Ende jedes Handelstags flat. Die Meinungen, ob der ultraschnelle Börsenhandel der Finanzwelt eher schadet oder nutzt, gehen weit auseinander. Die Kritiker warnen vor der Übernahme der Kontrolle über den Menschen durch die Maschine, die Befürworter argumentieren, dass der schnelle Handel die Märkte effizienter mache. Fakt ist, dass mittlerweile mehr als 60 Prozent der täglichen Umsätze auf den Hochfrequenzhandel entfallen.

4.2 Der Marketmaker

Er sorgt für Liquidität an den Börsen und steht anderen Marktteilnehmern als Kontrahent zur Verfügung. Durch Kauf- und Verkaufskurse wird sichergestellt, dass der Markt reibungslos funktioniert. In liquiden Märkten werden keine Marketmaker benötigt, anders als bei Derivaten an verschiedenen Finanzmärkten, zum Beispiel DAX-Optionen an der Eurex. Der Marketmaker ist in Abhängigkeit von dem Produkt, das er quotiert, verpflichtet, für eine gewisse Mindestanzahl von Wertpapieren Kauf- und Verkaufskurse zu stellen. In volatilen Märkten sollten Marketmaker als Stabilisatoren agieren. Idealerweise ist der Marketmaker am Ende des Tages „glatt" und hat keine offene Position, was in der Realität aber nur sehr selten der Fall ist.

Eine weitere Form des Marketmakings ist das sogenannte Designated Sponsoring. Hier geht die Bank mit einer eher kleinen Aktiengesellschaft einen Vertrag ein, gemäß dem die Aktie der Gesellschaft jederzeit quotiert und jederzeit sichergestellt wird, dass die Aktie möglichst eng gehandelt werden kann. Je liquider eine Aktie ist, desto attraktiver wird sie für Investmentfonds, deshalb haben gerade kleinere Firmen ein großes Interesse daran, dass ihre Aktie aktiv gehandelt wird. Die jährliche Gebühr, die der Bank für diesen Service bezahlt wird, ist aber bei einer falschen Positionierung des Händlers schnell verloren.

4.3 Der Spekulant

Anders als der klassische Investor wettet der Spekulant auch auf fallende Kurse und geht sowohl Long- als auch Short-Positionen ein. Ein Leerverkäufer sorgt somit auch dafür, dass überbewertete Spekulationsobjekte nicht unendlich weiter steigen, und garantiert einen Marktausgleich. Der Spekulant erhöht somit zu niedrige Preise und senkt zu hohe Preise, was letztendlich Preisschwankungen nivelliert und überhitzte Märkte beruhigt.

4.4 Langfristiger Investor: Fonds, Hedgefonds, Notenbanken, Privatpersonen

Der Investmentfonds oder Hedgefonds sammelt im Auftrag vieler Investoren und Kleinanleger Kapital ein und verwaltet das Fondsvermögen normalerweise langfristig. Das Fondsvermögen besteht vor allem aus Aktien oder Anleihen, wobei in den letzten Jahren auch immer mehr Spezialfonds mit exotischen Investitionsanlagen entstanden sind.

Eine Notenbank hat als oberste Zielsetzung die Sicherung der Stabilität und die Verfügbarkeit der jeweiligen Währung. Notenbanken sind auch im Goldmarkt sehr aktiv und haben seit der Finanzkrise 2008 ihre Goldbestände massiv erhöht. Dass Notenbanken auch aktiv das Geschehen an den weltweiten Aktienmärkten mitbestimmen, ist am Beispiel der Schweizer Notenbank (SNB) gut zu beobachten. Bei vielen Marktteilnehmern gilt die SNB mittlerweile als gigantischer Hedgefonds. Da die SNB an der Schweizer Börse auch als Aktie gelistet ist, ist in der Bilanz zu erkennen, dass von ihren 850 Milliarden Franken Bilanzsumme rund 20 Prozent vornehmlich in US-Aktien investiert sind.

Noch extremer ist die Situation in Japan, dort hat die Bank of Japan (BoJ) zum jetzigen Zeitpunkt rund 80 Prozent aller ausstehenden ETFs gekauft. Die Verstaatlichung der japanischen Aktienmärkte geht weiter, denn die Obergrenze des von der Zentralbank festgelegten Ankaufvolumens wurde vor Kurzem wieder erhöht.

4.5 Kurzfristiger Investor: Day-Trading in verschiedenen Zeitintervallen

Day-Trading ist bei vielen Händlern die am weitesten verbreitete Art, zu handeln. Man kann das Day-Trading als Königsdisziplin betrachten, denn je kürzer die Zeitintervalle beim Handeln sind, desto schwieriger ist es, damit langfristig erfolgreich zu sein. Es winkt auf der einen Seite die Hoffnung auf das schnelle Geld, auf der anderen Seite steht oft der Totalverlust, den der unerfahrene Trader realisieren muss. Der Day-Trader hält keine Positionen über Nacht und nutzt zur Maximierung seiner Gewinne oft einen Hebel, indem er CFD oder Futures handelt. Mit einem Hebel von 10 liegt der Vorteil auf der Hand, steigt/fällt das Underlying um ein Prozent, verdient/verliert der Trader zehn Prozent. Oft wird der Beruf des Day-Traders mit schnellem Reichtum gleichgesetzt, was aber nur bei sehr wenigen Händlern auch wirklich zutrifft, denn mehr als 75 Prozent der Kleinanlegerkonten verlieren Geld mit dem Handel bei CFD-Brokern. Nicht zu unterschätzen ist auch das hohe Suchtpotenzial, einer Spielsucht nicht unähnlich.

4.6 Extrembeispiel für Handel mit institutionellen Kunden: The good, the bad and the ugly

Wie im echten Leben gibt es auch in der Banken- und Fondswelt die „Guten“, die „Schlechten“ und die „Hässlichen“. Wir hatten in all unseren Jahren als Händler für institutionelle Kunden die Gelegenheit, sowohl mit fairen als auch mit hinterhältigen Kunden und Kollegen zu arbeiten und zu handeln. Dass Hedgefonds im Volksmund auch gern als „Heuschrecken" bezeichnet werden, können wir zu 100 Prozent unterstützen. Getrieben durch die Gier nach Performance und immer mehr Geld war es einigen Hedgefonds-Managern vollkommen egal, was mit dem Kontrahenten (nämlich dem Händler der Bank) und der offenen Position nach dem eingegangenen Trade passiert. Im Extremfall ließ sich der Hedgefonds bei mehreren Brokern gleichzeitig einen Kurs für beispielsweise 250.000 SAP-Aktien stellen und kaufte diese dann bei drei Banken. Jetzt musste man als Händler versuchen, möglichst schnell und ohne große Verluste die offene Position von 250.000 Aktien irgendwo zu kaufen. Idealerweise hatte man einen zweiten Kunden, der genau zu diesem Zeitpunkt bereit war, sich von 250.000 Stücken SAP zu trennen. Das wäre der Idealfall und die perfekte Form des Marketmakings, zweimal Kommission verdient und kein Risiko auf dem Handelsbuch. Doch Theorie und Praxis sind leider nur in der Fantasie gleich. In der rauen Börsenwelt war man eine Viertelmillion Aktien short und konnte mitansehen, wie jemand anderes alle SAP-Aktien wegriss und der Verlust auf die offene Short-Position im Minutentakt immer größer wurde. Einige Hedgefonds waren für solche Transaktionen bekannt, also klingelten schon alle Alarmglocken, wenn Kunde XY nach einem Risikopreis fragte. Der Salesmann, der den Hedgefonds betreute, konnte sich die Kommission gutschreiben und wies natürlich jede Schuld von sich, denn so etwas würde sein Kunde ja nie machen. Der Analyst, der den Hedgefonds mit seinem Research versorgte, schrieb sich auch die Kommission gut, aber so etwas würde ja auch sein Kunde nie machen. Am Ende des Tages wurde die Short-Position mit einem Verlust von 20.000 Euro eingedeckt, der Salesmann und der Analyst schrieben sich aber 5.000 Euro Kommission gut – willkommen in der perversen Welt des Investmentbankings. Richtig übel wurde es teilweise mit großen Positionen für Topkunden in illiquiden Aktien, bei denen man plötzlich einen Wochenumsatz long oder short war. Hier kam es teilweise vor, dass aus den ursprünglichen Kundenpositionen auf einmal langfristige Eigenhandelspositionen der Bank wurden. Dass solche Positionen oft nur mit großen Verlusten aufgelöst werden konnten, versteht sich von selbst.

KAPITEL 5

RISIKO- UND MONEY-MANAGEMENT

Der vermeintlich trockene und für manche Trader auch langweilige Teil in diesem Buch ist aber gleichzeitig ein sehr wichtiger: das Risiko- und Money-Management beim Handeln an den Finanzmärkten. Gutes Risikomanagement wird eine verlustbringende Strategie nicht in eine profitable verwandeln, umgekehrt kann aber eine höchst erfolgreiche Handelsstrategie mit schlechtem Risikomanagement gegen die Wand gefahren werden. Stellen Sie sich vor, eine Handelsstrategie mit einer unglaublichen Gewinnwahrscheinlichkeit von 90 Prozent wird von einem unerfahrenen Händler umgesetzt, der stets alle angefallenen Gewinne, inklusive des ursprünglichen Kapitals, beim nächsten Trade einsetzt. Nach den Regeln der Wahrscheinlichkeit ist er spätestens nach dem zehnten Trade pleite. Beim Traden können wir die Märkte nicht kontrollieren, aber wir können genau festlegen, wie viel wir riskieren möchten.

Ein erfolgreicher Händler kann auf lange Sicht nur überleben, wenn er sich an die strikten Regeln des Risiko- und Money-Managements konsequent hält. Die Fähigkeit, mit Verlusten umgehen und mit den daraus resultierenden emotionalen Schwankungen leben zu können, ist im Trading essenziell. Gewinnen kann schließlich jeder, doch in schwierigen und verlustreichen Zeiten emotional stabil zu bleiben muss erst gelernt werden. Hier kommt das Management des Trading-Risikos sowie des eingesetzten Kapitals ins Spiel.

Gibt es Trading-Set-ups, die einen Gewinn zu 100 Prozent garantieren? Wir sind der festen Überzeugung, dass diese Frage mit Nein beantwortet werden muss – es sei denn, der Trader verfügt über Insiderinformationen, die ihm einen Informationsvorsprung gegenüber dem Rest der Marktteilnehmer verschaffen. Doch selbst wenn man als Anleger über Informationen verfügt, die eine gewisse Kursreaktion vermuten lassen, ist das noch keine 100-prozentige Garantie, dass sich der Markt dann auch genauso entwickelt. Nehmen wir beispielsweise an, dass der Insider Informationen über eine bestehende Kapitalerhöhung oder eine Gewinnwarnung hat und sich dementsprechend positioniert. Davon abgesehen, dass sich der Anleger strafbar macht, hat er auch mit diesem Informationsvorsprung keine 100-prozentige Garantie, dass sich die Aktie in die gewünschte Richtung bewegt und er einen Gewinn erzielt. Leider gibt es auch keine (uns bekannten) Trading-Ansätze, weder systematische noch diskretionäre, die eine 100-prozentige Gewinnwahrscheinlichkeit besitzen. Das oberste Gebot beim Trading ist der Schutz des Kapitals und die Vermeidung eines Totalverlusts, deshalb ist es wichtig, die geeignete Positionsgröße zu bestimmen. Ist die Positionsgröße zu groß, riskieren wir bei einer Verlustserie (Drawdown), pleitezugehen. Ist die Positionsgröße zu klein, begrenzen wir unser Gewinnpotenzial. Es gilt, die optimale Positionsgröße zu finden, die zum eingesetzten Kapital beziehungsweise zum Risikoprofil des Anlegers passt. Angenommen, man verfügt über ein Trading-Kapital von 50.000 Euro und begrenzt das Risiko pro Trade auf fünf Prozent des Trading-Kapitals:

Festgelegter Prozentsatz x Trading-Kapital = Risiko pro Trade

5 % x 50.000 Euro= 2.500 Euro pro Trade

Beim Handel mit Optionsscheinen, Aktien oder Mini-Futures ist die Bestimmung der Zahl der Kontrakte einfach:

2.500 Euro/Kurs des Instruments. Somit kann durch Auf- und Abrunden relativ genau die zu kaufende Stückzahl ermittelt werden.

Beim Handel mit Futures stellt sich die Umsetzung komplizierter dar. Definiert man den mit einem Future einzusetzenden Betrag (2.500 Euro), kann es durchaus vorkommen, dass je nachdem, wie hoch der Stop-Loss gewählt wurde, entweder eine zu große oder eine zu kleine Position eingegangen wird. Im seltensten Falle wird es möglich sein, den Stop-Loss so zu definieren, dass genau 2.500 Euro eingesetzt werden können. Die aggressive Variante wäre es, jede Trade-Größe über 1,5 Kontrakte auf 2 aufzurunden, die defensive Variante, auf 1 abzurunden. Die Problematik hat der Scheinehändler nicht, er kann bei jedem Trade immer den gleichen Betrag einsetzen (siehe Kapitel 6.14: Die Umsetzung mit Futures oder Optionsscheinen).

Wenn ein systematischer Trading-Ansatz gehandelt wird, kann mithilfe von Backtests herausgefunden werden, wie hoch der maximale Verlust (Drawdown) in der Vergangenheit war. Verfolgt der Händler einen diskretionären Ansatz, sollte er ein Trading-Journal führen, in dem alle Trades mit den dazugehörigen Gewinnen und Verlusten notiert werden. So ist es möglich, sich auf den schlimmsten Fall emotional vorzubereiten, denn wir wissen, der nächste Drawdown kommt bestimmt, und es ist unmöglich, immer nur zu gewinnen.

Es gibt keine Vollkommenheit und auch kein perfektes Modell zur richtigen Bestimmung der Positionsgröße, es sollte nur gewährleistet werden, den Totalverlust zu vermeiden und die Trading-Gewinne möglichst zu maximieren. Wenn ein Trading-Modell mit einem festgelegten Prozentsatz angewandt wird, das jedes Mal 50 Prozent des Kapitals riskiert, ist das Handelskonto nach zwei Verlusten hintereinander um 75 Prozent geschrumpft. Das ist selbstmörderisch. Wir setzen aktuell in unserem ALGOreport jeden Trade mit zehn Prozent des Depotwerts um und wählen normalerweise einen Stop-Loss, bei dem nicht mehr als 50 Prozent pro Trade verloren wird. Je nach Volatilität oder Set-up des Underlyings behalten wir uns auch vor, den Trade nur mit 50 Prozent einzugehen, sodass flexibel entweder billiger zugekauft wird oder nach einer Bestätigung die Position auf 100 Prozent vergrößert werden kann. Durch die Stop-Loss-Wahl ist unser Risikoansatz mit fünf Prozent als eher konservativ einzustufen. Diese Art von Risikomanagement wird auch als „Fixed Fractional Money Management" bezeichnet. Die Grundannahme ist dabei folgende: Das Risiko wird größer oder kleiner, wenn sich das Depotvolumen verändert. Bei einem Anstieg des Depots werden die Positionen größer, in einer Verlustphase werden die Einsätze geringer.

Es gibt aber auch einige Trader, die die sogenannte „Martingale"-Strategie wählen, ein negatives Progressionssystem. Hierbei handelt es sich um eine extrem riskante Form des Risiko- und Money-Managements, die nur von erfahrenen Händlern angewandt werden sollte. Der Trader beginnt die Martingale-Strategie, indem er seinen Einsatz immer weiter erhöht, je länger eine Verlustserie andauert. Im

Extremfall verdoppelt der Händler seine Positionsgröße, um die angefallenen Verluste wieder auszugleichen. Bei einer Wahrscheinlichkeit von 50 Prozent ist es somit theoretisch nur eine Frage der Zeit, bis das verloren gegangene Kapital wieder zurückgewonnen wird. Das Problem bei dieser höchst riskanten Strategie ist, dass man im Extremfall riesige Summen einsetzen muss und wahrscheinlich nur einen kleinen Profit macht, nämlich den ursprünglichen Einsatz.

Gute Händler sind gute Risikomanager, denn man sollte sich immer im Klaren sein, was der Markt einem antun kann. Aus eigener Erfahrung wissen wir, dass es wesentlich einfacher ist, erfolgreich zu handeln, wenn man einen Trading-Partner hat und nicht allein handelt. Der Trading-Partner hilft einem, rational und ehrlich zu bleiben und sich nicht selbst zu belügen. Nicht der Gewinner, sondern der beste Verlierer wird am Ende erfolgreich sein, denn die oberste Priorität ist, das Pleiterisiko zu minimieren!

5.1 Extrembeispiel Immobilien- und Finanzkrise 2008/09: Ein Trading Floor wird vaporisiert

DER AKTIONÄR: Herr Stork, wie haben Sie damals die sogenannte Immobilienblase und die daraus resultierende Finanzkrise erlebt?

Stork: Wir Trader waren in der Zeit vor 2007 schon skeptisch, dass es an den weltweiten Märkten für längere Zeit ein „Goldilocks"-Szenario geben kann. Aber der Markt handelte anders, viele Marktteilnehmer hielten den amerikanischen Häusermarkt schon seit mehreren Jahren für überbewertet, dennoch wurden sämtliche Warnsignale in den Wind geschlagen. Erstmals persönlich wurde ich mit dem Thema im August 2007 konfrontiert, als ein Anteil an einem sogenannten Subprime-Fonds massiv unter die Räder kam. Man muss sich das so vorstellen: Die amerikanischen Banken vergaben gegen immer weniger Sicherheiten Immobilienkredite, bündelten diese Kredite dann mit einem Triple-A-Rating versehen und verkauften sie wieder an andere Marktteilnehmer. Im Sommer 2007 kam es nun verstärkt zu Zahlungsausfällen der Kreditnehmer, wodurch eine Neubewertung dieser Portfolios erfolgte und die „Experten“ rasch feststellten, dass es sich hierbei um eigentlich nicht verkäufliche Ramschanleihen handelte. Es kam zu einem Vertrauensverlust der Banken untereinander, die Interbanken-Zinssätze stiegen rasant an, teilweise wurde gar kein Geld mehr verliehen. Viele Finanzinstitute hatten auch langfristige Anleihen begeben, die sie mit kurzfristigen Krediten bedienten. Durch den Anstieg der kurzfristigen Zinsen kam es zu Liquiditätsengpässen, was wiederum Verkäufe in anderen Assetklassen auslöste. Ein klassischer Teufelskreis, der etliche Banken und Finanzinstitute in den Abgrund riss. Prominenteste Beispiele sind sicherlich Bear Stearns und Lehman Brothers. Der größte Trading Floor dieser Zeit war in Stamford, Connecticut. Ich war dort noch im Dezember 2007 zu Besuch und schwer beeindruckt von der Größe des Handelssaals. Eines fiel jedoch auf: In einer der normalerweise voll besetzten Reihen waren circa acht Plätze leer und die Schirme dunkel. Auf Nachfrage sagte man uns: Das ist die „Mortgage-Trading“-Abteilung, die vor einiger Zeit nach Hause geschickt wurde. Das war eigentlich der Anfang vom Ende. Mit rasanter Geschwindigkeit wurden in den verschiedenen Banken zuerst Eigenhandelsabteilungen aufgelöst, dann kam der Kundenhandel an die Reihe, er wurde weitestgehend automatisiert. In den Monaten danach wurden auch die Sales- und Research-Abteilungen auf ein Minimum reduziert. Der Ruf nach Regulierung wurde laut, in Windeseile wurden Gesetze erlassen, die eine ganze Industrie mehr oder weniger vernichteten. Mir war damals klar: Das wird nichts mehr. Der Markt ist auf Jahre tot. Ich glaube, von unseren Arbeitskollegen gibt es heute vielleicht noch eine Handvoll, die dem Banking treu geblieben sind.

ABBILDUNG 5.1 | Quelle: New York Post
TRADING FLOOR_VORHER_NACHHER_NY POST IN STAMFORD
Links: Trading im Trading Floor Stamford im Jahr 2007, voll besetzt
Rechts: Nach der Finanzkrise

5.2 Die zehn häufigsten Gründe, weshalb Trader kein Geld verdienen

Der Eigenhandel an den unterschiedlichen Märkten ist nicht einfach. Viele Neulinge verlässt nach einiger Zeit aufgrund von Misserfolgen der Mut, und sie werden unsicher. Oft fehlt an diesem Punkt bereits das notwendige Kapital, um weiterzutraden und aus den Fehlern zu lernen. Grundregeln des Tradings widersprechen auch den natürlichen Verhaltensweisen des Menschen, und nicht selten steht das eigene Ego im Weg. Kurzfristig geplante Kursspekulationen werden dann zu strategischen Investments, über die sich Kinder und Enkelkinder freuen dürfen. Hier sind zehn Gründe, weshalb die meisten Händlerneulinge nie profitabel traden werden:

1. Kein Risiko- und Money-Management.
2. Um groß zu gewinnen, wird pro Trade so viel Kapital riskiert, dass die Verluste es mathematisch unmöglich machen, unter dem Strich zu gewinnen.
3. Es gibt weder einen Plan noch ein System – Meinungen und Emotionen bestimmen die Handelsentscheidungen.
4. Trade-Einstiege basieren auf Hoffnung, Trade-Ausstiege auf Angst.
5. Es werden die falschen Märkte gehandelt – Unkenntnis führt zu kostspieligen Fehlentscheidungen.
6. Das Trading-Konto ist zu klein, die Provisionen und Gebühren zu hoch.
7. Ungeduld – FOMO (Fear Of Missing Out), die Angst, etwas zu verpassen.
8. Verluste werden zu lange laufen gelassen, Gewinne zu früh mitgenommen.
9. Der Wunsch, das Hoch zu verkaufen und das Tief zu kaufen, und damit den Trend komplett zu verpassen.
10. Das eigene Ego – es besser zu wissen als der Markt.

KAPITEL 6

DER HANDEL MIT ZWEI ALGORITHMEN AN DEN ROHSTOFF-MÄRKTEN

Rohstoffe bewegen sich in der einen oder anderen Form von Produzenten zu Konsumenten und durchlaufen oftmals verschiedene Produktionsprozesse, bevor sie ihr finales Ziel erreichen. Angebot und Nachfrage sind nicht immer ausgewogen. Manchmal will der Konsument kaufen, kann aber nicht, weil das Angebot eingeschränkt ist. Der Preis steigt. Manchmal ist es umgekehrt. Ein Rohstoffproduzent findet keine oder zu wenige Abnehmer für sein Produkt, und der Preis fällt. Das Risiko aus diesem Ungleichgewicht zwischen Nachfrage und Angebot spiegelt sich im Preis für den Rohstoff oder das Produkt wider. Der Mensch trifft Entscheidungen lieber unter Sicherheit als unter Unsicherheit, und um Preisrisiken in der Zukunft zu reduzieren, haben sich über den Lauf der Jahrhunderte Börsen gebildet, an denen es zu einem Risikotransfer zwischen Käufer und

Verkäufer kommt. Anders als im sogenannten physischen Rohstoffmarkt erfolgen die Geschäfte an den Futures-Börsen nach festgelegten Regeln und Bedingungen, damit sowohl Käufer wie auch Verkäufer Planungs- und Rechtssicherheit haben. Die Börse garantiert in der Regel, gegen eine Sicherheitsleistung ihrer Akteure, die Erfüllung der über sie abgeschlossenen Geschäfte. Natürlich sind nicht nur Produzenten und Händler an der Börse aktiv. Nein, es braucht ja auch die Gegenseite, und wie schon im Kapitel „Verschiedene Marktteilnehmer an den Börsen" beschrieben, können das die unterschiedlichsten Personen sein.

6.1 Warum Rohstoff-Futures-Märkte?

DER AKTIONÄR: Herr Stork, warum haben Sie nach fast zwei Jahrzehnten an den Aktienmärkten den Handel mit Rohstoff-Futures zu Ihrem Schwerpunkt gemacht?

Stork: Mich hat schon immer die hohe Volatilität in den Rohstoffmärkten fasziniert. Es ist eigentlich eine einfache Rechnung: Hohe Vola, hohe Gewinnchancen, aber natürlich auch größere Verlustrisiken, deswegen benötigt man auf jeden Fall ein konsequentes Money- und Risikomanagement. Das hat auch nicht von Tag 1 an funktioniert. Die Jahre waren teilweise ein schmerzhafter Lernprozess, der auch bestimmt noch nicht vorbei ist. Da kommen in regelmäßigen Abständen neue Erfahrungen dazu, wie zum Beispiel das negative Preisdebakel im Crude Oil Future im April 2020. Auf jeden Fall fanden wir von Anfang an den geringeren Kapitaleinsatz und damit verbunden den Hebel bei Rohstoffen attraktiv. Die Märkte, an denen wir handeln, sind hochliquide und transparent. Wir bezeichnen diese Märkte auch gern als die letzten echten Märkte, da es so gut wie ausgeschlossen ist, dass Notenbanken oder andere staatliche Institutionen in diesen Märkten so aktiv sind wie zum Beispiel in den Bond- oder

Aktienmärkten. Natürlich sind die Märkte sehr komplex, ungemein viele verschiedene Einflussfaktoren beeinflussen den Preis eines Rohstoffs, deswegen haben wir bereits 2013 begonnen, eine Datenbank zu führen, die bei der Beurteilung von Trade-Set-ups und bestimmten Situationen äußerst hilfreich ist. Und zu guter Letzt ist die Performance in den Rohstoffmärkten weitestgehend unabhängig von den Aktien- und Bondmärkten.

DER AKTIONÄR: Herr Hechler, wann und warum hat bei Ihnen die Faszination für die Rohstoffmärkte begonnen?

Hechler: Die Faszination für Rohstoffe, insbesondere Metalle, begann bei mir schon im zarten Kindesalter, da mein Großvater damals in Frankfurt bei der Degussa arbeitete und ich als achtjähriger Bub schon in den Genuss kam, einen kleinen Goldbarren in den Händen zu halten. Während meiner Ausbildung zum Bankkaufmann wurde ich von einem sehr trading-affinen Goldbug im Wertpapierhandel angelernt, der schon damals, Anfang der 90er-Jahre, nur auf Gold und Silber als „einzig wahres" Investment schwor. Das Interesse an den Rohstoffmärkten war natürlich auch in der Zeit als Aktienhändler immer vorhanden, da beispielsweise die Entwicklung des Ölmarkts auch eine große Rolle für die Aktien spielt.

DER AKTIONÄR: Warum sind Sie aus dem Banking ausgeschieden?

Hechler: Da muss ich etwas weiter ausholen, da sich in den letzten 15 Jahren die Finanzwelt, insbesondere im Investmentbanking, massiv verändert hat. Abgesehen vom teilweisen regulatorischen Irrsinn und den immer strenger werdenden Auflagen, die gerade im Trading in den letzten Jahren entstanden sind, wurde nahezu die gesamte Bankenwelt reformiert.

Im Jahr 1997 wurde der Begriff des „Greenspan-Puts" zum offiziellen wirtschaftlichen Terminus, der in der heutigen Zeit auch als „Fed-Put" bekannt ist. Es galt vereinfacht ausgedrückt das ungeschriebene Gesetz: Gerät der Aktienmarkt, aus welchen Gründen auch immer, unter Druck, kommt Alan Greenspan als Vorsitzender der US-Notenbank Fed zu Hilfe. Ronald Reagan rief als Reaktion auf den Börsencrash im Jahr 1987 eine Arbeitsgruppe für die Finanzmärkte ins Leben, das „Plunge Protection Team", kurz PPT. Damit wurde für Ordnung an den Aktienmärkten gesorgt und sichergestellt, dass sich die Börsen nach einer Krise wieder schnell erholen würden. Wir konnten sehr oft beobachten, wie die Märkte an schwachen Tagen aus dem Nichts und ohne Nachrichten abrupt ins Plus drehten. Es wird vermutet, dass diese Operationen zur Stützung der Aktienmärkte über den Futures-Markt ausgeführt werden. Dies ist ein Grund, warum wir sowohl die Aktien- als auch die Bondmärkte nicht mehr als echte Märkte bezeichnen können, da die Märkte nicht mehr „frei" handeln. Nach der Finanzkrise 2008 begann die bis heute anhaltende Niedrigzinsphase mit einem haussierenden Aktienmarkt als Folge. Es bedarf sicherlich wenig Fantasie, um sich vorzustellen, dass sowohl die Bond- als auch die Aktienmärkte ohne das aktive Eingreifen der Notenbanken kaum auf dem heutigen Level notieren würden. Leerverkäufe auf Aktien wurden teilweise verboten, damit verringert sich für einen aktiven Trader die Chance um 50 Prozent.

Nach unserem Ausscheiden aus der Bankenwelt im Jahr 2012 wollten wir nicht den fünfhundertsten Aktienfonds gründen und uns wie eine Horde Lemminge den Zentralbanken ausliefern. Wir entschieden uns für die vermeintlich letzten echten Märkte, nämlich die Rohstoffe, als neues Betätigungsfeld. Uns kamen der Aufstieg der digitalen Tech-Giganten und die zunehmende Bedeutung des Internets zugute. Vergleicht man unser heutiges Set-up und die damit vorhandenen Möglichkeiten mit den damaligen Zuständen in der Bank, treffen hier zwei Welten aufeinander, die kaum unterschiedlicher sein könnten. Heute ist das Homeoffice alltäglich, als wir uns selbstständig machten, war es noch etwas Besonderes. Vor allem die rasante Entwicklung des Internets und der Cloud-Services haben es uns ermöglicht, ein völlig neues Arbeitsleben zu starten.

Diese Entwicklung ist auch sehr eindeutig beim Auseinanderdriften zwischen der Old Economy und der New Economy zu erkennen. Das wird noch deutlicher beim Betrachten des Russell 2000 im Vergleich mit dem Nasdaq Index seit 2016.

ABBILDUNG 6.1 | NQ_NASDAQ_RTY_RUSSELL_SPREAD Quelle: GenesisFT

Die Preisentwicklung des Spreads Nasdaq 100/Russell 2000 seit 2016; hier wird deutlich, wie stark der Nasdaq Future den Russell 2000 Future outperformt hat.

6.2 Der erste Algorithmus: Breakout-System Global One

Die Entwicklung des Algorithmus begann im Jahr 2013 und dauerte fast zweieinhalb Jahre, bis der Live-Handel im Oktober 2015 aufgenommen werden konnte. Warum dauerte es so lange, bis die automatisierten Trading-Tools zum Einsatz kommen konnten? Die Antwort besteht aus mehreren Komponenten. Erstens sind wir keine Programmierer und mussten uns deshalb eine Software suchen, die das Bauen von Algorithmen mittels einer auf PASCAL basierenden sogenannten Anwendungs-Programmiersprache ermöglichte. Im Zuge unserer Recherchen stießen wir auf eine Firma namens Genesis mit Sitz in Colorado, die die Software „Trade Navigator" anbietet. Zweitens mussten wir die Verwendung dieser Software erlernen. Dazu waren Seminare sowohl in München als auch in New York erforderlich. Den Rest haben wir uns im zeitaufwendigen Selbststudium angeeignet. Drittens ist es von der ersten Idee bis zum Live-Handel ein langer Weg. Es muss theoretisch getestet werden, dann werden die ersten automatisierten Futures-Trades in sogenannten Paper-Trading-Accounts durchgeführt. Dabei handelt es sich um nachgebildete Märkte, die die realen Futures-Märkte fast 1:1 abbilden, allerdings kommt kein echtes Geld zum Einsatz. Man handelt sozusagen mit „Spielgeld", das vom Broker zur Verfügung gestellt wird. Zum Schluss der Testphase wurden dann die ersten Trades in den echten Futures-Märkten mit echtem Geld durchgeführt. Das ist die heiße Phase, wo letzte Fehler beseitigt werden sollten. Danach beginnt der echte Live-Handel, und auch in dieser Phase können immer wieder Anpassungen erfolgen.

Es kann auch vorkommen, dass bestimmte Trading-Ideen aufgrund von Veränderungen in den Märken aufhören zu funktionieren. Beispielhaft sei hier erwähnt, dass wir 2017 eine große Machbarkeitsstudie für den Algorithmus Global One im US-amerikanischen Aktienmarkt für eine deutsche Bank durchgeführt haben. Die Backtest-Ergebnisse waren teilweise ähnlich gut wie in den Rohstoff-Futures-Märkten, auch lieferte die Paper-Trading-Phase exzellente Ergebnisse. Doch im Live-Trading konnte kaum Performance erzielt werden, obwohl wir Slippage und Kommission in ausreichender Höhe berücksichtigt hatten. Heute vermuten wir, dass sich der Markt durch den Einsatz von High-Frequency-Trading-Tools in einer Art und Weise verändert hat, die man in einem theoretischen Backtest und auf einem Paper-Trading-Account nicht simulieren kann. Ein weiteres Trading-Projekt für den Einsatz des Global One fand auf dem australischen Aktienmarkt statt. Auch hier: gute Ergebnisse in den Backtests, ordentliche Resultate im Paper-Trading und dann im Live-Trading nicht umsetzbar. Warum? In diesem Fall waren die Quotes, die uns Interactive Brokers zur Verfügung stellte, andere (nämlich schlechtere) als für die Direktteilnehmer an der Börse in Australien.

Das Schlimmste für uns als Entwickler ist es, nach einer bestimmten Zeit, wenn wir merken, dass etwas nicht funktioniert, „den Stecker zu ziehen". Monatelange Arbeit wird dann über Nacht „in die Tonne getreten". Wir sind auch der Überzeugung, dass viele automatisierte Trading-Tools heute noch in Aktien- und Bondmärkten funktionieren könnten, wenn diese Märkte nicht von den Notenbanken manipuliert würden. Aus genau diesem Grund eignen sich Rohstoffmärkte für automatisierte Trading-Tools wie den Global One. Das rasche Wachstum der elektronischen Märkte hat die Margen zwar sinken, aber nicht verschwinden lassen. Und so feiert das System am 5. Oktober 2020 sein fünfjähriges Jubiläum.

6.3 Das Global-One-Signal

Die initiale Herausforderung bestand darin, ein Muster in den Märkten zu finden, das sich mit einer gewissen Wahrscheinlichkeit wiederholt und auf unterschiedliche Märkte anwenden lässt. Aus unserer

Zeit im Handel mit Aktien und Aktien-Futures war uns bekannt, dass es beim Brechen oder Unterschreiten einer bestimmten Marke, bei sogenannten „Breakouts", in einem bestimmten Markt zu einer Verstärkung der Bewegung und einer Erhöhung des Volumens kommen kann. Das war der erste Ansatz. Als Ausgangssituation sahen wir uns in den einzelnen Instrumenten an, was passiert, wenn der Höchstkurs oder der Tiefstkurs des Vortags überschritten oder unterschritten wird. Das passiert aufgrund der hohen Volatilität in den Rohstoff-Futures-Märkten natürlich relativ häufig, und wir benötigten einen Filter, um die Anzahl der Trades zu verkleinern. Kontraktion und Expansion sind zwei Begriffe, die eigentlich in fast allen Märkten Gültigkeit haben. Auf hochvolatile Marktphasen folgen ruhigere Phasen und umgekehrt.

Die Trading-Muster der einzelnen Signale wurden so definiert, dass die Größe der aktuellen Tageskerze am Ende der Handelssitzung mit der durchschnittlichen Größe der Tageskerzen über einen bestimmten Zeitraum in der Vergangenheit verglichen wird. Dadurch handelt der Algorithmus bei einem sprunghaften Anstieg der Volatilität zunächst nicht, es kommt zu einem Rückzug aus dem Markt, bis sich die Verhältnisse der Durchschnittswerte wieder angeglichen haben. Unterschreitet die Größe der aktuellen Tageskerze diesen historischen Durchschnitt, kommt es zu einem Signal für den nächsten Handelstag. Allerdings sagt das Signal nicht voraus, ob der Markt in dem betroffenen Instrument am nächsten Tag steigen oder fallen wird. Es wird lediglich unterstellt, dass es zu einer größeren Bewegung verglichen mit der Historie kommen kann. Automatisch werden am nächsten Tag daher in einem vorher definierten Zeitraum sowohl eine Kauf- als auch eine Verkaufsorder platziert. Die Order, die zuerst ausgeführt wird, legt die Positionierung für den Rest des Tages fest, die entgegengesetzte Order wird automatisch gelöscht. Der Stop-Loss definiert sich anhand der durchschnittlichen Volatilität der letzten fünf Tage, auch Average True Range genannt. Die Position wird spätestens zum Ende der Handelssitzung automatisch glattgestellt, Overnight-Risiken werden dadurch automatisch ausgeschlossen. Dies geschieht vor allem, um etwaige Gap-Risiken zu vermeiden. Ein Gap entsteht zum Beispiel, wenn ein Instrument am Freitag bei einem Kurs X schließt, über das Wochenende Nachrichten bekannt werden, die eine negative Preisauswirkung auf den Kurs des Instruments haben und der Future am Montag deswegen zum Beispiel zehn Prozent tiefer aufmacht. Der Gewinn und der Verlust des Trades ergeben sich aus der Differenz zwischen Einstiegskurs und Ausstiegskurs.

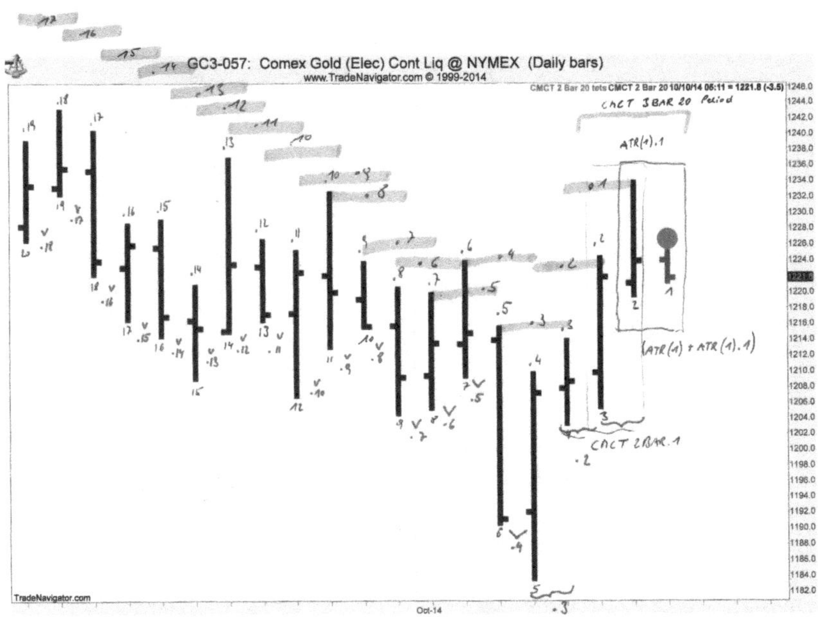

ABBILDUNG 6.2 | 2 BAR 20 Quelle: GenesisFT

Originalchart mit Kennzeichnungen für den Entwurf der ersten beiden Signale 2013

6.4 Die Einstiegssignale und Einstiege

CMCT 2 Bar 10 Period: Die kleinste Trading-Range von Hoch zu Tief der letzten zwei Tage im Vergleich zu Zeiträumen von zwei Tagen innerhalb der letzten zehn Tage.

CMCT 2 Bar 20 Period: Die kleinste Trading-Range von Hoch zu Tief der letzten zwei Tage im Vergleich zu Zeiträumen von zwei Tagen innerhalb der letzten 20 Tage.

CMCT 3 Bar 20 Period: Die kleinste Trading-Range von Hoch zu Tief der letzten drei Tage im Vergleich zu Zeiträumen von drei Tagen innerhalb der letzten 20 Tage.

CMCT 4 Bar 30 Period: Die kleinste Trading-Range von Hoch zu Tief der letzten vier Tage im Vergleich zu Zeiträumen von vier Tagen innerhalb der letzten 30 Tage.

CMCT 8 Bar 40 Period: Die kleinste Trading-Range von Hoch zu Tief der letzten acht Tage im Vergleich zu Zeiträumen von acht Tagen innerhalb der letzten 40 Tage.

CMCT 12 Bar 50 Period: Die kleinste Trading-Range von Hoch zu Tief der letzten zwölf Tage im Vergleich zu Zeiträumen von zwölf Tagen innerhalb der letzten 50 Tage.

CMCT 16 Bar 60 Period: Die kleinste Trading-Range von Hoch zu Tief der letzten 16 Tage im Vergleich zu Zeiträumen von 16 Tagen innerhalb der letzten 60 Tage.

CMCT 20 Bar 70 Period: Die kleinste Trading-Range von Hoch zu Tief der letzten 20 Tage im Vergleich zu Zeiträumen von 20 Tagen innerhalb der letzten 70 Tage.

Neben dem Vergleichen der aktuellen Trading-Range mit der historischen Trading-Range verwenden wir ein weiteres Signal, den sogenannten „Inside Day". Ein „Inside Day" entsteht, wenn das Tief der heutigen Tageskerze über dem Tief der gestrigen Tageskerze liegt und das heutige Hoch unter dem gestrigen Hoch liegt. Die heutige Tageskerze passt also in die gestrige Kerze hinein.

CMCT Truffle Nr1 ID: Hier haben wir auf Tagesschluss-Basis ein Inside-Day-Signal für den nächsten Tag.

CMCT Truffle Nr4 ID: Hier handelt es sich um die kleinste Kerze innerhalb von 4 Tagen und ein Inside-Day-Signal am nächsten Tag.

CMCT Truffle Nr7 ID: Hier handelt es sich um die kleinste Kerze innerhalb von 7 Tagen und ein Inside-Day-Signal am nächsten Tag.

Als Einstieg wird für eine Long-Position das Durchbrechen des gestrigen Hochs plus/minus einen bestimmten „Stretch" genommen. Unter einem Stretch versteht man das Addieren oder das Subtrahieren einer vordefinierten Tick-Zahl zum oder vom jeweiligen Hoch oder Tief des Vortags. Diese Vorgehensweise ermöglicht es uns, die Slippage zu verringern. Unter Slippage versteht man die Differenz zwischen dem theoretischen Einstiegskurs und dem tatsächlichen (meist schlechteren) Ausführungskurs. Die Verwendung eines Stretchs kann auch als eine Art „Vorspringen" bezeichnet werden, bevor das tatsächliche Level durchbrochen wird und das Volumen ansteigt. Das bedeutet, dass beispielsweise der Einstiegspreis beim Einstoppen einer Short-Position etwas höher platziert wird: statt 1.951 auf 1.951,10.

Positionen können in den meisten Produkten auch nur zu bestimmten Zeitfenstern während des Handelstags eröffnet werden. Das hängt in erster Linie mit der Liquidität in den einzelnen Märkten zusammen. Viele Futures in den USA handeln 23 Stunden pro Tag, andere nur halb so lange oder weniger. Die Liquidität ist zu den US-Handelszeiten jedoch in allen Produkten am höchsten.

So sind zum Beispiel die Einstiegszeiten bei den Futures aus dem Getreidekomplex bewusst in verschiedene Zeiträume gestaffelt, um ein mögliches Klumpenrisiko zu vermeiden. Die Einstiegszeit im Sojabohnen-Future, der auch im Nachhandel sehr liquide ist, ist von Handelsbeginn um 02:00 Uhr bis 18:00 Uhr (MEZ), im Sojabohnenmehl von 10:00 Uhr bis 14:00 Uhr (MEZ), im Sojabohnenöl von 13:00 Uhr bis 15:00 Uhr (MEZ), im Weizen von 14:30 Uhr bis 17:00 Uhr (MEZ) und im roten Winterweizen von 08:00 Uhr bis 14:00 Uhr (MEZ). Der Ausstieg erfolgt bei allen Grains um 20:15 Uhr (MEZ).

6.5 Die Ausstiege und Stop-Loss-Levels

Auch die Ausstiege und Stop-Loss-Levels sind fix definiert. Beim Stop-Loss verwenden wir ausschließlich die Average True Range (ATR) der letzten fünf Tage. Hierbei handelt es sich um das arithmetische Mittel der Kursbewegungen in einem Instrument in den letzten fünf Handelstagen. Steigt die Volatilität im Markt, steigt die ATR und damit unser Stop-Loss und umgekehrt. Dies dient der permanenten Anpassung unserer Stop-Loss-Levels an die aktuellen Marktgegebenheiten.

Auch die Ausstiege sind nach festen Regeln definiert und orientieren sich in den meisten Fällen an den ehemaligen Schließungszeiten der physischen Trading-Pits. Noch heute sind um diese Uhrzeiten massive Volumenanstiege zu verzeichnen. Die späteste Ausstiegszeit aus einer Position ist jedoch circa zwei bis fünf Minuten vor dem Ende der jeweiligen Trading-Session. Der Global One ist ein „Intraday-Trading"-Algorithmus, was bedeutet, dass keine Risiken von einer Trading-Session zur nächsten beibehalten werden dürfen. Das Trading-Konto hat am Ende eines jeden Tages keine Position.

Zum Beispiel wurden die Ausstiege bei allen Getreide-Futures auf 20:15 Uhr (MEZ) gelegt, der Handel schließt um 20:20 Uhr (MEZ).

6.6 Der Backtest

Nachdem die Kriterien feststanden, erfolgte die Umsetzung der Ideen in der Trading-Software, und die Funktionsweise wurde auf den verschiedensten Märkten getestet. Es wurden alle Signale für die verschiedenen Instrumente angewendet, aufgrund der Einzelergebnisse wurde das eine oder andere Signal in bestimmten Produkten „stillgelegt". Danach wurden Einstiegszeitpunkt und Ausstiegszeitpunkt definiert. Als Testzeitraum haben wir 1. Januar 2010 bis 2. Oktober 2015 gewählt. Einige Produkte wurden in diesem Zeitraum bereits auf Paper-Trading-Konten getestet, einige wurden im kleinen Rahmen auch live gehandelt. Immer wieder deckten wir in unserer Trading-Software sowohl bei den theoretischen Backtests als auch bei den Live-Trades Defizite auf, die in Zusammenarbeit mit Genesis FT, unserer Softwarefirma, umgehend behoben wurden. Der schlimmste Vorfall im Live-Trading zu Beginn des Einsatzes des Global One trug sich im Sojabohnenöl-Future zu. Der Algo wurde aufgrund eines gültigen Signals eingestoppt und kaufte nicht nur, wie geplant, einen Future, sondern kaufte jeweils einen Future im 30-Sekunden-Takt. So waren wir innerhalb kürzester Zeit über 40 Sojabohnenöl-Futures long, und jeder Tick nach unten kostete uns 240 US-Dollar. Glücklicherweise entdeckten wir den „Error" zeitnah und konnten einen größeren Schaden verhindern.

Die einzelnen Backtest-Ergebnisse sowie die Live-Trading-Ergebnisse werden bei der Vorstellung der verschiedenen Rohstoffe präsentiert und gegenübergestellt. Auch geben wir zu jedem Instrument einen Überblick über die Signale anhand des Charts.

6.7 Unser Fazit

ABBILDUNG 6.3 | KAPITALKURVE GO Quelle: CMCT

Kapitalkurve Global One seit Oktober 2015

Betrachtet man rückblickend die Kapitalkurve des Gesamtportfolios der Global-One-Strategie, wird deutlich, dass es mit einem Breakout-System möglich ist, langfristig an der Börse Geld zu verdienen. Die Strategie generierte ohne große Rückschläge in den ersten sechs Monaten mehr als 80.000 US-Dollar. Unterstellt man eine Margin von 40.000 US-Dollar im täglichen Durchschnitt, die benötigt wird, um das Futures-Portfolio zu traden, wäre das auf ein Jahr gerechnet eine Performance von mehr als 400 Prozent. Dieser nahezu perfekte Start im ersten Halbjahr ließ uns von einer sorgenfreien Zukunft träumen. Doch es kam anders. Der erste Rückschlag im August 2016, als die Strategie in nur zwei Wochen von 82.000 US-Dollar auf 63.000 US-Dollar fiel, wurde noch relativ schnell wieder aufgeholt, und im November 2016 markierte der Global One ein neues Hoch bei 89.000 US-Dollar. Danach erfolgte in nur fünf Monaten ein heftiger Drawdown von 50 Prozent, bei dem sich das Portfolio halbierte. Willkommen in der echten Trading-Welt. Erste Zweifel kamen auf.

Wir suchten nach Maßnahmen, um den vermeintlichen freien Fall zu stoppen, und reduzierten die Positionsgröße der einzelnen Futures. Eine ausgewogene Gewichtung des Portfolios mit Futures ist nahezu unmöglich, da sich die Stop-Loss-Levels täglich ändern. Es kann also sein, dass beispielsweise mit einem Silber-Trade 4.000 US-Dollar riskiert werden, ein Trade im Zucker allerdings nur mit 2.000 US-Dollar im Risiko steht. Unsere Vorgehensweise im ersten Jahr war die aggressive Variante, was bedeutet, dass die Anzahl der Futures bei jedem Trade auf- statt abgerundet wurde. Im Nachhinein war die Reduzierung der Handelsgrößen am Low der Strategie absolut falsch, zu diesem Zeitpunkt aber gerechtfertigt, da die Angst vor einer Pleite inmitten eines Drawdowns natürlich sehr groß ist. Hätten wir die ursprüngliche Positionsgröße beibehalten, wäre die Kapitalkurve bis heute deutlich steiler und die Gewinn- und Verlustrechnung um ein Vielfaches höher ausgefallen. Wir wollen uns aber nicht beschweren, denn Trading ist ein ständiges Lernen, und Fehler sowie Rückschläge gehören einfach dazu.

Die Tatsache, dass der Global One vollautomatisch läuft und theoretisch keinerlei Betreuung benötigt, ist wiederum sehr angenehm. In der Praxis werden die Signale und die eingegangenen Positionen sehr genau beobachtet. In Extremsituationen, in denen klar ist, dass eine Position in einem Future eingestoppt wird, der beispielsweise schon fünf Prozent im Minus ist, verzichten wir bewusst darauf, den Trade zu handeln, und schalten das Signal aus. Diese sogenannten Eingriffe werden dokumentiert und analysiert, sodass eine nachträgliche Betrachtung möglich ist. Teilweise werden auch manuell Gewinne mitgenommen, wenn eine zu einseitige Positionierung in einem Sektor vorhanden ist (zum Beispiel long Sojabohnen, long Sojabohnenmehl, long Sojabohnenöl et cetera).

Rückblickend ist diese Art des diskretionären Tradings in einem automatischen Handelssystem nicht nur unter Risikogesichtspunkten eine sinnvolle Ergänzung, sondern hat auch eine Verbesserung der Gewinn- und Verlustrechnung ergeben. Die Einzigartigkeit und der Grund für den Erfolg des Global One ist unserer Meinung nach darin begründet, dass solch eine Strategie für den durchschnittlichen Privat-Trader, der berufstätig ist, zu komplex ist. Die mangelhafte Skalierung in einigen Futures macht die Umsetzung für einen großen Fonds uninteressant, denn das Portfolio wird erst durch die Diversifikation verschiedener Märkte erfolgreich. So dürfte es fast unmöglich sein, beispielsweise 20 Palladium-Futures marktschonend vollautomatisch zu handeln, da die entstandene Slippage beim Ein- und Ausstoppen zu groß wäre.

Berücksichtigt man die Tatsache, dass in der Kapitalkurve mehr als 100.000 US-Dollar Slippage und 200.000 US-Dollar Kommission enthalten sind, ist das Ergebnis nach fünf Jahren Live-Trading mehr als beeindruckend. In vielen Publikationen werden die Kapitalkurven teilweise ohne Kommission und Slippage dargestellt, was unserer Meinung nach ein vollkommen verzerrtes und falsches Bild einer Strategie vermittelt. Das führt dazu, dass die vorgestellten Strategien in der Realität nicht mehr funktionieren und der enttäuschte Trader wieder einmal viel Geld verliert.

6.8 Der zweite Algorithmus: Trendfolgesystem Global Two

Die Entwicklung des zweiten Algorithmus ALGO-GT begann im Sommer 2017. Um eine Diversifikation im Portfolio zu erreichen, war die Idee, dem Portfolio zwei weitere Trading-Ansätze hinzuzufügen: einen Mean-Reversion-Ansatz und ein Trendfolgesystem. Mit unseren Ideen zur Mean Reversion sind wir leider bis heute auf keinen grünen Zweig gekommen. Trendfolge ist auch ein schwieriges

Thema. Meist sehen die Charts in der Rückbetrachtung völlig logisch aus, und es fällt schwer, zu glauben, dass man mit Trendfolge kein Geld verdienen kann. Das Problem ist (wie so oft), das Timing für den Einstieg, den Ausstieg und den richtigen Stop-Loss zu finden. Erste Tests mit „klassischen" Trendfolgesignalen führten zu Ergebnissen mit einem Erfolg von circa 30 Prozent und weniger. Das ist das generelle Problem mit Trendfolgesystemen. Sie haben eine niedrige Erfolgswahrscheinlichkeit, oder anders formuliert: Man muss mit vielen (kleinen) Verlusten und mit wenigen (großen) Gewinnern rechnen. Auch sind die meisten Signale, die in der Literatur vorgestellt werden, „lagging". Das bedeutet, dass der Markt schon einen großen Schritt in die neue Trendrichtung gemacht hat, wenn das Signal ausgeworfen wird. Dies sind lauter Faktoren, die die menschliche Psyche nur ungern akzeptiert: Oft verliert man, selten gewinnt man und meistens ist man zu spät. Zusätzlich will der Mensch die Tiefs kaufen und die Hochs verkaufen, immer gewinnen, das wäre schön. Nach einiger Zeit erkannten wir, dass ein vollautomatischer Trendfolge-Algorithmus nicht die gewünschten Ergebnisse liefern kann. Und so stellten wir uns die Frage, ob es möglich ist, ein Signal zu finden, das eine Wahrscheinlichkeit von fast 50 Prozent hat und zusätzlich mit anderen Faktoren kombiniert werden kann, die den Erfolg des Trading-Systems weiter erhöhen.

6.9 Das ALGO-GT-Signal

Das ALGO-GT-(Global Two)-Signal ist ein Trendfolge-Signal. Das Signal besteht einerseits aus einem Moving Average, den wir eine bestimmte Anzahl von Tagen, meistens zwischen drei und fünf, in die Zukunft schieben. Der zweite Indikator berechnet anhand der Konstellationen der Schlusskurse und der tatsächlichen Trading-Ranges der letzten drei Monate, ob sich im Chart eine Bodenbildung oder eine Topbildung ergeben könnte. Schneiden sich diese beiden Linien, kommt es zu einem Signal. Die Wahrscheinlichkeit des Signals in den Backtests lag bei unter 50 Prozent, womit der vollautomatische Handel ohne zusätzliche Faktoren für uns ausschied. Wir machten uns auf die Suche nach zusätzlichen Faktoren, die das Signal unterstützen. Dabei greifen wir nun einerseits auf die sogenannte „Storyline", die Commitments-of-Traders-Daten und die Saisonalität zurück. Das hat die Anzahl der Signale massiv reduziert, aber die Gewinnwahrscheinlichkeit auf über 50 Prozent erhöht.

6.10 Die „Storyline" und unsere Erfahrung

Nach dem technischen Global-Two-Signal, den wöchentlichen CoT-Daten sowie den Seasonals war es für uns nur logisch, noch ein viertes Einstiegskriterium zu finden, das die „Logik" eines Kaufs oder Verkaufs rechtfertigen würde.

Die sogenannte Storyline war geboren. Hierbei handelt es sich um ein diskretionäres Element, das für uns einen weiteren wichtigen Baustein für die erfolgreiche Umsetzung des Trades darstellt. Die Storyline ist sozusagen der letzte Feinschliff und eine Überprüfung, ob es sinnvoll ist, eine Position einzugehen.

Bei der Storyline kann es sich um eine wichtige Chartmarke, wie zum Beispiel eine durchbrochene Trendlinie, starke Unterstützungs- oder Widerstandslevels oder mehrmonatige Tiefst- oder Höchststände im zugrunde liegenden Underlying handeln. Anstehende Ereignisse, zum Beispiel ein Hurrikan oder Kälteperioden, die voraussichtlich die Kurse beeinflussen werden, können auch als Story verwendet werden. Andere Faktoren oder Märkte, die einen großen Einfluss auf das zugrunde liegende Underlying haben, werden auch in der Storyline betrachtet. Beispielsweise hat der Kurs des Brasilianischen Real einen großen Einfluss auf die Preisentwicklung des Zuckers oder des Kaffees. Auch kann das historische Verhältnis des Gold/Silber-Spreads eine Entscheidungshilfe beim Eingehen einer

Position in diesen Metallen sein. Eine grassierende Pandemie bei Nutztieren erklärt eventuell eine Positionierung im Rinder- oder Schweinemarkt. Eine ordentliche Recherche rechtfertigt sozusagen den Trade und ist neben den technischen Indikatoren die finale Bestätigung, um zu überprüfen, ob es sinnvoll ist, eine Position einzugehen.

6.11 Commitments-of-Traders-Daten und ihre Bedeutung

Der Commitment of Traders Report (CoT) ist ein regelmäßig veröffentlichter Bericht der Commodity Futures Trading Commission (CFTC), das ist die offizielle Regulierungsstelle der amerikanischen Rohstoffbörsen. Dieser Bericht enthält Angaben über die Handelspositionen der anzeigepflichtigen Marktteilnehmer in Form einer Auflistung des Open Interest. Das Open Interest umfasst alle offenen Futures-Transaktionen, die von den Marktteilnehmern getätigt wurden. Der Report erscheint jeden Freitag und enthält aktuelle Daten bis zum Dienstag derselben Woche. Übermittelt werden die Zahlen den Marktteilnehmern jeden Freitag nach Handelsschluss. Die Erstellung erfolgt für sämtliche Märkte, in denen mindestens 20 Händler aktiv sind und deren Positionen oberhalb der Anzeigepflicht liegen, die auch von der Regulierungsbehörde festgelegt wird. Es existieren zwei Varianten des Reports: In der einen Version werden nur die Futures-Kontrakte veröffentlicht, in einer zweiten Version werden diese Transaktionen um Optionsgeschäfte erweitert. Die hohe Aussagekraft des Reports ergibt sich aus der Tatsache, dass die Summe des Open Interest aller Marktteilnehmer immer null beträgt, oder anders formuliert: Zu jeder Long-Position existiert immer auch eine Short-Position. Interessant bei der Analyse des Reports ist nun die Verteilung der Positionen auf die einzelnen Marktteilnehmer, wobei wir davon ausgehen, dass die sogenannten

Commercials aufgrund ihres originären Geschäfts immer sehr gut über die Situation an den Rohstoffmärkten informiert sind. Es werden drei Gruppen unterschieden:

1. Commercials: Dabei handelt es sich um große Händler und/oder Produzenten, die in erster Linie auf den Rohstoffterminmärkten auftreten, um Absicherungspositionen (Hedging) einzugehen. Spekulation ist in dieser Gruppe so gut wie kein Thema.

2. Non-Commercials: Spekulanten – Hedgefonds, Indexfonds, Banken, Asset-Manager, kurzum Marktteilnehmer, die auf Gewinnerzielung durch Partizipation an Preisbewegungen des Marktes aus sind. Im Rohstoffbereich handelt es sich bei dieser Gruppe oftmals um Trendfolger.

3. Non-Reportable: Zusammenfassung der restlichen Marktteilnehmer, überwiegend handelt es sich dabei um kleine Händler oder um sogenannte Small Speculators, kleinere Firmen, die Preisspekulation an Börsen betreiben. Da diese nicht reportpflichtig sind, erfolgt die Positionsermittlung innerhalb des Commitments of Traders Report als Differenz zwischen den Commercial- und Non-Commercial-Positionen im Verhältnis zum gesamten Open Interest.

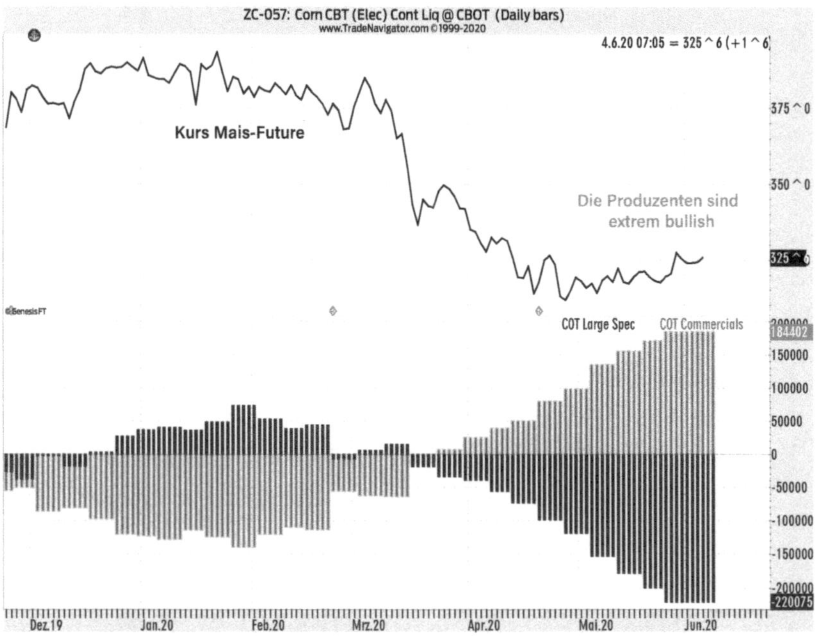

ABBILDUNG 6.4 | ZC_MAIS_COT_ÜBERBLICK Quelle: GenesisFT

Der Mais-Chart und Anfang Juni 2020 eine extreme Long-Positionierung der Commercials

6.12 Exkurs: Erweiterter CoT-Report

Seit dem 4. September 2009 wird darüber hinaus für bislang 22 Rohstoffmärkte ein erweiterter CoT-Report parallel zu der klassischen Variante veröffentlicht. Hierin werden die Marktteilnehmer zusätzlich aufgeschlüsselt. Mit dem Ziel, für zusätzliche Transparenz des Marktgeschehens zu sorgen, werden die reportpflichtigen Marktteilnehmer in die folgenden vier Gruppen eingegliedert:

1. Producer/Merchant/Processor/User
2. Swap Dealer

3. Money Manager
4. Other Reportables

Die beiden Erstgenannten entsprechen den Commercials des traditionellen Reports. Die Gruppe Producer/Merchant/Processor/User nutzt die Futures-Märkte zum Hedging von Risiken, die im operativen Geschäft im Zusammenhang mit dem physischen Rohstoff entstehen. Swap Dealer treten ebenfalls als Hedger auf. Ihr Interesse besteht allerdings in der Absicherung von Risiken aus Swap-Geschäften. Die Gegenparteien können indes sowohl spekulative als auch kommerzielle Händler sein.

Als Money Manager werden Marktteilnehmer klassifiziert, die spekulative Interessen im Auftrag von Kunden verfolgen. Sie können ebenso wie die Other Reportables, die eine Zusammenfassung aller weiteren reportpflichtigen Marktteilnehmer darstellen, den Non-Commercials im traditionellen CoT zugeordnet werden.

Als weitere Neuerung des erweiterten CoT ist der Ausweis von Spread-Positionen der Marktteilnehmer 2 bis 4 zu nennen. Hierbei werden gegenläufige Positionen in einem Markt nicht mehr aufgerechnet, sondern separat ausgewiesen. Wir konnten durch diese zusätzliche Einteilung keinen Mehrwert für unsere Analysen erkennen.

6.13 Saisonalität

Saisonalität ist ein wichtiger Faktor in den Rohstoffmärkten, im Allgemeinen versteht man darunter, dass sich bestimmte Märkte zu einer bestimmten Zeit des Jahres in eine bestimmte Richtung bewegen. Es gibt verschiedene Formen, zu den bekanntesten Saisonalitäten zählen wahrscheinlich die Wetterzyklen. Mit einer gewissen Wahrscheinlichkeit können wir also schätzen, ob sich eine Preisbewegung innerhalb eines Zeitraums wiederholen könnte. Normalerweise vergleichen wir die aktuelle Preisentwicklung eines Rohstoffes mit seinen historischen Saisonalitäten und teilen die vergangene Preisentwicklung in drei Kategorien ein:

1. Durchschnittlicher bullisher saisonaler Trend
2. Durchschnittlicher bearisher saisonaler Trend
3. Durchschnittlicher „normaler" saisonaler Trend

Die ersten beiden Trends sind extreme historische Kursbewegungen in die eine oder andere Richtung. Der durchschnittliche „normale" saisonale Trend kommt der Realität bei unseren Analysen am nächsten.

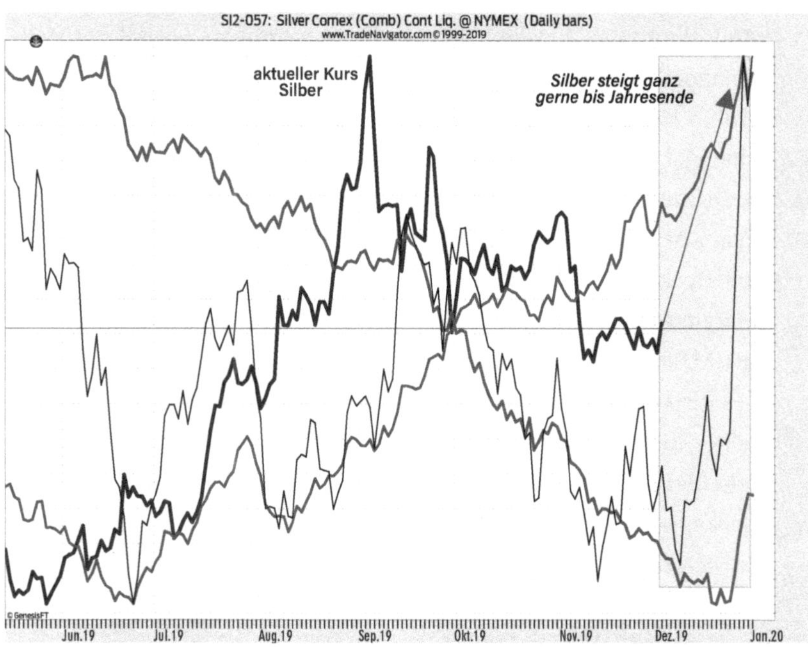

ABBILDUNG 6.5 | SI_SILBER_SEASONALS_HIGH Quelle: GenesisFT/ALGOreport
Die saisonale Entwicklung des Silber-Futures als Kontext zum aktuellen Kurs

6.14 Die Umsetzung mit Futures oder Optionsscheinen

Jede Produktklasse hat gegenüber den anderen sowohl Vor- als auch Nachteile. Der professionelle Anleger wird sicherlich den Handel mit Futures bevorzugen, denn im Gegensatz zu Optionsscheinen oder Mini-Futures gibt es an den Weltbörsen kein Kontrahentenrisiko. Das bedeutet, dass der Futures-Halter seinen Kontrakt nicht von einem anderen Marktteilnehmer kauft oder an einen anderen Marktteilnehmer verkauft, sondern dass die jeweilige Börse sein Kontrahent ist. Um einen Future überhaupt handeln zu können, muss der Marktteilnehmer an der Börse (wenn er direkt ein Konto bei einer Börse eröffnet, zum Beispiel als Marketmaker) oder bei seinem Broker eine Sicherheitsleistung hinterlegen, die sogenannte Margin. Die Initial Margin ist eine im Voraus zu erbringende Sicherheitsleistung zur Abdeckung von Verlustrisiken im Börsenterminhandel. Bei der Maintenance Margin handelt es sich um eine Sicherheitsleistung, die bei einem Broker hinterlegt werden muss, um eine Futures-Position einzugehen und zu halten. Wird die Maintenance Margin erreicht beziehungsweise unterschritten, muss ein Nachschuss geleistet werden. Kommt der Anleger der Nachschussaufforderung nicht nach, ist der Broker autorisiert, die Position zu liquidieren. Die Höhe der Margin wird von der Börse nach dem „Risk-based-Margining-System" (RBM) festgelegt, bei dem die historische Volatilität zur Festlegung des Risikos dient. Es gilt die Regel: Je volatiler das Underlying, desto höher die zu hinterlegende Sicherheitsleistung. Die Margin unterscheidet sich also je nach Produkt. Bei einem leichten Future wie Zucker beträgt die Initial Margin 1.577,50 US-Dollar, die Maintenance Margin 1.262,00 US-Dollar. Bei einem schweren Future wie Palladium beträgt die Initial Margin 46.250 US-Dollar und die Maintenance Margin 37.000 US-Dollar.

Dieser große Unterschied ist mit den verschiedenen Kontraktspezifikationen der einzelnen Assetklassen zu erklären. Der Multiplikator im Zucker-Future beträgt 11,20 US-Dollar, das bedeutet, wenn der Zuckerpreis um ein Prozent von 11,00 US-Dollar auf 10,89 US-Dollar fällt, verliert der Käufer 123,20 US-Dollar pro Kontrakt. Fällt der Palladium-Future hingegen um ein Prozent von 2.100 US-Dollar auf 2.079 US-Dollar, verliert der Käufer 2.100 US-Dollar pro Kontrakt. Durch die hinterlegte Margin stellt die Börse sicher, dass der Futures-Trader immer genug Liquidität auf seinem Konto aufweist.

Kommt es zu außerordentlich heftigen Bewegungen, wie zum Beispiel im März 2020, als der Aktienmarkt in kürzester Zeit mehr als 30 Prozent verlor, geraten viele Marktteilnehmer in Schwierigkeiten und es kommt zu einem sogenannten „Margin Call“. Das bedeutet, dass der Futures-Käufer aufgrund des starken Einbruchs der Märkte in eine Schieflage gerät und Geld als Sicherheitsleistung nachschießen muss. Falls er dazu nicht in der Lage ist, wird die offene Position zwangsliquidiert, was eine ohnehin schon starke Bewegung noch mehr verstärkt. Somit ist sichergestellt, dass der Futures-Anleger keinem Ausfallrisiko ausgesetzt ist. Theoretisch kann noch die Börse pleitegehen, uns ist aber kein Beispiel bekannt und wir halten das Ausfallrisiko für sehr gering. Erinnern wir uns an die Finanzkrise von 2008, als Lehman Brothers pleiteging. Lehman hatte als Emittent unter anderem auch sehr viele Optionsscheine ausgegeben. Diese wurden in der Krise teilweise nicht mehr quotiert und nach der Pleite hatte der Anleger große Schwierigkeiten, seine Forderungen, die gegenüber dem Emittenten bestanden, wieder einzutreiben. Somit handelte es sich um ein klassisches Emittentenrisiko. Bei Zertifikaten auf Gold und Silber besteht zwar auch eine theoretische Forderung auf Auslieferung, ob der Emittent jedoch im Krisenfall auch wirklich die geforderte Menge Gold oder Silber liefern kann, ist sicherlich ungewiss.

In diesem Fall ist ein Engagement im Future vorzuziehen, da die Börse eine Auslieferung garantiert. Zu den aktuellen Lagerbeständen der amerikanischen COMEX werden regelmäßig die Bestände veröffentlicht. Die Handelszeiten an den Futures-Börsen bieten teilweise nahezu 24-Stunden-Handel in den gängigen Futures an, als Optionsscheinhändler ist man auf die Handelszeiten der Börsen beziehungsweise der Emittenten angewiesen. Die Liquidität an den Futures-Börsen ist normalerweise auch gewährleistet, wobei es teilweise nach größeren Bewegungen, je nach Produkt, zu einer kurzen Handelsunterbrechung kommen kann. Beim Handel mit Optionsscheinen kann es vorkommen, dass ein Optionsschein in der Vergangenheit auf einen Euro-Cent quotiert wurde. Sobald der zugrunde liegende Markt jedoch etwas volatiler wird, weitet der Emittent die Quotierung auf fünf Euro-Cent aus. Auch ein gänzliches Nichtquotieren ist teilweise nichts Ungewöhnliches. In diesem Fall hat der Optionsschein-Trader ein Problem, denn er kommt aus seiner Position nicht mehr heraus. Auch eine feiertagsbedingte Schließung der deutschen Börsen kann von Nachteil sein, wenn in Amerika der Futures-Handel ganz normal stattfindet, der Optionsscheinanleger aber nicht in der Lage ist, zu handeln. Ein deutlicher Vorteil von Optionsscheinen gegenüber Futures ist die Tatsache, dass ein Käufer von Optionsscheinen oder Mini-Futures maximal sein eingesetztes Kapital verlieren kann. Wir erinnern uns an den 20. April 2020, als der Frontmonat im Crude Oil Future in der Spitze bei minus 40,32 US-Dollar notierte und viele unerfahrene Futures-Trader nicht nur ihr gesamtes Kapital verloren, sondern auch noch am Ende des Tages einen riesigen Schuldenberg hatten. Das Gleiche gilt bei Gap-up- oder Gap-down-Märkten, wenn ein Markt beispielsweise nach einem Wochenende mit einem 10-Prozent-Gap aufmacht, der eigentliche Stop-Loss in der gehaltenen Futures-Position aber nur bei zwei Prozent liegt. Das bedeutet, dass der Futures-Trader deutlich mehr verliert und gegebenenfalls sogar Geld nachschießen muss (Margin Call). Der Optionsscheinkäufer hingegen verliert bei einem 10-prozentigen Gap nur seinen Einsatz, obwohl das Knockout-Level bei zwei Prozent liegt.

Bei der genauen Bestimmung der Handelsgröße pro Trade ist der Optionsschein klar im Vorteil. Hier kann jeder Trade mit derselben Handelsgröße durchgeführt werden. Dies ist für kleinere Depots ein großer Pluspunkt, da es mit Optionsscheinen möglich ist, beispielsweise jeden Trade mit nur 200 Euro einzugehen. Verfügt man über ein Trading-Konto von 25.000 Euro und will nicht mehr als fünf Prozent seines Kapitals pro Trade einsetzen, stößt man bei vielen Futures schnell an seine Grenzen. Sowohl die Margin als auch ein vernünftiger Stop-Loss machen beispielsweise im volatilen und marginintensiven Palladium-Future mit 1.250 Euro (fünf Prozent des Trading-Kapitals) keinen Sinn. In diesem Fall ist ein Optionsschein oder Mini-Future sinnvoller.

Beim vollautomatisierten Systemhandel (Global One) ist es hingegen klüger, mit Futures zu handeln, da hier zeitnahe Ausführungen durch programmierte Schnittstellen mit dem Futures-Broker gewährleistet sind. Das Risiko, in volatilen Märkten nicht beziehungsweise nur mit Verzögerung und Slippage ausgeführt zu werden, ist beim Handel mit Optionsscheinen viel zu groß. Wird der Stop-Loss ausgelöst, der Emittent quotiert aber in diesem Augenblick den Optionsschein nicht, kann es mit einer verzögerten Ausführung schnell zu bösen Überraschungen kommen.

Längerfristige Strategien (Global Two) können hingegen sehr gut mit Optionsscheinen oder Mini-Futures umgesetzt werden, da es auch mit vermeintlich kleinen Trading-Konten möglich ist, jeden Trade nachzubilden.

6.15 Unser Fazit

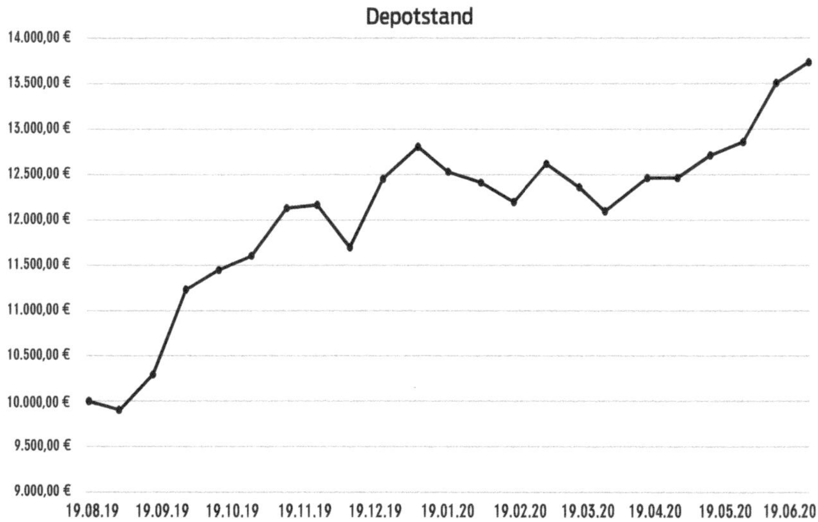

ABBILDUNG 6.6 | KAPITALKURVE GT Quelle: CMCT / ALGOreport
Reale Kapitalkurve des ALGO-GT seit dem 19. August 2019

Betrachtet wird hier die reale Kapitalkurve des ALGO-GT, dessen Signale seit dem 19. August 2019 mit Optionsscheinen in einem „live" gehandelten Musterdepot des ALGOreport umgesetzt werden. Es wird deutlich, dass mit einem systematischen Trendfolgesystem Geld verdient werden kann. Am Beginn stand ein kleiner Rücksetzer, der aber schnell wieder aufgeholt wurde: In den ersten drei Monaten konnte eine Performance von 21,66 Prozent erzielt werden. Im Januar 2020 wurde dann ein weiteres Hoch bei 28,07 Prozent erreicht. Die folgenden Wochen im Jahr 2020 waren aufgrund der Coronakrise extrem volatil und somit nicht einfach für Trendbewegungen. Der ALGO-GT schlug sich in dieser Zeit dennoch gut, und die Performance lief bis Ende Mai seitwärts. Im Juni erfolgte dann der langersehnte Ausbruch nach oben und es konnte ein neues Allzeithoch bei über 37 Prozent erreicht werden. Diese Performance ist umso bemerkenswerter, als aufgrund der hohen Volatilität (Coronakrise) ein defensiver Ansatz gefahren wurde und in dieser Zeit die meisten Trades „nur" mit 50 Prozent des allokierten Kapitals eingegangen wurden. Insgesamt wurden bis zu diesem Zeitpunkt 34 Trade-Set-ups analysiert, von denen zum heutigen Zeitpunkt (Stand 26. Juni 2020) zwei Trades aktiv sind und zwei Trade-Set-ups noch nicht aktiviert wurden. Von den 30 bereits geschlossenen Trades waren 20 positiv und 10 negativ, was einer Erfolgswahrscheinlichkeit von 66,67 Prozent entspricht. Aufgrund der zum Signal hinzukommenden drei Faktoren Storyline, CoT-Daten und Saisonalität war ein „einfacher" Backtest wie im Global One nicht möglich. Allerdings haben wir seit Mai 2018 „Live-Trading"-Tests mit Futures durchgeführt und damit teilweise sogar bessere Ergebnisse erzielt.

6.16 Generelle Erläuterung zu den einzelnen Futures

Am Ende der Vorstellung jedes Futures finden Sie die folgenden Angaben:

Börse: Hier wird die Hauptbörse des Futures vorgestellt.

Ticker-Symbol: Das offizielle Handelskürzel an der Hauptbörse.

Ticker-Symbol Interactive Brokers: Das offizielle Handelskürzel bei Interactive.

Kontraktumfang: Hierbei handelt es sich um die standardisierte Einheitsmenge des Futures, zum Beispiel im Silber-Future 5.000 Unzen.

Tick-Größe: Die Tick-Größe ist der Notierungssprung und damit die kleinstmögliche Preisänderung des Futures.

Kontraktmonate: Der Kontraktmonat ist der Monat, in dem der Future fällig wird.

Letzter Handel: Der letzte Tag, an dem der Future an der Börse gehandelt werden kann.

Liefertag und -ort: Tag und Ort, an der dem Future zugrunde liegende Rohstoff geliefert werden muss.

Handelszeiten: Die Öffnungszeiten der Börse, an denen der jeweilige Future gehandelt werden kann.

Tägliches Preislimit: Die von der Börse maximal erlaubte Preisänderung an einem Handelstag.

Positions-Obergrenze: Maximale Anzahl von Futures, die von einem Marktteilnehmer gehalten werden darf.

Reportable Limit: Untere Grenze einer Positionsgröße, die den Aufsichtsbehörden gemeldet werden muss.

Margin: Initial Margin: Sicherheitsleistung, die beim Eingehen einer Futures-Position zu hinterlegen ist; Maintenance Margin: Mindestbetrag, der hinterlegt werden muss, um die Position länger zu halten.

KAPITEL 7

DIE ENERGIEMÄRKTE

Die Energiemärkte umfassen viel mehr Produkte und Rohstoffe als die hier in diesem Kapitel von uns vorgestellten Rohstoff-Futures. Wir kommen jeden Tag auf die eine oder andere Art mit verschiedensten Energieformen in Kontakt, sei es beim Betanken unserer Autos, beim Heizen oder Kühlen unserer Wohnungen und Häuser oder beim Fliegen. Die gesamte Transportindustrie ist von den Energiepreisen abhängig, ebenso die Entwicklung der Weltwirtschaft. In der Vergangenheit konnten wir gut sehen (und spüren), welche Auswirkungen ein Nachfrage- oder ein Angebotsschock in den Energiemärkten auf die Weltwirtschaft haben kann. In diesem Kapitel beschränken wir uns auf die wichtigsten von uns an amerikanischen Rohstoffbörsen gehandelten Energie-Futures.

7.1 Crude Oil (Erdöl)

7.1.1 Geschichte und Allgemeines

In der Geschichte der Menschheit war Energie ein wesentlicher Überlebensfaktor. Jahrhundertelang verbrannten Menschen Holz, um Wärme zu gewinnen oder zu kochen. Mit der Entwicklung der Dampfmaschine zu Beginn des 18. Jahrhunderts wandelte sich die Agrargesellschaft zur Industriegesellschaft, wodurch der Energiebedarf enorm anstieg. Hauptbestandteil der Energiegewinnung war die Kohle. Öl wurde 1859 in Pennsylvania entdeckt. Danach startete der große Ölboom. Aufgrund der verschiedenen Nutzungsarten von Öl begann der neue Rohstoff nach und nach die Kohle zu verdrängen. Vor allem die Entwicklung der Glühbirne Ende des 19. Jahrhunderts, aber auch das Erstarken der Autoindustrie in den 1920er-Jahren in den USA beflügelten die Erdölgewinnung. Die drei größten Ölunternehmen entstanden schon zu Beginn des Ölbooms und existieren in der einen oder anderen Form auch heute noch. So wurde der Vorläufer von ExxonMobil, Standard Oil, bereits 1865 von John D. Rockefeller gegründet. Die ersten Öltanker wurden auf Initiative der Familie Rothschild gebaut, und so kam es 1897 zur Gründung der Shell Transport and Trading, die 1907 mit der von der Ostindien-Kompanie gegründeten Royal Dutch Petroleum zur Royal Dutch Group fusionierte.

1907 war auch das Jahr, als im Iran Öl gefunden wurde. An der daraufhin gegründeten Anglo-Persian Oil Company beteiligte sich 1914 die britische Regierung, aus diesem Unternehmen wurde 1954 schließlich BP, British Petroleum. In den USA bestimmten Unternehmen wie Gulf Oil und Texaco den Markt, ihre Dominanz war so groß, dass, egal wo Erdöl gefördert wurde, der Referenzpreis immer auf den Preis des Golfs von Mexiko festgesetzt wurde. In den 1930er-Jahren wurden neue Ölfelder in Kuwait, Saudi-Arabien und Libyen entdeckt. Dank vorab gesicherter Konzessionen bildete sich in dieser Zeit ein Ölkartell, das aus sieben Unternehmen bestand: Exxon, Royal Dutch/Shell, BP, Mobil, Texaco, Gulf und Chevron. 1960 kam es zu einer massiven Veränderung des Marktes, da mehrere Regierungen, die über große Ölfelder verfügten, sich zusammentaten und die OPEC (Organisation erdölexportierender Länder) gründeten, mit dem Ziel, mehr Kontrolle über Konzessionsrechte, Ölförderung und Ölpreis zu bekommen. Mit der Ölkrise 1973 wurde den westlichen Staaten auf einen Schlag ihre Abhängigkeit bewusst. Im Zuge des Jom-Kippur-Kriegs drosselte die OPEC die Fördermenge, der Ölpreis stieg um 70 Prozent auf circa drei US-Dollar pro Fass und in den folgenden Jahren sogar auf zwölf US-Dollar. Es kam zu einer globalen Rezession. Diese Dominanz führte in den nachfolgenden Jahrzehnten zur Stärkung nationaler Unternehmen, zum Beispiel in Russland und in Venezuela.

Aufgrund des immer weiter steigenden Ölpreises wurden auch neue, aufwendigere Technologien zur Erdölgewinnung (zum Beispiel Fracking) entwickelt. Viele Länder versuchen sich auch in der Entwicklung alternativer Energiequellen, nicht zuletzt aus Umweltschutzgründen, aber auch, um die Abhängigkeit vom Ölpreis zu verringern. Die globalen Ölreserven sind seit 1990 um circa 68 Prozent auf 1.729,70 Milliarden Fässer angestiegen. Auch steigt die weltweite Produktion kontinuierlich an. Wurden 1998 noch circa 3.545,40 Millionen Tonnen produziert, waren es 2018 bereits 4.474,30 Millionen Tonnen. Der Anteil der OPEC ist relativ konstant geblieben und betrug im Jahr 2018 circa 42 Prozent an der gesamten weltweiten Produktion. Die USA waren 2018 mit circa 15,31 Millionen Fässern pro Tag der größte Produzent, gefolgt von Saudi-Arabien mit circa 12,29 Millionen und Russland mit circa 11,44 Millionen.

Der globale Konsum wächst unaufhaltsam. Wurden 1970 noch circa 2.260,3 Millionen Tonnen konsumiert, waren es 2018 bereits 4.662,1 Millionen Tonnen, das entspricht einer Steigerung von circa 106 Prozent. Auch beim Konsum sind die USA weltweit mit einem

Anteil am Gesamtkonsum von knapp über 20,5 Prozent führend, gefolgt von China mit 13,5 Prozent und Indien mit circa 5,2 Prozent.

Bei den Ölexporten war 2018 der Mittlere Osten mit circa 16,09 Millionen Fässern täglich auf dem ersten Platz, Platz 2 belegte Russland mit knapp über 9,16 Millionen Fässern pro Tag und auf Platz 3 war Saudi-Arabien mit circa 8,55 Millionen Fässern. Bei den Importen zeigt sich ein komplett anderes Bild. Der größte Importeur von Erdöl im Jahr 2018 ist die Europäische Union mit 4,80 Millionen Fässern pro Tag, gefolgt von Asien/Pazifik mit circa 4,50 Millionen und Singapur mit 2,41 Millionen Fässern pro Tag.

7.1.2 Die Preisentwicklung von Crude Oil seit 1983

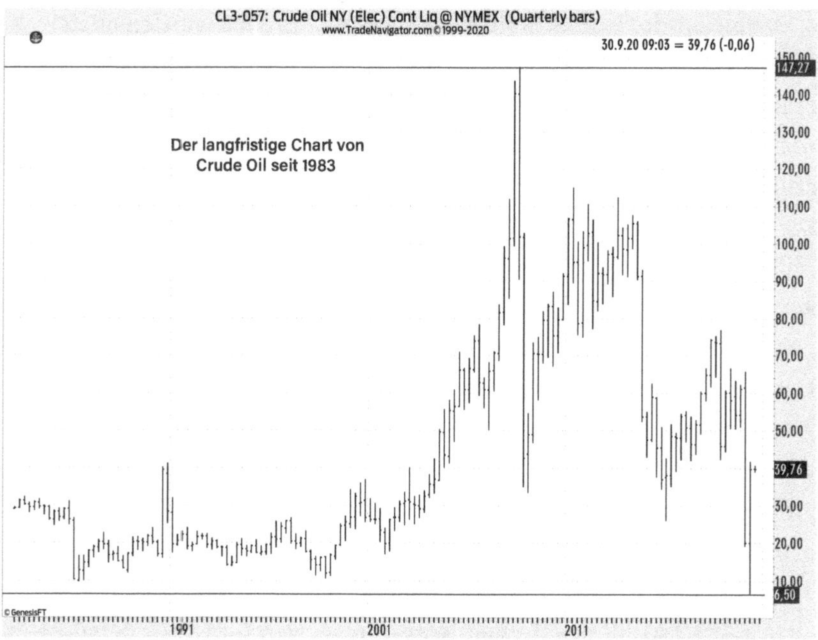

ABBILDUNG 7.1 | CL_ERDÖL_LANGFRISTCHART Quelle: GenesisFT

Der langfristige Crude-Oil-Chart

Crude Oil handelte Anfang der 80er-Jahre um die 30 US-Dollar, um dann im Sommer 1986 zum ersten Mal unter die 10-US-Dollar-Marke zu fallen. Wie sensibel das schwarze Gold auf politische Veränderungen und Auseinandersetzungen in der arabischen Welt reagiert, wurde im August 1990 mit der Eroberung Kuwaits durch den Irak deutlich. Crude Oil konnte sich innerhalb kürzester Zeit mehr als verdoppeln und notierte erstmals über 40 US-Dollar. Nach der Befreiung Kuwaits 1991 handelte Crude Oil die nächsten zwölf Jahre in einer Seitwärtsrange, um dann mit Beginn des dritten Golfkriegs 2003 wieder über die 40 US-Dollar zu schießen. Im Zuge der weltweiten Rohstoffhausse erreichte Crude Oil im September 2009 sein Allzeithoch bei 147,27 US-Dollar. Danach verlor es innerhalb von nur sechs Monaten während der Finanzkrise mehr als 75 Prozent und notierte wieder für kurze Zeit unter 40 US-Dollar. In den darauffolgenden Jahren kletterte der Preis wieder über 100 US-Dollar und befindet sich seit 2014 in einem Abwärtstrend.

7.1.3 Extrembeispiel im Handel mit Crude Oil

Am Montag, dem 20. April 2020, geschah etwas absolut Außergewöhnliches und wir wurden Zeuge eines noch nie da gewesenen Ereignisses: Ein Rohstoff-Future handelte negativ! Der Crude Oil Future, einer der liquidesten Futures überhaupt, verlor an diesem historischen Tag in der Spitze mehr als 300 (!) Prozent und notierte im Tief bei -40,32 US-Dollar. Es handelte sich um den Mai-Kontrakt, der am darauffolgenden Tag „gesettelt" wurde, es kam somit zu einer Auslieferung. Der neue Frontmonat Juni kam zwar auch unter Druck, verlor aber „nur" 19 Prozent. Der Crash folgte am nächsten Tag, der Juni-Kontrakt brach in der Spitze um 71 Prozent ein und markierte ein Tief bei 6,50 US-Dollar.

Für viele Profis und kleine Spekulanten war es undenkbar, dass ein Future negativ handeln kann. Die verbreitete Meinung „Bei 0 ist unten" kostete viele Anleger ein Vermögen. Laut einer Meldung haben allein Kunden, die über Interactive Brokers Crude Oil gehandelt haben, am

20. April 2020 mehr als 88 Millionen US-Dollar verloren. In diesem extremen Fall wäre es natürlich besser gewesen, mit Knock-out-Produkten zu spekulieren, da dabei nicht mehr als das eingesetzte Kapital verloren gehen kann. Ein Futures-Trader, der den Mai-Future mit einem US-Dollar gekauft hatte in der Annahme, nur 1.000 US-Dollar bei einem Kurs von 0 zu verlieren, hätte sein Konto ohne Stop-Loss vaporisiert. Viele gehebelte ETFs wurden vom Markt genommen, Knock-out- und Mini-Future-Zertifikate wurden ausgestoppt und die Aktien aus dem Energiesektor verloren auch überproportional.

7.1.4 Wie funktioniert der Global One im Crude Oil?

7.1.4.1 Backtest

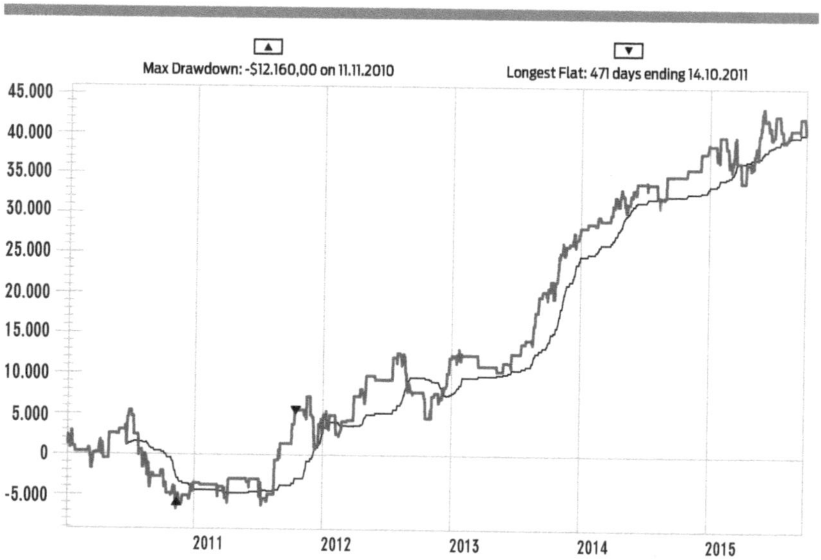

ABBILDUNG 7.2 | CL_ERDÖL_GO_EQUITY CURVE Quelle: GenesisFT

Backtest Equity-Kurve Crude Oil

Die Equity-Kurve im Crude Oil hatte am Beginn des Jahres 2010 einen holprigen Start und notierte die ersten zwei Jahre teilweise im negativen Bereich. Nach zwei weiteren kleineren Drawdowns Ende 2011 und Mitte 2012 ging es die nächsten drei Jahre stetig nach oben, die Strategie erwirtschaftete einen Gewinn von über 40.000 US-Dollar und wurde mit gutem Gewissen freigeschaltet. Getestet wurde der Zeitraum von 1. Januar 2010 bis 2. Oktober 2015. Slippage und Kommission wurden mit 10 US-Dollar im Durchschnitt pro Round-Turn (Kauf und Verkauf) berücksichtigt.

7.1.4.2 Signale

ABBILDUNG 7.3 | CL_ERDÖL_GO_SIGNALE Quelle: GenesisFT

Signale GO Crude Oil

Im Chart ist deutlich zu erkennen, wie sich der Algorithmus in verschiedenen Volatilitätszyklen verhält. Von Februar bis April wurde aufgrund der hohen Volatilität im Markt nicht gehandelt. Hier greift der Sicherheitsmechanismus. Der Algorithmus muss sich erst an die starken Marktschwankungen „gewöhnen". Für das Money-Management ist der Stop-Loss pro Futures-Kontrakt unbedingt zu beachten, der sich von unter 1.000 US-Dollar Ende 2019 auf über 5.000 US-Dollar im März 2020 mehr als verfünffacht hat.

7.1.4.3 Realität

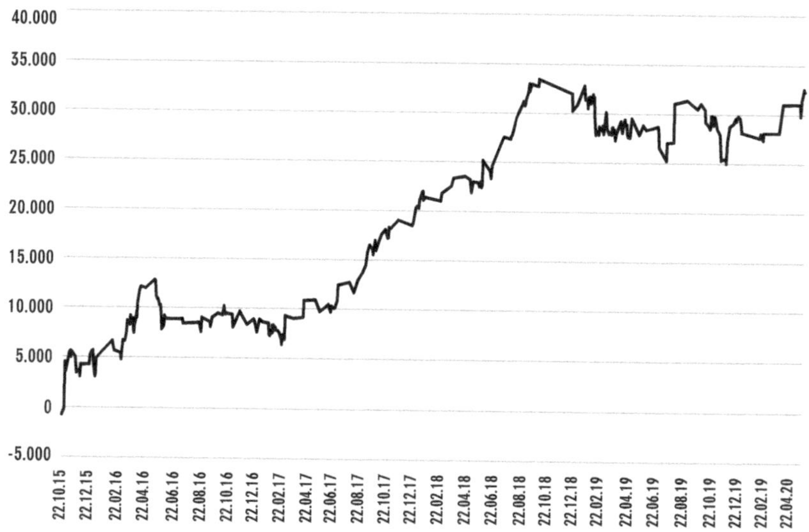

ABBILDUNG 7.4 | CL_ERDÖL_GO_EQUITY CURVE_REAL Quelle: CMCT

Reale Kapitalkurve GO Crude Oil

Unsere reale Equity-Kurve im Crude Oil zeigt eine positive Entwicklung seit Aufnahme des Live-Tradings im Oktober 2015. Nach einem sehr guten Start konnte die Crude-Oil-Strategie im ersten halben Jahr ein Plus von knapp 12.000 US-Dollar verbuchen. Danach erfolgte eine knapp anderthalbjährige Seitwärtsbewegung bis August 2017. Im darauffolgenden Jahr ging es kontinuierlich nach oben und Crude Oil erreichte mit der Global-One-Strategie im August 2018 sein Hoch bei knapp 33.500 US-Dollar. Seitdem läuft die Strategie seitwärts, die letzten Monate zeigen aber eine deutliche Aufwärtstendenz. Zu beachten ist die erhöhte Volatilität seit März 2020. Musste in den vergangenen Jahren ein durchschnittlicher Stop-Loss von rund 1.500 US-Dollar pro Kontrakt eingesetzt werden, war bei den wenigen Signalen zwischen März 2020 und April 2020 ein Stop-Loss von teilweise über 5.000 US-Dollar pro Kontrakt nötig. Die im Backtest angenommene Slippage und Kommission von 10 US-Dollar pro Trade ist auch im Live-Trading umsetzbar.

7.1.5 Wie funktioniert der Global Two im Crude Oil?

ABBILDUNG 7.5 | CL_ERDÖL_GT_SIGNALE Quelle: GenesisFT

Signale GT Crude Oil

Im Crude Oil wurde seit Start des ALGOreport am 19. August 2019 noch kein Trade umgesetzt. Betrachtet man den Chart des Crude Oil mit dem dazugehörigen ALGO-GT-Signal, fällt der Verkauf Ende Februar auf, der im Nachhinein sehr lukrativ gewesen wäre. Leider lag zu diesem Zeitpunkt keine Bestätigung durch die Seasonals und die Commitments-of-Traders-Daten vor, die einen Short-Einstieg gerechtfertigt hätten. Auch das Long-Signal Anfang Mai wurde nicht umgesetzt, da zu diesem Zeitpunkt die Produzenten ihre ohnehin schon extremen Short-Position weiter ausbauten.

Folgende Trades wurden seit Auflegung am 19.08.2019 im Musterdepot des ALGOreport umgesetzt:

Kein Trade

7.1.6 Über den West Texas Intermediate (WTI) Crude Oil Future

Börse: Globex, (CME Group)

Ticker-Symbol: CL

Ticker-Symbol Interactive Brokers: CL

Elektronischer Handel CME Globex®: CL

Kontraktumfang: 1.000 U.S.-Barrels (42.000 U.S.-Gallonen) leichtes, schwefelarmes („sweet") Rohöl

Tick-Größe: 0,01 US-Dollar pro Barrel (10 US-$/Kontrakt); alle Kursangaben in US-Dollar und US-Cent pro Barrel

Kontraktmonate: Alle Monate des laufenden Jahres, zusätzlich alle Monate der nächsten 10 Jahre

Letzter Handel: Am Ende des 3. Geschäftstags vor dem 25. Kalendertag des dem Kontraktmonat vorangehenden Monats.

Ist der 25. Kalendertag dieses Monats kein Geschäftstag, so endet der Handel 4 Geschäftstage vor dem Geschäftstag, der dem 25. Kalendertag vorausgeht.

Liefertag und -ort: Physische Lieferung von Rohöl im Umfang von 1.000 Barrels, frühestens am 1. Kalendertag des Kontraktmonats, wobei die Lieferung spätestens am letzten Kalendertag des Kontraktmonats abgeschlossen sein muss. Die Übernahme der Liefermenge erfolgt in Tanklagern, Raffinerien oder via Pipeline in Cushing, Oklahoma (USA).
Mehr Details zum Settlement-Prozedere und den verschiedenen Qualitätsmerkmalen des lieferbaren Öls:
https://www.cmegroup.com/confluence/display/EPICSANDBOX/NYMEX+Crude+Oil

Handelszeiten: CME Globex®: Sonntag - Freitag, von 18:00 - 17:00 Uhr (New Yorker Zeit) des nächsten Tages. Die Handelspause zwischen dem heutigen Handelstag und dem nächsten Handelstag beträgt 60 Minuten.

Tägliches Preislimit: Zunächst 10 US-Dollar pro Barrel (10.000 US-Dollar/Kontrakt) gegenüber dem vortägigen Settlement-Preis in allen Kontraktmonaten. Wird irgendein Kontraktmonat länger als fünf Minuten zum Limit-Kurs gehandelt beziehungsweise besteht für diesen Zeitraum ein „Geld"- oder „Brief"-Preis, so wird der Handel für 5 Minuten ausgesetzt. Nach anschließender Wiederaufnahme des Handels gilt ein, bezogen auf das bereits bestehende Limit, um 10 US-$/Barrel erhöhtes Limit in beide Richtungen. Sollte dieses Limit abermals erreicht werden, setzt sich nach erfolgter 5-minütiger Pause die Erhöhung des Limits in Schritten von 10 US-$/Barrel fort. Ein maximales tägliches Preislimit besteht demnach während einer Börsensitzung nicht.

Positions-Obergrenze: Im Spot-Monat maximal 3.000 Kontrakte während der letzten 3 Handelstage. Bei mehr als 20.000 Kontrakten netto long oder short über alle Kontraktmonate (aber nur maximal 10.000 Kontrakte netto eines Terminmonats) muss der Börse im Rahmen der „accountability rules“ auf Verlangen in angemessener Zeit der Zweck der Position mitgeteilt werden.

Reportable Limit: 350 Kontrakte

Margin: Initial Margin: 9.750 US-Dollar, Maintenance Margin: 7.800 US-Dollar

7.2 Heating Oil (Heizöl)

7.2.1 Geschichte und Allgemeines

Im Allgemeinen wurde bis Ende des 19. Jahrhunderts vorwiegend mit Holz geheizt, danach wurde Kohle der dominierende Brennstoff, vor allem angefeuert durch die Nachfrage aus dem Transportsektor. Doch der Ruß und die Entsorgung der Asche waren eine Herausforderung. Wie auch bei der Kohle war auch beim Öl wieder der Transportsektor führend bei dem Übergang zu einer effizienteren Brennstofflösung. Zu Beginn des 20. Jahrhunderts begann man in der Schifffahrt mit der Verwendung von Heizöl als Treibstoff. Es war einfacher zu handhaben, leichter zu lagern, lieferte mehr Energie und war sicherer. Die Nutzung von Heizöl in Privathaushalten begann in den 1920er-Jahren durch den Aufstieg des Haushaltsölbrenners. In weiterer Folge kamen mit Erdgas, Strom und Propangas weitere Heizalternativen auf den Markt. Im Jahr 2018 verwendeten etwas mehr als 5,5 Millionen Haushalte in den USA Heizöl als Hauptheizquelle, etwa 82 Prozent dieser Nutzer befanden sich im Nordosten der USA.

Heizöl ist ein Erdölprodukt, das aus Rohöl raffiniert wird. Es ist sehr eng mit Diesel verwandt, beide werden als Destillate bezeichnet. Der Hauptverwendungszweck von Heizöl ist die Raumheizung, daher ist die Nachfrage stark saisonabhängig und wird vom Wetter beeinflusst. Der größte Einflussfaktor ist der Preis des Erdöls. Der überwiegende Teil des Heizölverbrauchs findet während der Heizperiode von Oktober bis März statt. Die Anzahl der Haushalte, die Heizöl verwenden, sinkt neuerdings, da viele Hausbesitzer auf Alternativen wie Erdgas oder Strom umsteigen.

7.2.2 Die Preisentwicklung von Heating Oil seit 1979

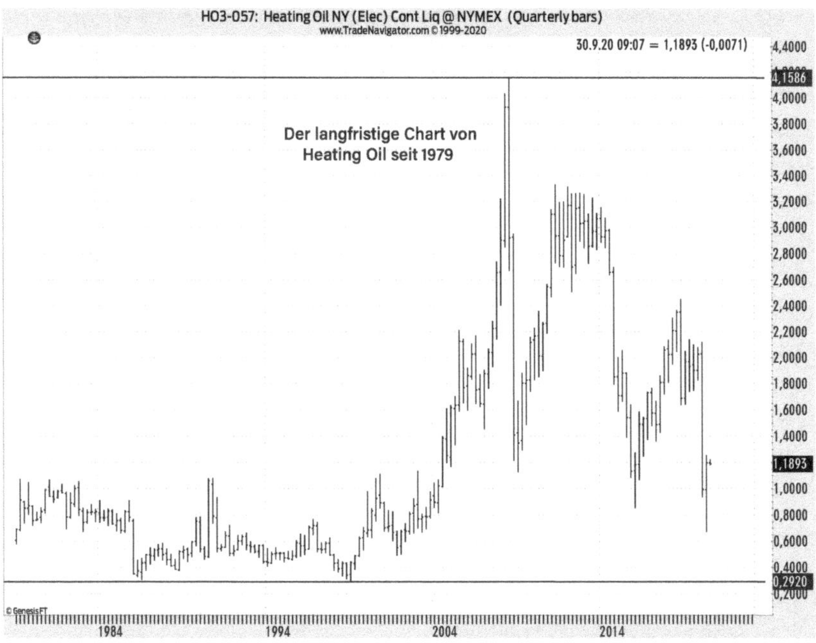

ABBILDUNG 7.6 | HO_HEATING OIL_LANGFRISTCHART Quelle: GenesisFT
Der langfristige Heating-Oil-Chart

Heizöl handelte 25 Jahre in einer relativ engen Trading-Range, was für einen Rohstoff eher selten ist. Das Tief wurde im März 1999 bei 0,292 US-Dollar markiert, ein deutlicher Ausbruch über die Marke von 1 US-Dollar gelang erst im September 2004. In der Spitze notierte der Heizöl-Future im September 2008 bei 4,1586 US-Dollar, um dann auch im Zuge der Finanzkrise um mehr als 70 Prozent einzubrechen. Nach dem Tief im März 2008 bei 1,1252 US-Dollar stieg der Future über die nächsten Jahre wieder über 3 US-Dollar und befindet sich seit 2014 in einem Abwärtstrend.

7.2.3 Wie funktioniert der Global One im Heating Oil?

7.2.3.1 Backtest

ABBILDUNG 7.7 | HO_HEIZÖL_GO_EQUITY CURVE Quelle: GenesisFT
Backtest Equity-Kurve Heating Oil

Die Equity-Kurve des Backtests hatte gleich zu Anfang einen verheißungsvollen Start, gab den Gewinn aber in den nächsten sieben Monaten komplett wieder ab. Seit dem Sommer 2011 ging es ohne größere Rückschläge nur nach oben und die Strategie verdiente mit einem Kontrakt mehr als 50.000 US-Dollar. Getestet wurde der Zeitraum von 1. Januar 2010 bis 2. Oktober 2015. Slippage und Kommission wurden mit 25 US-Dollar im Durchschnitt pro Round-Turn (Kauf und Verkauf) berücksichtigt.

7.2.3.2 Signale

ABBILDUNG 7.8 | HO_HEIZÖL_GO_SIGNALE Quelle: GenesisFT

Signale GO Heating Oil

7.2.3.3 Realität

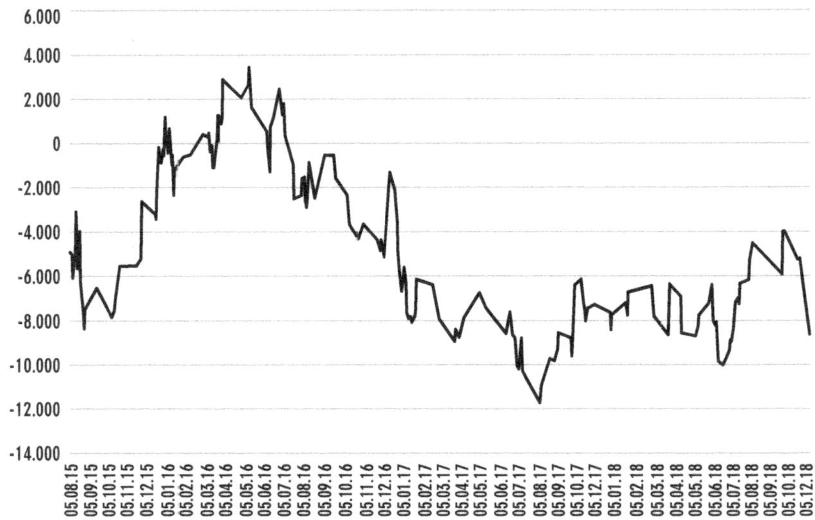

ABBILDUNG 7.9 | HO_HEIZÖL_GO_EQUITY CURVE_REAL Quelle: CMCT
Reale Kapitalkurve GO Heating Oil

Unsere reale Equity-Kurve im Heating Oil seit Aufnahme des Live-Tradings im Oktober 2015 ist mehr als unbefriedigend. Schon kurz nach dem Start fiel die Strategie auf minus 8.000 US-Dollar, um sich im darauffolgenden Dreivierteljahr wieder knapp ins Plus zu retten. Vom Hoch Ende Juli 2016 bei knapp 3.500 US-Dollar durchlebten wir einen Drawdown bis auf minus 11.700 US-Dollar im November 2017. Im folgenden Jahr setzte keine wirkliche Erholung ein und wir entschlossen uns 2019, den Heizöl-Future aus unserem Portfolio zu entfernen. Die im Backtest angenommene Slippage und Kommission von 25 US-Dollar pro Trade sind auch im Live-Trading umsetzbar.

7.2.4 Wie funktioniert der Global Two im Heating Oil?

ABBILDUNG 7.10 | HO_HEIZÖL_GT_SIGNALE Quelle: GenesisFT

Signale GT Heating Oil

Der Chart im Heating Oil zeigt einen Seitwärtsmarkt von August 2019 bis Anfang 2020 mit zwei ALGO-GT-Signalen, die nicht umgesetzt wurden. Ende Februar wurde ein in der Nachbetrachtung lukratives Verkaufssignal aufgrund mangelhafter Commitments-of-Traders-Daten nicht umgesetzt. Nach einem Kursverlust von über 50 Prozent in weniger als drei Monaten begann im Heating Oil Mitte März 2020 eine Konsolidierungsphase, und wir warteten, bis das ALGO-GT-Signal von Verkauf auf Kauf drehte. Die Produzenten drehten zu dieser Zeit ihre Short-Position auf long und die Saisonalität zeigte eindeutig nach oben. Am 2. April erfolgte der ersehnte Ausbruch nach oben, das ALGO-GT-Signal drehte auf Kauf und wir ließen uns long einstoppen. Es erfolgte jedoch ein weiterer Abverkauf und die Position wurde am 15. April ausgestoppt.

Folgende Trades wurden seit Auflegung am 19.08.2019 im Musterdepot des ALGOreport umgesetzt:

Kauf am 02.04.2020 @ 1,025;
Verkauf am 15.04.2020 @ 0,92 – ausgestoppt

7.2.5 Über den NY Harbor ULSD Heating Oil Future

Börse: Globex, (CME Group)

Ticker-Symbol: HO

Ticker-Symbol Interactive Brokers: HO

Kontraktumfang: 42.000 US-Gallonen (1.000 Barrels) Heizöl

Tick-Größe: 0,0001 US-Dollar pro Gallone (4,20 US-Dollar/Kontrakt); alle Kursangaben in US-Dollar und US-Cent pro Gallone

Kontraktmonate: Die nächsten 36 aufeinander folgenden Kalendermonate

Letzter Handel: Am Ende des letzten Geschäftstags vor Beginn des jeweiligen Kontraktmonats

Liefertag und -ort: Physische Lieferung von Heating Oil entsprechend dem Industriestandard No. 2, frühestens am Tag nach dem 5. Geschäftstag des Kontraktmonats, wobei sie spätestens vor dem letzten Geschäftstag des Kontraktmonats abgeschlossen sein muss. Die Übernahme der Liefermenge erfolgt in Tanklagern oder via Pipeline.

Mehr Details zum Settlement-Prozedere und den verschiedenen Qualitätsmerkmalen des lieferbaren Heating Oils: https://www.cmegroup.com/confluence/display/EPICSANDBOX/NYMEX+Heating+Oil

Handelszeiten: Elektronischer Handel CME Globex®: Sonntag - Freitag, von 18:00 - 17:00 Uhr (New Yorker Zeit) des nächsten Tages. Die Handelspause zwischen dem heutigen Handelstag und dem nächsten Handelstag beträgt 60 Minuten.

Tägliches Preislimit: Zunächst 0,25 US-Dollar/Gallone (10.500 US-Dollar/Kontrakt) gegenüber dem vortägigen Settlement-Preis in allen Kontraktmonaten. Wird irgendein Kontraktmonat länger als 5 Minuten zum Limit-Kurs gehandelt beziehungsweise besteht für diesen Zeitraum ein „Geld"- oder „Brief"-Preis, so wird der Handel für 5 Minuten ausgesetzt. Nach anschließender Wiederaufnahme des Handels gilt ein, bezogen auf das bereits bestehende Limit, um 0,25 US-Dollar/Gallone erhöhtes Limit. Sollte dieses Limit abermals erreicht werden, setzt sich nach erfolgter 5-minütiger Pause die Erhöhung des Limits in Schritten von 0,25 US-Dollar/Gallone fort. Ein maximales tägliches Preislimit besteht demnach während einer Börsensitzung nicht.

Positions-Obergrenze: Während der letzten 3 Handelstage im Spot-Monat maximal 1.000 Kontrakte. Bei mehr als 7.000 Kontrakten netto long oder short über alle Kontraktmonate muss der Börse im Rahmen der „accountability rules" auf Verlangen in angemessener Zeit der Zweck der Position mitgeteilt werden.

Reportable Limit: 250 Kontrakte

Margin: Initial Margin: 7.125 US-Dollar, Maintenance Margin: 5.700 US-Dollar

7.3 RBOB Gasoline (bleifreies Benzin)

7.3.1 Geschichte und Allgemeines

Angeblich entdeckte ein Amerikaner das Benzin Ende des 19. Jahrhunderts zufällig, als er Öl destillierte, um Kerosin herzustellen. Benzin wurde zunächst als nutzloses Nebenprodukt des Destillationsprozesses verworfen, es wurde jedoch nach der Erfindung des Automobils zur Hauptbrennstoffquelle für Autos.

RBOB ist die Abkürzung für „Reformulated Gasoline Blendstock for Oxygenate Blending“ und wird als Bezeichnung für bleifreie Gas-Futures verwendet. Dabei handelt es sich um ein unfertiges Benzinprodukt. Die Popularität und der Erfolg von RBOB in den USA sind auf die Veränderung der staatlichen Gesetzgebung zurückzuführen. Bereits in den 90er-Jahren („Clean Air Act of 1990“) änderte der Kongress die Gesetze über saubere Luft, um die Luftqualität zu verbessern und die schädlichen Emissionen von Verbrennungsmotoren zu verringern. Später wurde dann auch MTBE in Benzin verboten. Dabei handelt es sich um eine Chemikalie, die bleifreiem Benzin zugesetzt wurde und eine direkte Bedrohung für Mensch und Umwelt darstellte, da sie nachweislich das Grundwasser verschmutzte. Der Preis von RBOB ist stark vom Erdölpreis abhängig. Es ist inzwischen in den USA das meistverkaufte raffinierte Einzelprodukt und macht fast die Hälfte des nationalen Ölverbrauchs aus. Die USA sind der weltweit größte Produzent mit circa 8.900.000 Fässern pro Tag, gefolgt von China mit einer Produktion von 2.100.000 und Japan mit 920.000 Fässern pro Tag.

7.3.2 Die Preisentwicklung von RBOB Gasoline seit 1984

ABBILDUNG 7.11 | RB_BENZIN_LANGFRISTCHART Quelle: GenesisFT

Der langfristige RBOB-Gasoline-Chart

Im Juli 1986 markierte das RBOB Gasoline bei 0,30 US-Dollar sein Tief und brauchte 18 Jahre, um nachhaltig über die Marke von 1 US-Dollar zu klettern. In der weltweiten Rohstoffhausse notierte der RBOB-Future im Juli 2008 bei 3,631 US-Dollar, um dann innerhalb von nur fünf Monaten um mehr als 75 Prozent einzubrechen. In der darauffolgenden Erholung stieg das RBOB Gasoline von 0,821 US-Dollar in den nächsten viereinhalb Jahren wieder deutlich über 2,50 US-Dollar. Benzin befindet sich seit 2014 in einem intakten Abwärtstrend.

7.3.3 Wie funktioniert der Global One im RBOB Gasoline?

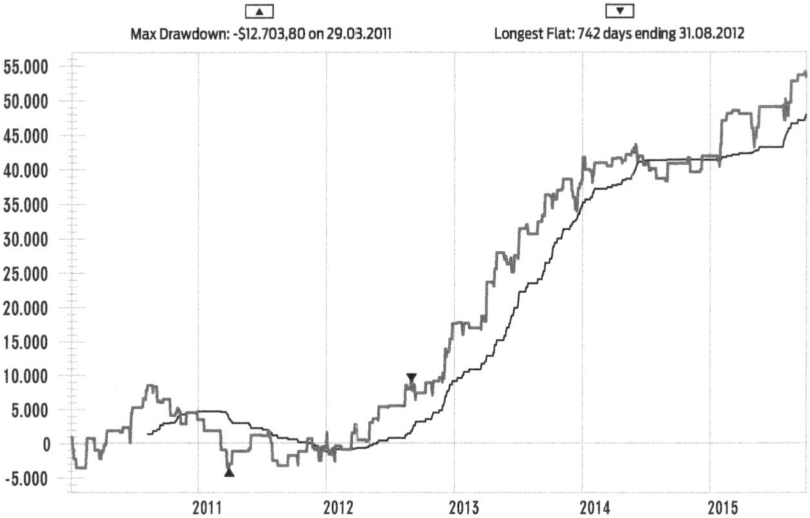

ABBILDUNG 7.12 | RB_BENZIN_GO_EQUITY CURVE Quelle: GenesisFT
Backtest Equity-Kurve RBOB Gasoline

7.3.3.1 Backtest

Der Benzin-Future RBOB Gasoline hatte einen etwas holprigen Start und pendelte die ersten zweieinhalb Jahre um die Nulllinie. Von Mitte 2012 bis Ende 2013 verdiente die Strategie mehr als 35.000 US-Dollar, um dann das komplette Jahr 2014 seitwärts zu laufen. Im Jahr 2015 verdiente der Global One dann mehr als 10.000 US-Dollar und legte in dem getesteten Zeitraum mehr als 50.000 US-Dollar zu, bei einem Drawdown von nur 6.000 US-Dollar ein beachtliches Ergebnis. Getestet wurde der Zeitraum 1. Januar 2010 bis 2. Oktober 2015. Slippage und Kommission wurden mit 22 US-Dollar im Durchschnitt pro Round-Turn (Kauf und Verkauf) berücksichtigt.

7.3.3.2 Signale

ABBILDUNG 7.13 | RB_BENZIN_GO_SIGNALE Quelle: GenesisFT

Signale GO RBOB Gasoline

7.3.3.3 Realität

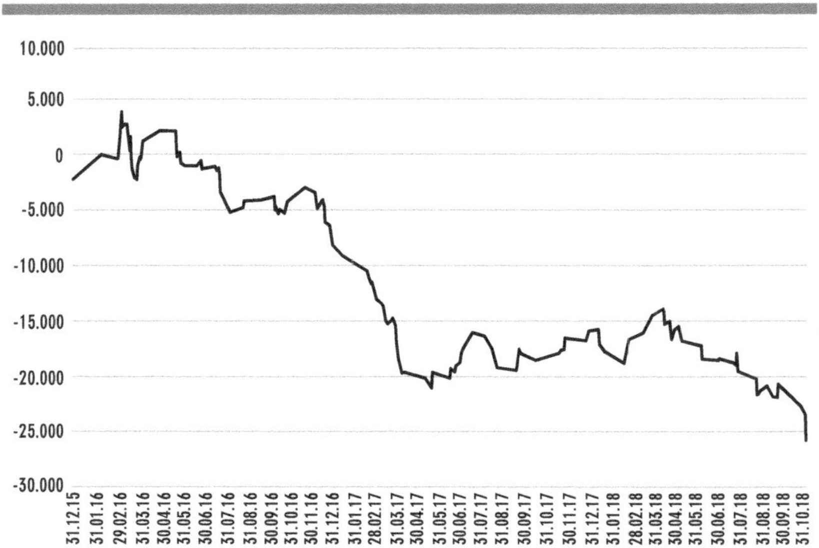

ABBILDUNG 7.14 | RB_BENZIN_GO_EQUITY CURVE_REAL Quelle: CMCT
Reale Kapitalkurve GO RBOB Gasoline

Unsere reale Equity-Kurve im RBOB Gasoline zeigt leider eine ähnliche Entwicklung wie beim Heizöl. Trotz der vielversprechenden Backtest-Ergebnisse lieferte die Realität ein deutlich negativeres Gewinn-Verlust-Verhältnis. Nach einem kleinen Plus im März 2016 ging es nur noch bergab und die Strategie wurde nach einem Minus von mehr als 25.000 US-Dollar Anfang November 2018 gestoppt. Die im Backtest angenommene Slippage und Kommission von 22 US-Dollar pro Trade sind auch im Live-Trading umsetzbar.

7.3.4 Wie funktioniert der Global Two im RBOB Gasoline?

ABBILDUNG 7.15 | RB_BENZIN_GT_SIGNALE Quelle: GenesisFT
Signale GT RBOB Gasoline

RBOB Gasoline wurde bisher noch nicht im ALGOreport besprochen beziehungsweise gehandelt. Der Seitwärtstrend von August 2019 bis März 2020 lässt den Schluss zu, dass dadurch nichts verpasst wurde.

Das Verkaufssignal Anfang März wurde im Grunde erst nach dem Bruch der 1,40-US-Dollar-Marke am 6. März 2020 bestätigt. Ein Short-Einstieg nach einem zehnprozentigen Down Gap fällt erfahrungsgemäß schwer, und somit wurde der Trade nicht eingegangen. Der Long-Einstieg am 2. April wurde aufgrund einer gegensätzlichen Positionierung der Produzenten und eines fehlenden saisonalen Ausblicks nicht gewagt.

Folgende Trades wurden seit Auflegung am 19.08.2019 im Musterdepot des ALGOreport umgesetzt:

Kein Trade

7.3.5 Über den RBOB Gasoline Future

Börse: Globex, (CME Group)

Ticker-Symbol: RB

Ticker-Symbol Interactive Brokers: RB

Kontraktumfang: 42.000 US-Gallonen (1.000 Barrels) bleifreies Benzin RBOB (Reformulated Gasoline Blendstock for Oxygenate Blending).

Tick-Größe: 0,0001 US-$ pro Gallone (4,20 US-Dollar/Kontrakt); alle Kursangaben in US-Dollar und US-Cent pro Gallone

Kontraktmonate: Die nächsten 36 aufeinander folgenden Kalendermonate

Letzter Handel: Am Ende des letzten Geschäftstags vor Beginn des Kontraktmonats

Liefertag und -ort: Physische Lieferung von bleifreiem Benzin, frühestens am Tag nach dem 5. Geschäftstag des Kontraktmonats, wobei diese spätestens vor dem letzten Geschäftstag des Kontraktmonats abgeschlossen sein muss. Die Übernahme der Liefermenge erfolgt in Tanklagern oder via Pipeline.
Mehr Details zum Settlement-Prozedere und den verschiedenen Qualitätsmerkmalen des lieferbaren RBOB Gasoline: https://www.cmegroup.com/confluence/display/EPICSANDBOX/NYMEX+RBOB+Gasoline

Handelszeiten: Elektronischer Handel CME Globex®: Sonntag - Freitag, von 18:00 - 17:00 Uhr (New Yorker Zeit) des nächsten Tages. Die Handelspause zwischen dem heutigen Handelstag und dem nächsten Handelstag beträgt 60 Minuten.

Tägliches Preislimit: Zunächst 0,25 US-Dollar/Gallone (10.500 US-Dollar/Kontrakt) gegenüber dem vortägigen Settlement-Preis in allen Kontraktmonaten. Wird irgendein Kontraktmonat länger als 5 Minuten zum Limit-Kurs gehandelt beziehungsweise besteht für diesen Zeitraum ein „Geld“- oder „Brief“-Preis, so wird der Handel für 5 Minuten ausgesetzt. Nach anschließender Wiederaufnahme des Handels gilt ein bezogen auf das bereits bestehende Limit um 0,25 US-Dollar/Gallone erhöhtes Limit. Sollte dieses Limit abermals erreicht werden, setzt sich nach erfolgter 5-minütiger Pause die Erhöhung des Limits in Schritten von 0,25 US-Dollar/Gallone fort. Ein maximales tägliches Preislimit besteht demnach während einer Börsensitzung nicht.

Positions-Obergrenze: Keine, jedoch im Spot-Monat maximal 1.000 Kontrakte während der letzten 3 Handelstage. Bei mehr als 7.000 Kontrakten netto long oder short über alle Kontraktmonate muss der Börse im Rahmen der „accountability rules“ auf Verlangen in angemessener Zeit der Zweck der Position mitgeteilt werden.

Reportable Limit: 150 Kontrakte

Margin: Initial Margin: 9.875 US-Dollar, Maintenance Margin: 7.900 US-Dollar.

7.4 Natural Gas (Erdgas)

7.4.1 Geschichte und Allgemeines

Als natürlich vorkommendes Gas ist der Rohstoff bereits seit der Antike bekannt. Um circa 1.000 v. Chr. wurde das berühmte Orakel in Delphi auf dem Berg Parnass im antiken Griechenland gebaut, wo brennendes Erdgas als Flamme aus dem Boden drang. Kommerziell hergestellt wurde Erdgas erstmals in England, wo man es ab dem Ende des 18. Jahrhundert für die Beleuchtung von Leuchttürmen und Straßen verwendete. In den USA wurde Erdgas im 17. Jahrhundert entdeckt, die erste erfolgreiche Erdgasbohrung erfolgte nachweislich im Jahr 1821 im Staat New York. Bereits ab 1830 wurden die ersten öffentlichen Erdgasverteilungsunternehmen gegründet. Erdgas wurde in dieser Zeit hauptsächlich als Brennstoff für Lichtquellen verwendet, weitere Erfindungen, wie zum Beispiel die des Bunsenbrenners, zeigten zusätzliche Einsatzmöglichkeiten auf. Mit dem Bau effektiver Pipelines im 20. Jahrhundert wurde der Einsatz von Erdgas auf das Heizen, Kochen, die Warmwasseraufbereitung, aber auch die Stromerzeugung ausgedehnt. Heute ist Erdgas ein wesentlicher Bestandteil der weltweiten Energieversorgung. Der Energierohstoff gehört heute immer noch zu den saubersten und sichersten Energiequellen.

Erdgas besteht hauptsächlich aus Methan, das aus der Erde gewonnen und als Brennstoff zur Stromerzeugung und Stromversorgung verwendet wird. Das amerikanische Henry-Hub-Erdgas wird häufig als nationale Benchmark für Erdgaspreise verwendet. 2017 waren die USA mit 761,10 Milliarden Kubikmetern der weltweit größte Produzent. Auf Platz 2 liegt Russland mit 691,60 Milliarden und auf Platz 3 der Iran mit 238 Milliarden Kubikmetern. Der weltweite Verbrauch von Erdgas ist von 1998 bis 2018 um fast 70 Prozent auf 3.848,90 Milliarden Kubikmeter angestiegen. Beim Konsum waren 2018 auch die USA mit 815,97 Milliarden Kubikmetern führend. Russland ist mit 454,17 Milliarden auf Platz 2, gefolgt von China mit 284,82 Milliarden Kubikmetern auf Platz 3. Damit entspricht der Konsum in den USA gut 21 Prozent des weltweiten Gesamtverbrauchs.

7.4.2 Die Preisentwicklung von Natural Gas seit 1990

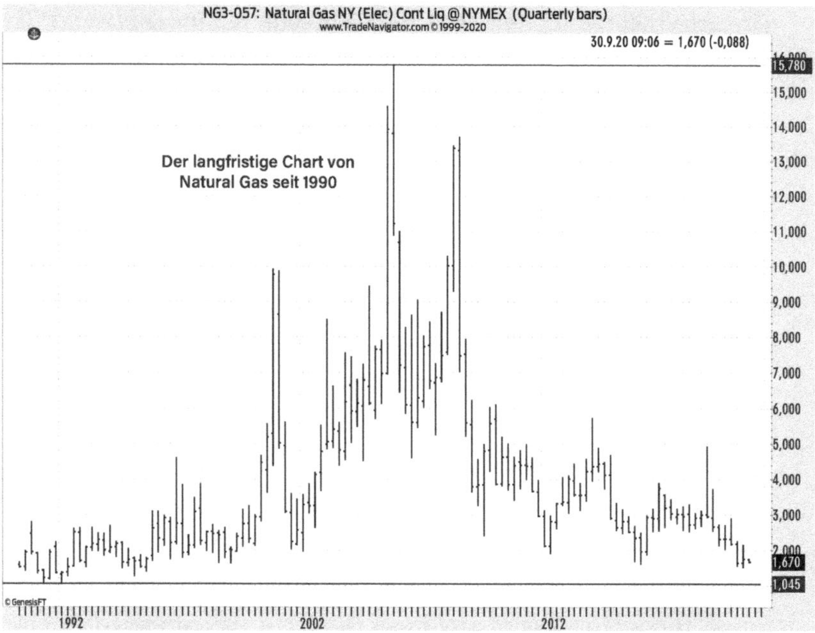

ABBILDUNG 7.16 | NG_ERDGAS_LANGFRISTCHART Quelle: GenesisFT

Der langfristige Natural-Gas-Chart

Der Natural Gas Future ist sicherlich einer der volatilsten Futures im Energiesektor. Im Februar 1992 handelte der Future im Tief bei 1,045 US-Dollar. Die nächsten Jahre stieg der Future unter sehr großen Schwankungen immer weiter und erreichte im Dezember 2005 bei 15,78 US-Dollar sein All-Time-High. Zwischenzeitlich kam es immer wieder zu spektakulären Rallyes und verheerenden Kurseinbrüchen innerhalb kürzester Zeit. Im Dezember 2000 verlor der Natural Gas Future von 9,925 US-Dollar knapp 80 Prozent, um dann wieder auf 8,50 US-Dollar zu steigen. Seit seinem letzten markanten Hoch bei 13,694 US-Dollar im Juli 2007 befindet sich Natural Gas in einem intakten Abwärtstrend.

7.4.3 Extrembeispiel im Handel mit Natural Gas

Eine der größten Fehlspekulationen im Energiemarkt war sicherlich die Pleite des Hedgefonds Amaranth, der zeitweise den Erdgasmarkt kontrollierte und 2006 zusammenbrach. Ursprünglich konzentrierte sich der Fonds auf eine marktneutrale Convertible-Arbitrage-Strategie, die kleine Gewinne einbrachte. Hierbei kauft ein Hedgefonds eine Wandelanleihe und verkauft gleichzeitig die Aktie oder umgekehrt. Ab 2004 verlagerte der Fonds seinen Schwerpunkt jedoch hin zum Energiehandel, angetrieben durch den damals im Natural Gas Futures sehr erfolgreichen Trader Brian Hunter. Amaranth verfolgte eine relativ simple Strategie, die im Jahr 2005 auch sehr erfolgreich war: Der Fonds handelte die Saisonalität, indem er Winter-Erdgas-Futures kaufte und Frühjahrs-Erdgas-Futures verkaufte. Dieser Spread wurde dem Fonds durch einen vergleichsweise milden Winter 2006 zum Verhängnis, da sich der Spread nicht wie erhofft ausweitete, sondern kollabierte. Zu diesem Zeitpunkt kontrollierte Amaranth die Hälfte des US- und circa zehn Prozent des weltweiten Energiemarkts. Durch die gehebelte Position entstand ein Verlust von über sechs Milliarden US-Dollar, und der Fonds wurde aufgelöst.

Im November 2018 konnten wir den Zusammenbruch des Fonds Optionsellers.com live miterleben, der durch eine riskante Optionsverkaufs-Strategie gezwungen war, seine immer größer werdende Short-Position in einem steigenden Markt zu covern. Der Natural Gas Future stieg in nur zwei Wochen um mehr als 40 Prozent, um dann innerhalb von nur vier Wochen wieder um 40 Prozent zu fallen. In einem bizarren Interview gestand der Gründer des Fonds, James Cordier, unter Tränen ein, eine falsche Entscheidung getroffen zu haben. Für alle Interessierten: Im Internet findet sich sein „Entschuldigungsvideo".

7.4.4 Wie funktioniert der Global One im Natural Gas?

7.4.4.1 Backtest

ABBILDUNG 7.17 | NG_ERDGAS_GO_EQUITY CURVE Quelle: GenesisFT
Backtest Equity-Kurve Natural Gas

Die Equity-Kurve im Natural Gas zeigte von Beginn an eine fallende Tendenz ohne Erholungserscheinungen. Deshalb entschlossen wir uns, den Future nicht in das Gesamtportfolio des Global One einzubeziehen. Getestet wurde der Zeitraum von 1. Januar 2010 bis 2. Oktober 2015. Slippage und Kommission wurden mit 20 US-Dollar im Durchschnitt pro Round-Turn (Kauf und Verkauf) berücksichtigt.

7.4.4.2 Signale

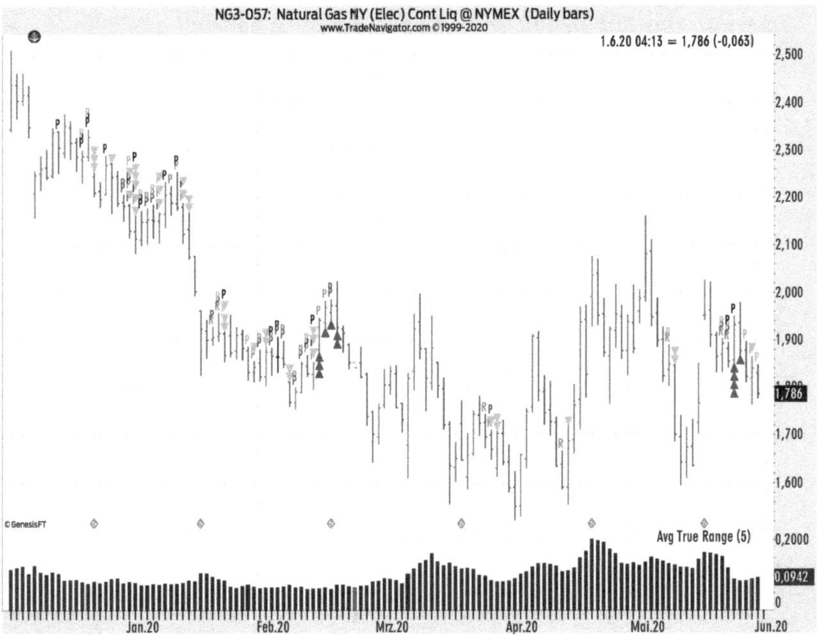

ABBILDUNG 7.18 | NG_ERDGAS_GO_SIGNALE Quelle: GenesisFT
Signale GO Natural Gas

7.4.4.3 Realität

Aufgrund der schlechten Ergebnisse im Backtest wurde nie live gehandelt.

7.4.5 Wie funktioniert der Global Two im Natural Gas?

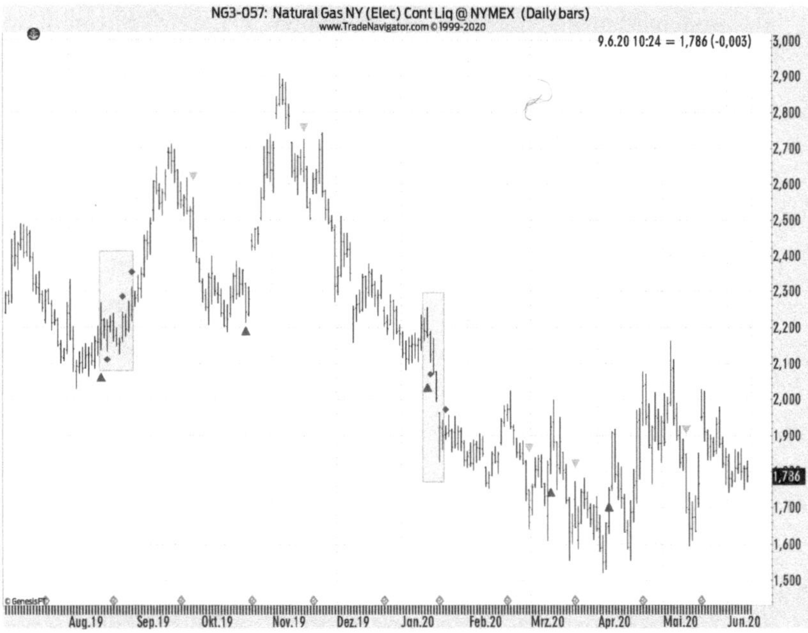

ABBILDUNG 7.19 | NG_ERDGAS_GT_SIGNALE Quelle: GenesisFT

Signale GT Natural Gas

Im Natural Gas wurde unser erster Rohstoff-Trade für den ALGOreport am 19. August 2019 umgesetzt. Nach einer gut recherchierten Story, überzeugenden Commitments-of-Traders-Daten, steigenden Seasonals und einem ALGO-GT-Signal, das auf Kauf drehte, gingen wir unsere erste Position für den ALGOreport ein. Der Stop-Loss wurde noch relativ aggressiv gewählt, sodass wir mit unseren Ausstiegen und einem Plus von über 40 Prozent nach nur zwei Wochen mehr als zufrieden waren. Im Nachhinein betrachtet muss leider resümiert werden, dass die Position schlecht gehandelt wurde. Die erste schnelle Gewinnmitnahme war vollkommen richtig, die zweite aber unnötig, da der Natural Gas Future nach unserem Ausstieg noch um weitere 17 Prozent stieg. Mit einem Nachziehen des Stop-Loss wäre sicherlich eine noch bessere Performance möglich gewesen. Im November 2019 ist im Chart noch ein vermeintlich erfolgreiches Verkaufssignal zu sehen, das aufgrund der gegensätzlichen Positionierung der Produzenten nicht umgesetzt wurde. Im Januar 2020 kam es nach starken Kursverlusten wieder zu einer Konsolidierung und einem Long-Einstieg am 16. Januar 2020, die Position wurde nach einem starken Einbruch kurz darauf wieder ausgestoppt. Seitdem befindet sich Natural Gas mehr oder weniger in einem Seitwärtsmarkt, in dem viele Signale ausgeworfen wurden, die aber mangels Bestätigung durch die anderen Faktoren glücklicherweise nicht umgesetzt wurden.

Folgende Trades wurden seit Auflegung am 19.08.2019 im Musterdepot des ALGOreport umgesetzt:
Kauf am 16.01.2020 @ 2,135; Verkauf am 20.01.2020 @ 1,95 – ausgestoppt

Kauf am 19.08.2019 @ 2,164; Verkauf am 26.08.2019 @ 2,23 und Verkauf am 29.08.2019 @ 2,285

7.4.6 Über den Henry Hub Natural Gas Future

Börse: Globex, (CME Group)

Ticker-Symbol: NG

Ticker-Symbol Interactive Brokers: NG

Kontraktumfang: 10.000 Mio. British thermal units (mmBtu) Erdgas

Tick-Größe: 0,001 US-Dollar pro mmBtu (10 US-Dollar/Kontrakt); alle Kursangaben in US-Dollar und US-Cent pro mmBtu

Kontraktmonate: Laufendes Jahr sowie die Monate der nächsten 12 aufeinanderfolgenden Jahre

Letzter Handelstag: 3. Geschäftstag vor dem 1. Kalendertag des Kontraktmonats

Liefertag und -ort: Physische Lieferung von Erdgas gemäß Pipeline-Spezifikation am Liefertag, frühestens am 1. Kalendertag des Kontraktmonats, wobei sie spätestens am letzten Kalendertag des Kontraktmonats abgeschlossen sein muss. Die Übernahme der Liefermenge erfolgt via Pipeline (Sabine Pipe Line Co.'s Henry Hub in Louisiana). Der Verkäufer ist für die Beförderung verantwortlich. Mehr Details zum Settlement-Prozedere und den verschiedenen Qualitätsmerkmalen des lieferbaren Natural Gas: https://www.cmegroup.com/confluence/display/EPICSANDBOX/Natural+Gas

Handelszeiten: Elektronischer Handel via CME Globex®: Sonntag - Freitag, von 18:00 - 17:00 Uhr (New Yorker Zeit) des nächsten Tages. Die Handelspause zwischen dem heutigen Handelstag und dem nächsten Handelstag beträgt 60 Minuten.

Tägliches Preislimit: 1,50 US-Dollar/mmBtu (15.000 US-Dollar/Kontrakt) gegenüber dem vortägigen Settlement-Preis in allen Kontraktmonaten. Wird irgendein Kontraktmonat länger als 5 Minuten zum Limit-Kurs gehandelt beziehungsweise besteht für diesen Zeitraum ein „Bid"- oder „Ask"-Preis, so wird der Handel für 5 Minuten ausgesetzt. Nach anschließender Wiederaufnahme des Handels gilt ein um 1,50 US-Dollar/mmBtu erhöhtes Limit. Sollte dieses Limit abermals erreicht werden, setzt sich nach erfolgter 5-minütiger Pause die Erhöhung des Limits in Schritten von 1,50 US-Dollar/mmBtu fort. Ein maximales tägliches Preislimit besteht demnach während einer Börsensitzung nicht.

Positions-Obergrenze: Maximal 12.000 Kontrakte über alle Kontraktmonate, im Spot-Monat maximal 1.000 Kontrakte während der letzten 3 Handelstage.

Reportable Limit: 175 Kontrakte

Margin: Initial Margin: 3.548,75 US-Dollar, Maintenance Margin: 2.839 US-Dollar

KAPITEL 8

METALLE

Metalle üben eine ganz besondere Faszination auf die Menschen aus. Wahrscheinlich liegt es daran, dass sie einerseits als Wertanlage dienen, andererseits aber auch in weiten Teilen der Industrie und zur Weiterverarbeitung verwendet werden. Viele Menschen bunkern Gold und Silber in Form von Münzen in Tresoren oder Kellern, weil die Geschichte gezeigt hat, dass Edelmetalle viele von Menschen geschaffene Währungen überlebt haben. Die weltweiten Reserven sind beschränkt und heiß begehrt. Kursschwankungen in den Futures-Märkten können heftig sein, oftmals werden die physischen Metalle mit einem Aufgeld gehandelt, da Liefer- und Produktionsengpässe das Angebot einschränken. Wirtschaftliche und geopolitische Krisen lassen die Nachfrage oft sprunghaft ansteigen. Auch wurde in der Vergangenheit immer wieder von Notenbanken und

Regierungen versucht, den Handel zu reglementieren und einzuschränken, da Edelmetalle oft als ernsthafte Konkurrenz und Alternative zu künstlichen Geldwährungen gesehen werden.

8.1 Gold

8.1.1 Geschichte und Allgemeines

Aufgrund seiner Seltenheit war Gold schon immer eines der begehrtesten und auch wertvollsten Metalle der Welt. Es besteht keine Einigkeit darüber, wann Gold in der Geschichte der Menschheit das erste Mal aufgetaucht ist. Angeblich waren es circa 2600 v. Chr. die Mesopotamier, die die ersten Goldschmuckstücke schmiedeten. Der Legende nach wurde auch der Tempel Salomons 950 v. Chr. aus Gold erbaut. Man vermutet, dass Gold maßgeblich für die Entwicklung von Geldwährungen verantwortlich war und gemeinsam mit Silbermünzen das bis dahin übliche Tauschgeschäft zunächst ergänzte. Die erste tatsächliche Goldwährung wurde von König Krösus in Lydien eingeführt. Von dort verbreitete sich der Einsatz von Münzen als Zahlungsmittel stetig weiter.

Eine besondere Rolle spielte der Goldpreis nach dem Zweiten Weltkrieg, als er im sogenannten Bretton-Woods-Abkommen auf 35 US-Dollar pro Unze fixiert wurde. Diese Maßnahme sollte vor allem der Stabilisierung der teilnehmenden Währungen dienen und Schwierigkeiten bei Zahlungsvorgängen verhindern, wodurch man sich auch eine Stimulierung des Wirtschaftswachstums erwartete. Das Abkommen hatte bis in die 1970er-Jahre Bestand, dann wurde die fixe Bindung aufgehoben. Seitdem spielt Gold in den Währungsmärkten eine untergeordnete Rolle, es dient vorwiegend als „Krisenwährung" und Schutz vor Inflation.

Seit Jahrhunderten ist Gold wegen seiner einzigartigen Mischung aus Schönheit, nahezu Unzerstörbarkeit, Seltenheit und finanzieller Stabilität begehrt. Die Minen-Goldreserven werden weltweit auf circa 54.000 Tonnen geschätzt. Die Reserven in den bereits vorhandenen

Minen lagen 2019 bei fast 49.000 Tonnen, wovon Australien mit 10.000 Tonnen den größten Anteil hat, gefolgt von Russland mit 5.300 und Südafrika mit 3.200 Tonnen. Die jährliche Produktion ist seit 2008 um knapp 45 Prozent auf 3.000 Tonnen gestiegen. Der größte Abbau von Gold in Minen fand 2019 in China statt, gefolgt von Australien und Russland. Die größten gelagerten Goldreserven besaßen 2019 die USA vor Deutschland und Italien.

8.1.2 Die Preisentwicklung von Gold seit 1974

ABBILDUNG 8.1 | GC_GOLD_LANGFRISTCHART Quelle: GenesisFT

Der langfristige Gold-Chart

Der Gold Future markierte im August 1978 bei 100 US-Dollar sein Tief und stieg während der Inflation im Januar 1980 bis auf 873

US-Dollar. In den darauffolgenden 28 Jahren pendelte der Goldpreis zwischen 250 US-Dollar und 500 US-Dollar. Im Zuge der weltweiten Rohstoffhausse stieg der Future erstmals im März 2008 über die psychologisch wichtige Marke von 1.000 US-Dollar. Während der Verwerfungen in der Finanzkrise verlor auch Gold etwas an Boden und notierte im Oktober 2008 im Tief bei 681 US-Dollar. Im September 2011 markierte Gold sein bisheriges All-Time-High bei 1.923,7 US-Dollar, konsolidierte knapp fünf Jahre und befindet sich seit 2016 in einem Aufwärtstrend.

8.1.3 Extrembeispiel im Handel mit Gold

Vergleicht man die täglich gehandelte Menge Gold an der Futures-Börse NYMEX mit der jährlichen geförderten Menge, wird deutlich, dass sich der Futures-Markt vom physischen Markt entkoppelt hat. Es werden pro Handelstag circa 250.000 Kontrakte im Gold-Future gehandelt, das entspricht 25 Millionen Unzen, also 125 Millionen Unzen in einer Woche. Umgerechnet bedeutet das, dass der Wochenumsatz im Gold-Future die Gold-Jahresproduktion um mehr als zehn Prozent übersteigt. Dieses Ungleichgewicht hat bislang (noch) zu keinen Marktverwerfungen geführt, da in der Vergangenheit nur 0,02 Prozent der gehandelten Kontrakte ausgeliefert wurden. Würde man das weltweit vorhandene Gold in einen großen Würfel packen, würde das so aussehen:

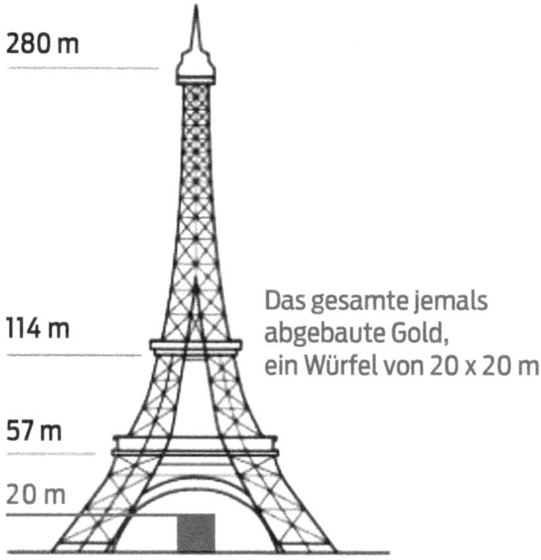

ABBILDUNG 8.2 | GOLDWÜRFEL Quelle: goldsilbershop.de
Der legendäre Goldwürfel

Ein paar Fakten zum berühmten Goldwürfel Stand Ende 2019: Als Grundlage dienen die offiziellen Zahlen des World Gold Council (WGC), der Interessenvereinigung der globalen Goldminen-Industrie. Demzufolge wurde alles bis zum Jahresende 2019 weltweit geförderte Gold anschaulich als Würfel grafisch dargestellt. Diese 197.575,70 Tonnen Gold ergeben einen Würfel mit einer Länge von 21,713 Metern, der jedes Jahr um die neu geförderte Menge wächst (circa 3.000 Tonnen). Von 2018 bis 2019 ist der Goldwürfel um nur 15,2 cm gewachsen, was verdeutlicht, wie rar Gold ist.

8.1.4 Wie funktioniert der Global One im Gold?

8.1.4.1 Backtest

ABBILDUNG 8.3 | GC_GOLD_GO_EQUITY CURVE Quelle: GenesisFT

Backtest Equity-Kurve Gold

Wir sehen eine fast perfekte Equity-Kurve im Gold Future mit einem linearen Anstieg und einem akzeptablen Drawdown von 9.615 US-Dollar. Getestet wurde der Zeitraum 1. Januar 2010 bis 2. Oktober 2015. Da der Future mit Limit-Orders und nicht market gehandelt wird, wurden Slippage und Kommission mit fünf US-Dollar im Durchschnitt pro Round-Turn (Kauf und Verkauf) berücksichtigt.

8.1.4.2 Signale

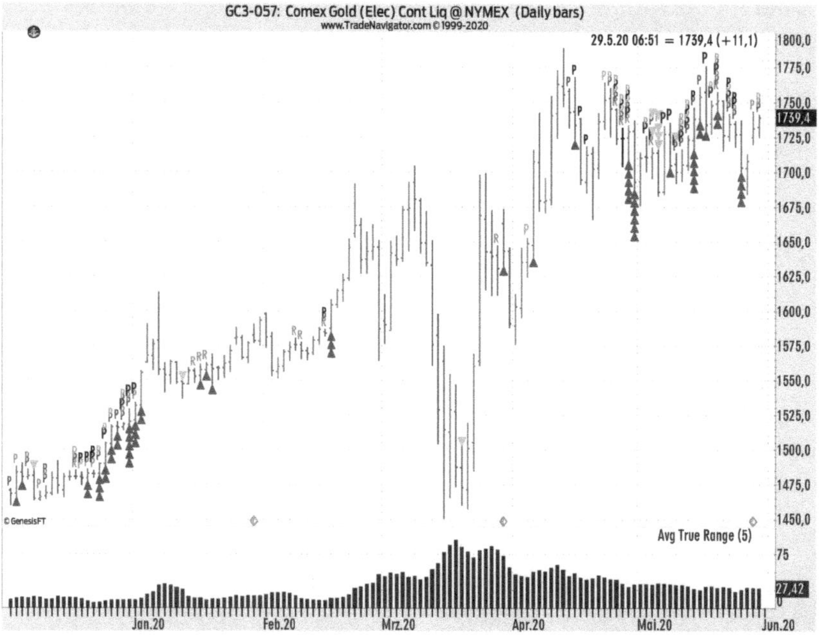

ABBILDUNG 8.4 | GC_GOLD_GO_SIGNALE Quelle: GenesisFT

Signale GO Gold

8.1.4.3 Realität

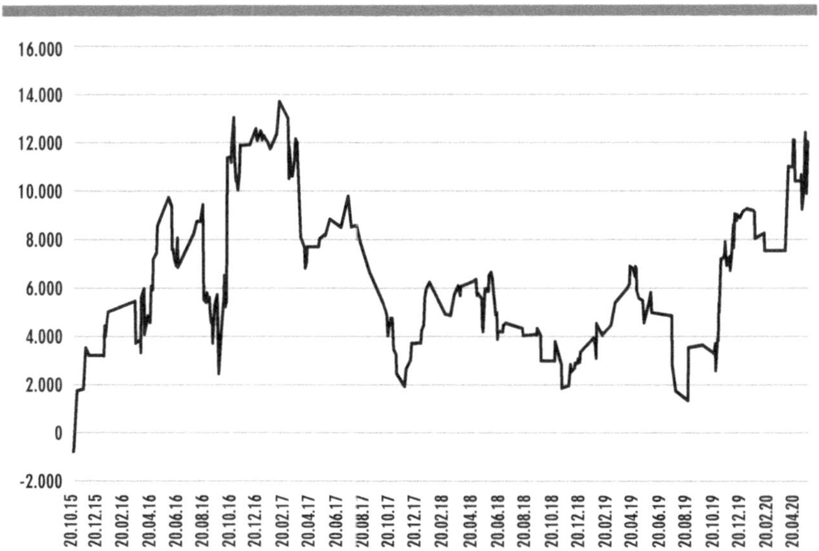

ABBILDUNG 8.5 | GC_GOLD_GO_EQUITY CURVE_REAL Quelle: CMCT
Reale Kapitalkurve GO Gold

Die Strategie im Gold Future begann sehr verheißungsvoll und verdiente im ersten Jahr eine P/L von über 12.000 US-Dollar. Vom Höchststand im Februar 2017 ging es die nächsten zweieinhalb Jahre nur bergab, seit August 2019 ist die Goldstrategie jedoch wieder im Aufwind. Auffällig ist die stark angestiegene ATR (Average True Range, die durchschnittliche Tagesschwankung) vor und nach dem „Corona-Crash" im März 2020, die den Stop-Loss für die Strategie festlegt. So reichte in der Vergangenheit ein Stop-Loss von circa 1.500 bis 2.000 US-Dollar, durch die erhöhte Volatilität musste aber ein Stop-Loss von bis zu 5.000 US-Dollar verwendet werden. Gold ist die einzige Strategie im Global One, die mit Stop-Limit-Orders beim Einstieg arbeitet. Unsere Analysen haben ergeben, dass es nach dem Bruch der Tageshochs und Tagestiefs teilweise zu starken Kursbewegungen kommt, die eine erhöhte Slippage bei Market-Orders zur Folge haben. Die im Backtest angenommene Kommission von 5 US-Dollar pro Trade ist auch im Live-Trading umsetzbar.

8.1.5 Wie funktioniert der Global Two im Gold?

ABBILDUNG 8.6 | GC_GOLD_GT_SIGNALE Quelle: GenesisFT
Signale GT Gold

Im Gold-Future wurde bislang erst ein ALGO-GT-Verkaufssignal umgesetzt, Ende Mai 2020, das nach nur einer Woche Haltedauer mit einem Plus von zehn Prozent geschlossen wurde. Seit den Aufzeichnungen der Commitments-of-Traders-Daten Anfang der 80er-Jahre kommt es sehr selten vor, dass sich die Produzenten im

Gold auf der Long-Seite positionieren, deshalb sollte man diesem seltenen Phänomen eine besonders große Beachtung schenken. In Kombination mit dem ALGO-GT-Signal kann es somit zu einer relativ guten Kaufgelegenheit kommen. Anfang Dezember 2020 wurde auch die Umsetzung des Kaufsignals in Erwägung gezogen. Wir entschieden uns aber stattdessen für eine Long-Position im Silber-Future aufgrund des zu diesem Zeitpunkt relativ hohen Gold/Silber-Ratios.

Folgende Trades wurden seit Auflegung am 19.08.2019 im Musterdepot des ALGOreport umgesetzt:

Verkauf am 27.05.2020 @ 1.710; Kauf am 05.06.2020 @ 1.688

8.1.6 Über den Gold Future

Börse: NYMEX (New York Mercantile Exchange), CME Group

Ticker-Symbol: GC

Ticker-Symbol Interactive Brokers: GC

Kontraktumfang: 100 Feinunzen (troy ounces)

Tick-Größe: 0,1 US-Dollar pro Feinunze (10 US-Dollar/Kontrakt); alle Kursangaben in US-Dollar und US-Cent pro Feinunze

Kontraktmonate: Der jeweils aktuelle Kalendermonat, zusätzlich die beiden folgenden Monate. Dazu Februar, April, August und Oktober innerhalb eines 23-monatigen Zyklus; zudem alle Juni- und Dezembermonate innerhalb des nächsten 72-monatigen Zyklus, jeweils bezogen auf den aktuellen Kalendermonat.

Letzter Handel: Am Ende des 3. Geschäftstags vor dem letzten Geschäftstag des Kontraktmonats

Liefertag und -ort: Physische Lieferung von Gold an ein börsenseitig lizenziertes Lagerhaus im Raum New York frühestens am 1. Geschäftstag des Kontraktmonats. Spätester Liefertag ist der letzte Geschäftstag des Kontraktmonats.

Qualität: Akzeptiert wird Gold von mindestens 995er-Feingehalt, lieferbar entweder als einzelner Barren oder in 3 Barren zu je 1 kg, jeweils mit gültiger Seriennummer und Stempel des Verarbeiters von einem von der Börse lizenzierten Depot.

Handelszeiten: Elektronischer Handel: Sonntag - Freitag, 18:00 - 17:00 Uhr New Yorker Zeit des nächsten Tages. Die Handelspause zwischen dem heutigen Handelstag und dem nächsten Handelstag beträgt 60 Minuten.

Tägliches Preislimit: 5 Prozent über oder unter dem vortägigen Settlement-Preis. Wird das Limit in lediglich einem der beiden aktivsten Kontraktmonate erreicht beziehungsweise besteht ein „Geld“- oder „Brief“-Preis am Limitkurs, ohne dass ein Umsatz zustande kommt, wird zwei Minuten später der Handel in allen Kontraktmonaten (und Optionen) für 15 Minuten unterbrochen. Dies gilt jedoch nicht für die letzten 20 Handelsminuten. Wird das Limit in der letzten halben Stunde erreicht, wird der Handel frühestens 10 Minuten vor dem Schließen wieder aufgenommen. Nach Wiederaufnahme des Handels wird das Limit jeweils in Schritten von 100 Prozent erhöht.

Positions-Obergrenze: Im Spot-Monat nicht mehr als 6.000 Kontrakte. Bei mehr als 8.000 Kontrakten netto long oder short über alle Kontraktmonate muss der Börse im Rahmen der „accountability rules“ auf Verlangen in angemessener Zeit der Zweck der Position mitgeteilt werden.

Reportable Limit: 50 Kontrakte

Margin: Initial Margin: 12.718,75 US-Dollar, Maintenance Margin: 10.175 US-Dollar

8.2 Silver (Silber)

8.2.1 Geschichte und Allgemeines

Silber wird seit circa 5.000 v. Chr. verarbeitet, die ersten Minen entstanden wohl um 3.000 v. Chr. in Anatolien in der Türkei. Silber war der Menschheit noch vor Gold, Kupfer, Blei und Eisen bekannt. Als Zahlungsmittel wurden Silbermünzen erstmals in Lydien circa 600 v. Chr. verwendet, die Bedeutung von Silbermünzen nahm in den folgenden Jahrhunderten stetig zu, meist repräsentierten sie einen mittleren Wert. Der größte Silberproduzent im Mittelalter war das in Österreich gelegene Schwaz, dort wurden mehr als 80 Prozent des gesamten Tiroler Silbers gewonnen. Zeitweise war Silber wertvoller als Gold. Zum Vergleich: Heute müssen mehr als 100 Unzen Silber für eine Unze Gold bezahlt werden (Stand Mai 2020). Nach der Entdeckung Amerikas wurden von den Spaniern große Silbervorkommen in Lateinamerika abgebaut, eine Entwicklung, die den Wert von Silber negativ beeinflusste. In vielen Bereichen der Wirtschaft nahm die Bedeutung von Silber durch Neuentwicklungen wie zum Beispiel rostfreien Stahl nach und nach ab. Heute ist Silber nach wie vor wichtig für die Schmuck-, Besteck und Münzproduktion und wird aufgrund der hohen Leitfähigkeit des Metalls oft in der Industrie verwendet. Vielen Menschen dient Silber heutzutage auch als Absicherung vor steigender Inflation.

ABBILDUNG 8.7 | Quelle: GenesisFT
GC_SI_RATIO_GOLD_SILBER LANGFRISTCHART
Der langfristige Chart des Gold/Silber-Ratios

Viele sehen Silber als den kleinen Bruder von Gold an. Weltweit belief sich die Produktion 2018 auf circa 27.000 Tonnen. Die Produktion von Silber erfolgt oft als Nebenprodukt bei der Förderung anderer Metalle wie zum Beispiel Blei, Zink und Kupfer. In den mexikanischen Silberminen wird mit circa 6.120 Tonnen am meisten produziert, auf den Plätzen 2 und 3 liegen Peru und China mit 4.160 Tonnen und 3.570 Tonnen. Die Silberreserven beliefen sich 2018 auf circa 560.000 Tonnen weltweit, was in etwa einem Wachstum von circa 9,8 Prozent seit dem Jahr 2010 entspricht. Der größte Importeur von Silber sind die USA, gefolgt von Indien und Großbritannien.

8.2.2 Die Preisentwicklung von Silver seit 1971

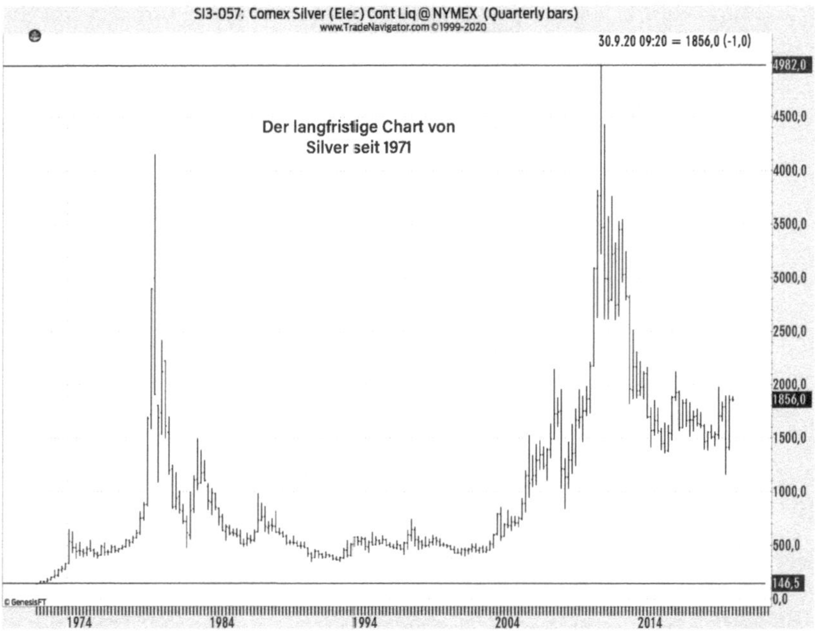

ABBILDUNG 8.8 | SI_SILBER_LANGFRISTCHART Quelle: GenesisFT
Der langfristige Silber-Chart

Silber stieg von seinem Tiefststand im Januar 1972 bei 1,445 US-Dollar im Zuge der großen Spekulation der Hunt-Brüder um 2.830 Prozent bis auf 41,50 US-Dollar. Nach dem darauffolgenden scharfen Einbruch auf 4,78 US-Dollar benötigte Silber mehr als 25 Jahre, um sich wieder über der 15-US-Dollar-Marke zu etablieren. Im April 2011 wurde das alte Hoch aus den 80er-Jahren überwunden, und der Silber-Future markierte bei 49,82 US-Dollar ein neues All-Time-High. Seitdem befindet sich Silber in einem Abwärtstrend.

8.2.3 Extrembeispiel im Handel mit Silber

Die Familie Hunt hatte in den 30er-Jahren schon Millionen Dollar im Ölgeschäft verdient. Anfang der 70er begannen die Brüder Nelson und Herbert mit den Aufkäufen von Silbervorräten. Sie waren der Überzeugung, dass Papiergeld keine Zukunft habe. Eine rasch anziehende Inflation, der Vietnamkrieg und andere Krisen brachten sie dazu, in physisches Silber zu investieren. Vergleicht man die damalige Situation mit der heutigen, ist es durchaus angebracht, Parallelen zu ziehen. Die Notenbanken drucken Geld in einem noch nie da gewesenen Ausmaß, die Zinsen fallen immer weiter und das Vertrauen in unser Geldsystem ist so gering wie nie zuvor.

Zurück in die 70er-Jahre: Die beiden Spekulanten begannen, 200.000 Unzen Silber bei 1,50 US-Dollar zu kaufen, der Preis stieg innerhalb von drei Jahren auf 3 US-Dollar. Ihre Position wurde immer größer, 1974 waren es schon 55 Millionen Unzen und Silber notierte bei 6 US-Dollar. Mithilfe arabischer Investoren und durch den Einsatz von Krediten kauften die Brüder weitere 40 Millionen Unzen. Als Sicherheit wurden die Silbermengen hinterlegt, der Preis kletterte auf 16 US-Dollar. Die Gier kannte keine Grenzen mehr, über den Terminmarkt wurden auch Futures gekauft, die sie sich teilweise ausliefern ließen. Aus Angst, der Staat könnte ihren Silberbesitz konfiszieren (Goldverbot von 1933-1974), wurden rund 40 Millionen Unzen aus dem Land geschafft und fast sämtliche Tresore in der Schweiz befüllt. Auf dem Höhepunkt dieses Kaufrauschs besaßen die Gebrüder Hunt rund 150 Millionen Unzen Silber (circa 5.000 Tonnen) sowie rund 200 Millionen Unzen an der Terminbörse Comex. Zur damaligen Zeit entsprach dies fast zwei Dritteln der US-Vorräte und 15 Prozent der weltweiten Silbervorräte. Der Markt war „gecornert"! Jetzt reagierten die Börsenaufsicht und die Comex. Es wurde Investoren nur noch gestattet, maximal drei Millionen Kontrakte zu halten, wer mehr besaß, musste bis Ende Februar 1980 liquidieren. Die Hunts waren sich sicher, dass durch diese Restriktionen Silber knapp werden würde, und kauften weiter physische Ware auf. Der Preis stieg von 30 US-Dollar bis auf 50 US-Dollar Ende Januar. Die Börse setzte den Handel am Terminmarkt aus und ließ nur noch Verkäufe (Liquidation-only-Trading) zu, der Silberpreis kollabierte und notierte Ende März 1980 unter 20 US-Dollar. Am 27. März 1980, dem „Silver Thursday", fiel der Silberpreis bis auf 10,8 US-Dollar, die Gebrüder hatten durch den rapiden Wertverfall des Metalls plötzlich 1,5 Milliarden US-Dollar Schulden und waren pleite.

8.2.4 Wie funktioniert der Global One im Silver?

8.2.4.1 Backtest

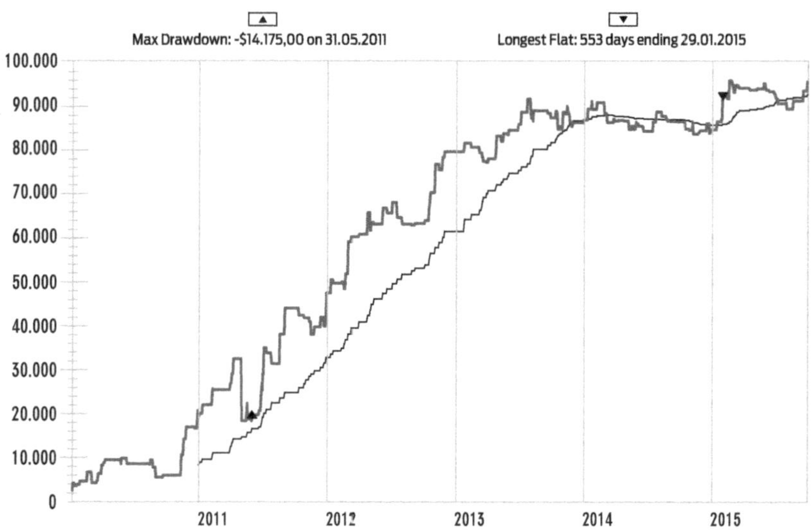

ABBILDUNG 8.9 | SI_SILBER_GO_EQUITY CURVE Quelle: GenesisFT
Backtest Equity-Kurve Silver

Im Silber-Future fallen der etwas größere Drawdown von 14.000 US-Dollar und eine mehr als anderthalbjährige Seitwärtsphase von

Mitte 2013 bis Anfang 2015 auf. Die gesamte P/L von knapp plus 70.000 US-Dollar ist beeindruckend, der Silber-Future ist aber auch ein relativ „schwerer“ Kontrakt. Getestet wurde der Zeitraum 1. Januar 2010 bis 2. Oktober 2015. Slippage und Kommission wurden mit 25 US-Dollar im Durchschnitt pro Round-Turn (Kauf und Verkauf) berücksichtigt.

8.2.4.2 Signale

ABBILDUNG 8.10 | SI_SILBER_GO_SIGNALE Quelle: GenesisFT

Signale GO Silver

8.2.4.3 Realität

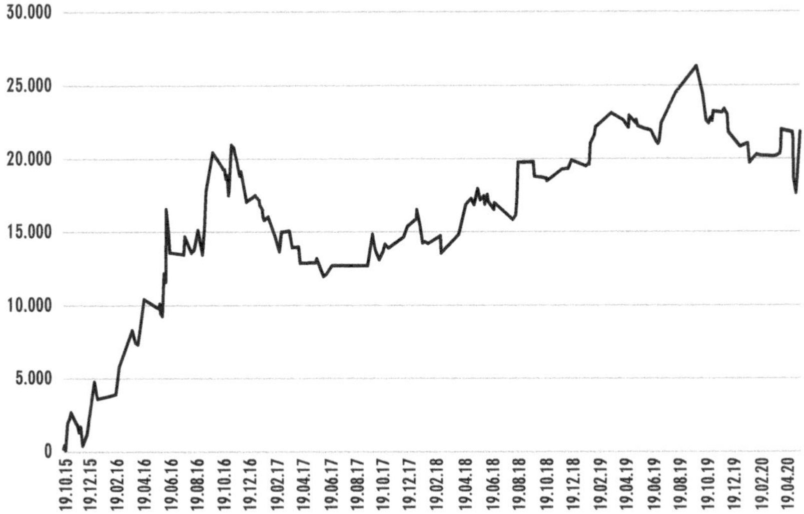

ABBILDUNG 8.11 | SI_SILBER_GO_EQUITY CURVE_REAL Quelle: CMCT
Reale Kapitalkurve GO Silver

Silber konnte im realen Handel seine beeindruckende Performance des Backtests im ersten Jahr fortsetzen und verdiente mehr als 20.000 US-Dollar. Über die nächsten zwei Jahre lief die Strategie seitwärts, um dann im September 2019 ein neues Hoch bei knapp 26.000 US-Dollar zu markieren. Die im Backtest angenommene Slippage und Kommission von 25 US-Dollar pro Trade wurde im Live-Trading nicht benötigt. Erstaunlicherweise ist der Handel im Silber-Future fast ohne Slippage möglich.

8.2.5 Wie funktioniert der Global Two im Silver?

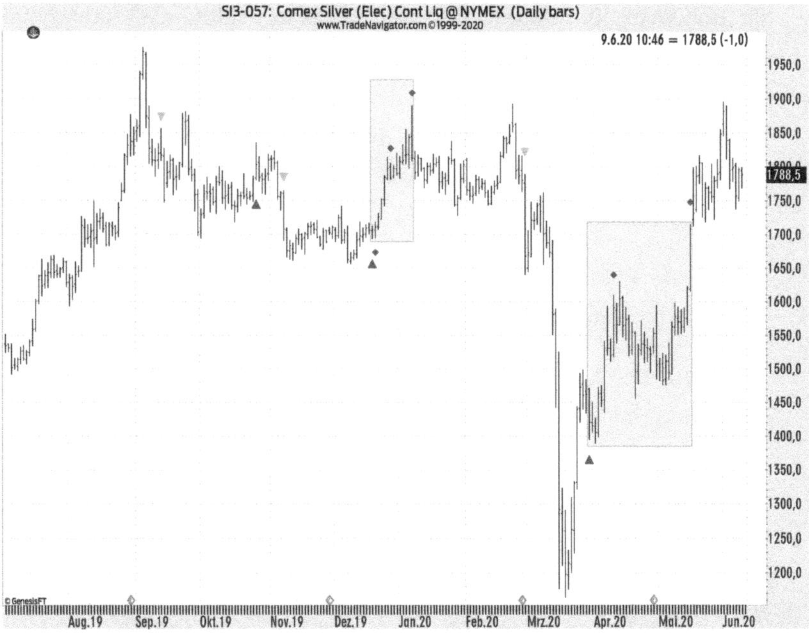

ABBILDUNG 8.12 | SI_SILBER_GT_SIGNALE Quelle: GenesisFT

Signale GT Silver

Im Silber wurden von sechs ALGO-GT-Signalen bislang zwei Long-Signale umgesetzt, die beide in der Nachbetrachtung fast optimal gehandelt wurden. Die erste Long-Position wurde am 18. Dezember 2019 gekauft und war nach dem Einstieg nie im negativen Bereich. Die erste Gewinnmitnahme erfolgte am 27. Dezember 2019, die restliche Position wurde am 8. Januar 2020 fast am Hoch verkauft. Mit Beginn des Corona-Crashs kamen auch die Metalle unter Druck, insbesondere Silber brach in nur drei Wochen um mehr als 40 Prozent ein. Dass nach einem solchen Kurseinbruch wieder eine attraktive

Kaufgelegenheit entstehen würde, bestätigten auch die Produzenten, die Ende März ihre bestehende Short-Position massiv reduziert hatten. Am 30. März setzten wir das neue ALGO-GT-Kaufsignal sofort um und positionierten uns long. Am 9. April erfolgte die erste Gewinnmitnahme, und der Stop-Loss wurde auf Einstand geändert. Silber konsolidierte mehr als einen Monat und brach Mitte Mai aus seiner Range aus, die restliche Position wurde am 18. Mai verkauft.

Folgende Trades wurden seit Auflegung am 19.08.2019 im Musterdepot des ALGOreport umgesetzt:

Kauf am 18.12.2019 @ 1.702; Verkauf am 27.12.2019 @ 1.788 und Verkauf am 08.01.2020 @ 1.847

Kauf am 30.03.2020 @ 1.407; Verkauf am 09.04.2020 @ 1.582 und Verkauf am 15.05.2020 @ 1.692

8.2.6 Über den Silver Future

Börse: NYMEX (New York Mercantile Exchange), CME Group

Ticker-Symbol: SI

Ticker-Symbol Interactive Brokers: SI

Kontraktumfang: 5.000 Feinunzen (troy ounces)

Tick-Größe: 0,5 US-Cent (0,005 US-Dollar) pro Feinunze (= 25 US-Dollar/Kontrakt) alle Kursangaben in US-Cent pro Feinunze.

Kontraktmonate: Jeweils der aktuelle Kalendermonat, zusätzlich die beiden folgenden Monate. Dazu Januar, März, Mai und September innerhalb eines 23-monatigen Zyklus; zudem Juli und Dezember innerhalb eines 60-monatigen Zyklus, bezogen auf den aktuellen Kalendermonat.

Letzter Handel: Am Ende des 3. Geschäftstags vor dem letzten Geschäftstag des jeweiligen Kontraktmonats.

Liefertag und -ort: Physische Lieferung von Silber an ein börsenseitig lizenziertes Lagerhaus im Raum New York, frühestens am 1. Geschäftstag des Kontraktmonats. Spätester Liefertag ist der letzte Geschäftstag des Kontraktmonats.

Qualität: Akzeptiert wird Silber von mindestens 999er-Feinheit, in einzelnen Barren zu je 1.000 oder 1.100 Unzen (+/- 6 Prozent), jeweils mit gültiger Seriennummer und Stempel des Verarbeiters von einem von der Börse lizenzierten Lager beziehungsweise Depot.

Handelszeiten: Elektronischer Handel: Sonntag - Freitag, 18:00 - 17:00 Uhr New Yorker Zeit des nächsten Tages. Die Handelspause zwischen dem heutigen Handelstag und dem nächsten Handelstag beträgt 60 Minuten.

Tägliches Preislimit: 5 Prozent über oder unter dem vortägigen Settlement-Preis. Wird das Limit in lediglich einem der beiden aktivsten Kontraktmonate erreicht beziehungsweise besteht ein „Geld"- oder „Brief"-Preis am Limitkurs, ohne dass ein Umsatz zustande kommt, wird zwei Minuten später der Handel in allen Kontraktmonaten (und Optionen) für 15 Minuten unterbrochen. Dies gilt jedoch nicht für die letzten 20 Handelsminuten. Wird das Limit in der letzten halben Stunde erreicht, wird der Handel frühestens zehn Minuten vor dem Schließen wieder aufgenommen. Nach Wiederaufnahme des Handels wird das Limit jeweils in Schritten von 100 Prozent erhöht.

Positions-Obergrenze: Im Spot-Monat nicht mehr als 1.500 Kontrakte. Bei mehr als 6.000 Kontrakten netto long oder short über alle Kontraktmonate muss der Börse im Rahmen der „accountability rules" auf Verlangen in angemessener Zeit der Zweck der Position mitgeteilt werden.

Reportable Limit: 25 Kontrakte

Margin: Initial Margin: 12.274,20 US-Dollar, Maintenance Margin: 9.092 US-Dollar

8.3 Copper (Kupfer)

8.3.1 Geschichte und Allgemeines

Aufgrund seiner guten Verarbeitbarkeit ist Kupfer in verschiedenen Kulturen bereits seit 10.000 v. Chr. im Gebrauch. Geschmolzen wurde Kupfer vermutlich erstmals circa 4.000 v. Chr., diese Ära wird auch Kupferzeit genannt. Die Römer waren die Ersten, die Kupfer im großen Stil abbauten und weiterverarbeiteten. Über Jahrtausende hatte Kupfer große Bedeutung für Währungen, Schmuck und Verzierungen, doch der wahre Aufstieg begann mit der industriellen Revolution. Aufgrund seiner hervorragenden elektrischen Leitfähigkeit wird Kupfer am häufigsten in elektrischen Geräten, Kabeln und Motoren verwendet. Da der Rohstoff nur langsam korrodiert, wird er gern für Dächer und Dachrinnen verwendet. Auch als Kochgeschirr kommt Kupfer heute noch zum Einsatz.

„Dr. Copper“, „Dr. Kupfer“, ist das Gesundheitsbarometer der Weltwirtschaft. Der Rohstoff gilt als führender Indikator für die Entwicklung des Weltwirtschaftswachstums: Wächst die Wirtschaft, wird Kupfer, vor allem in China, in großen Mengen benötigt. Kupfer ist nach Eisen und Aluminium das dritthäufigste Metall der Welt. Die weltweiten Reserven wurden 2019 auf circa 871 Millionen Tonnen geschätzt. Die größten Reserven liegen mit circa 21 Prozent in Chile, gefolgt von Australien mit 11 Prozent und Peru mit circa 10 Prozent. Die gesamte weltweite Produktion ist seit 2016 relativ konstant und liegt bei circa 20 Millionen Tonnen jährlich. Der größte Produzent war 2018 Chile mit circa 5,60 Millionen Tonnen, gefolgt von Peru mit 2,44 Millionen und China mit 1,59 Millionen Tonnen. China war 2018 für 49 Prozent des weltweiten Bedarfs an Kupfer verantwortlich.

8.3.2 Die Preisentwicklung von Copper seit 1972

ABBILDUNG 8.13 | HG_KUPFER_LANGFRISTCHART Quelle: GenesisFT
Der langfristige Copper-Chart

Im Jahr 1972 notierte Copper noch unter 50 US-Cent und stieg bis in den Sommer 1974 bis auf 137,7 US-Cent. In den darauffolgenden 20 Jahren pendelte „Dr. Copper" immer wieder zwischen 50 US-Cent und 150 US-Cent, ohne jedoch nachhaltig auszubrechen. Im Sommer 2005 erfolgte ein Ausbruch nach oben, der den Copper Future in den darauffolgenden drei Jahren auf 426,05 US-Cent steigen ließ. Während der Finanzkrise 2008 brach Copper um 70 Prozent ein, um dann, getrieben durch die China-Wachstumsstory, ein neues All-Time-High bei 464,95 US-Cent zu markieren. Seit dem Hoch im Februar 2011 befindet sich Copper in einem Abwärtstrend und hat sich mehr als halbiert.

8.3.3 Extrembeispiel im Handel mit Copper

Bei Copper wird der Name der Sumitomo Corporation mit einem der größten Finanzskandale der neueren Geschichte in Verbindung gebracht. Der Börsenhändler Yasuo Hamanaka, ein Experte für Warentermingeschäfte, spekulierte mit massiven Aufkäufen auf einen steigenden Kupferpreis und baute eine unautorisierte Position auf. Das kriminelle Handeln des Star-Traders flog im Juni 1996 auf, die Sumitomo Corporation verzeichnete einen Verlust von 2,6 Milliarden US-Dollar und der Kupferpreis verlor aufgrund der Liquidierung der riesigen Positionen an einem Tag 27 Prozent.

8.3.4 Wie funktioniert der Global One im Copper?

8.3.4.1 Backtest

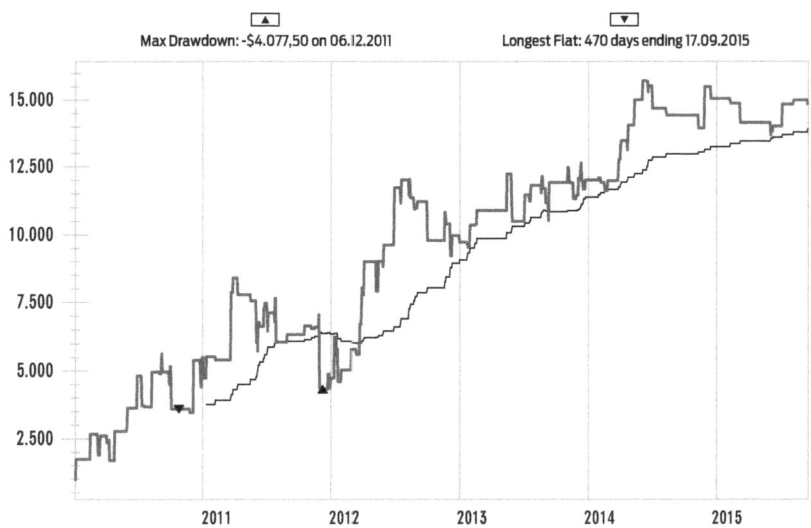

ABBILDUNG 8.14 | HG_KUPFER_GO_EQUITY CURVE Quelle: GenesisFT

Backtest Equity-Kurve Copper

Die Equity-Kurve von Copper ist relativ „unruhig", was daran liegt, dass nur eine verhältnismäßig kurze Einstiegszeit ausgewählt wurde. Hintergrund ist die Tatsache, dass der Copper Future in China sehr beliebt ist und auch nachts sehr aktiv gehandelt wird. Einem Drawdown von 4.000 US-Dollar steht ein Gewinn von knapp 10.000 US-Dollar gegenüber, es gibt schönere Equity-Kurven. Getestet wurde der Zeitraum 1. Januar 2010 bis 2. Oktober 2015. Slippage und Kommission wurden mit 20 US-Dollar im Durchschnitt pro Round-Turn (Kauf und Verkauf) berücksichtigt.

8.3.4.2 Signale

ABBILDUNG 8.15 | HG_KUPFER_GO_SIGNALE Quelle: GenesisFT

Signale GO Copper

8.3.4.3 Realität

ABBILDUNG 8.16 | HG_KUPFER_GO_EQUITY CURVE_REAL Quelle: CMCT
Reale Kapitalkurve GO Copper

Der Copper Future ist im Gegensatz zu den anderen Metall-Futures relativ „leicht", was ihn auch für Trader mit kleineren Accounts attraktiv macht. Wir haben den Copper Future erst im März 2017 in unser Gesamtportfolio aufgenommen, da wir den Future in einer anderen Strategie schon aktiv gehandelt hatten.

Die ersten zweieinhalb Jahre ging es ohne größere Rücksetzer bis auf etwa 9.000 US-Dollar nach oben. Bis zum März 2020 wurde mehr als die Hälfte der P/L wieder abgegeben, seit April 2020 geht es aber dank zweier erfolgreicher Trades wieder aufwärts. Die im Backtest angenommene Slippage und Kommission von 20 US-Dollar pro Trade ist auch im Live-Trading umsetzbar.

8.3.5 Wie funktioniert der Global Two im Copper?

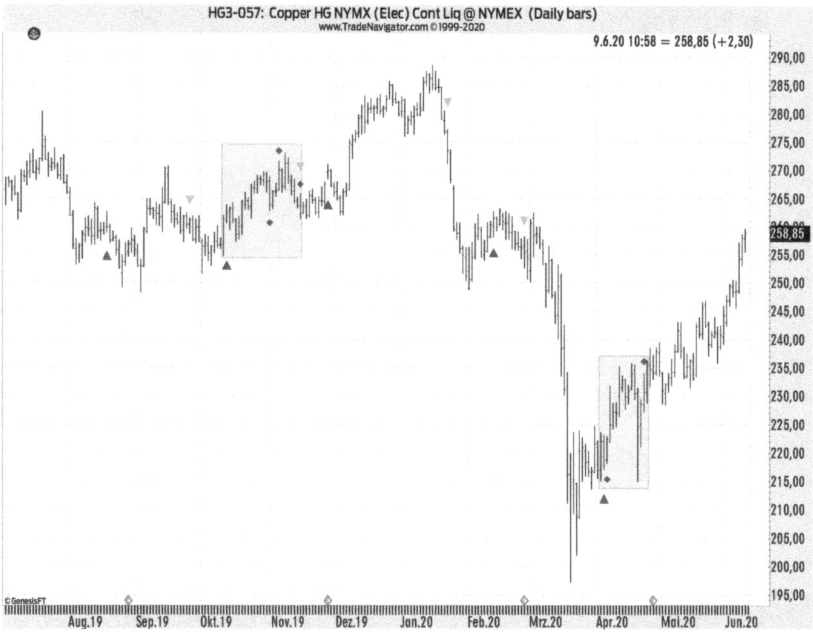

ABBILDUNG 8.17 | HG_KUPFER_GT_SIGNALE Quelle: GenesisFT
Signale GT Copper

Im Copper wurden bislang zwei ALGO-GT-Long-Signale umgesetzt. Das erste Kaufsignal entstand bereits am 10. Oktober 2019, die Position wurde aber erst nach einem kleinen Rücksetzer am 31. Oktober eingegangen. Eine Gewinnmitnahme erfolgte am 5. November 2019, die restliche Position wurde kurz darauf auf Einstand ausgestoppt. Die zweite Long-Position wurde hingegen umgehend nach dem Entstehen des ALGO-GT-Signals am 6. April 2020 umgesetzt. Nachdem am 21. April der Copper Future um mehr als sieben Prozent einbrach, wurde die Long-Position fast auf Einstand ausgestoppt, konnte dann aber nur zwei Tage später mit einem Plus von 20 Prozent verkauft werden. Vermeintlich erfolgreiche Short-Signale wurden aufgrund einer hohen Long-Positionierung der Produzenten nicht mitgehandelt.

Folgende Trades wurden seit Auflegung am 19.08.2019 im Musterdepot des ALGOreport umgesetzt:

Kauf am 05.11.2019 @ 2,63; Verkauf am 05.11.2019 @ 2,6895 und Verkauf am 14.11.2019 @ 2,63 – ausgestoppt

Kauf am 06.04.2020 @ 2,216; Verkauf am 23.04.2020 @ 2,312

8.3.6 Über den Copper Future

Börse: NYMEX (New York Mercantile Exchange), CME Group

Ticker-Symbol: HG

Ticker-Symbol Interactive Brokers: HG

Kontraktumfang: 25.000 pounds (lbs)

Tick-Größe: 0,05 US-Cent (0,0005 US-$) pro pound (12,50 US-Dollar/Kontrakt); alle Kursangaben in US-Cent pro pound

Kontraktmonate: Jeweils 24 folgende Monate. Dazu März, Mai, Juli, September und Dezember in den nächsten 63 Monaten.

Letzter Handel: Am Ende des 3. Geschäftstags vor dem letzten Geschäftstag des Kontraktmonats.

First Notice Day: 1. Geschäftstag des Kontraktmonats.

Qualität: „Grade 1 electrolytic copper" der Industriespezifikation B115 nach den Börsenvorschriften zu den chemischen und physikalischen Merkmalen aus von den Börsen lizenzierten US-Lagerhäusern. Mehr Details zum Settlement-Prozedere und den verschiedenen Qualitätsmerkmalen des Kupfers: https://www.cmegroup.com/confluence/display/EPICSANDBOX/Copper

Liefertag und -ort: Physische Lieferung von „High Grade"-Kupfer ab einem von der Börse lizenzierten Lagerhaus in den USA. Etwaige Zölle und Steuern werden vom Verkäufer getragen. Die Lieferung darf frühestens am 1. Geschäftstag („first notice day") des Kontraktmonats und spätestens am letzten Geschäftstag des Kontraktmonats erfolgen.

Handelszeiten: Elektronischer Handel: Montag - Freitag, 18:00 – 17:00 Uhr New Yorker Zeit des nächsten Tages. Die Handelspause zwischen dem heutigen Handelstag und dem nächsten Handelstag beträgt 60 Minuten.

Tägliches Preislimit: 5 Prozent über oder unter dem vortägigen Settlement-Preis. Wird das Limit in lediglich einem der beiden aktivsten Kontraktmonate erreicht beziehungsweise besteht ein „Geld"- oder „Brief"-Preis am Limitkurs, ohne dass ein Umsatz zustande kommt, wird 2 Minuten später der Handel in allen Kontraktmonaten (und Optionen) für 15 Minuten unterbrochen. Dies gilt jedoch nicht für die letzten 20 Handelsminuten. Wird das Limit in der letzten halben Stunde erreicht, wird der Handel frühestens 10 Minuten vor dem Schließen wieder aufgenommen. Nach Wiederaufnahme des Handels wird das Limit jeweils in Schritten von 100 Prozent erhöht.

Positions-Obergrenze: Im Spot-Monat nicht mehr als 750 Kontrakte. Bei mehr als 5.000 Kontrakten netto long oder short über alle Kontraktmonate muss der Börse im Rahmen der „accountability rules" auf Verlangen in angemessener Zeit der Zweck der Position mitgeteilt werden.

Reportable Limit: 25 Kontrakte

Margin: Initial Margin: 5.586,26 US-Dollar, Maintenance Margin: 4.469 US-Dollar

8.4 Platinum (Platin)

8.4.1 Geschichte und Allgemeines

Bei Platin ist, anders als bei Gold und Silber, nicht viel über die ältere Geschichte bekannt. Es wird vermutet, dass Platin in der Antike als natürliche Mischung von Gold und Silber angesehen wurde. Einige historische Funde von Schmuckstücken und Verzierungen wurden in Ägypten und Südamerika gemacht. Wirklich „entdeckt" wurde das Metall allerdings erst im 17. Jahrhundert von den Spaniern in der Neuen Welt, als sie sich auf der Suche nach Gold befanden. Die Entdeckung wird Antonio de Ulloa zugeschrieben, der 1748 auch das erste wissenschaftliche Werk über das Metall publizierte. Ende des 18. Jahrhunderts wurde das erste Verfahren zur Gewinnung von Platin entwickelt. Danach nahm die Verwendung von Platin vor allem in der Schmuckindustrie zu. In Russland wurden zwischen 1828 und 1846 sogar Münzen aus Platin geprägt. Seit dem frühen 20. Jahrhundert haben Wissenschaftler verschiedene Verwendungszwecke für das Metall in der Industrie entdeckt. Beispiele hierfür sind Katalysatoren in Fahrzeugmotoren, Laserdrucker, Herzschrittmacher et cetera.

Platin ist ungefähr zehnmal so selten wie Gold. Auch heute produzieren verschiedene Prägestätten weltweit noch Platinmünzen zu Anlagezwecken, manchmal wird das Edelmetall auch das Gold der reichen Leute genannt. Aufgrund der chemischen Eigenschaften des Metalls wird es neben der Schmuckindustrie heute vor allem in der Automobil-, Chemie- und Erdölraffinerie-Industrie verwendet. Das weltweite Platinangebot ist starken Schwankungen unterworfen. Wurden im Jahr 2014 zum Beispiel 6,71 Millionen Unzen produziert, waren es 2018 schon 8,03 Millionen Unzen, das entspricht einer Steigerung von 19,72 Prozent. Die größten Vorkommen gibt es in Südafrika. Südafrika war auch mit circa 137 Tonnen der größte Produzent 2018. Auf den Plätzen 2 und 3 lagen Russland mit 22 Tonnen und Simbabwe mit 14 Tonnen. Die weltweiten Reserven wurden für 2019 auf 69.000 Tonnen geschätzt, wovon sich 63.000 Tonnen, also 91,30 Prozent, in Südafrika befinden. 34,33 Prozent der gesamten weltweiten Nachfrage kamen 2019 aus dem Bereich der Produktion von Autokatalysatoren, gefolgt von 24,52 Prozent aus der Schmuckindustrie.

8.4.2 Die Preisentwicklung von Platinum seit 1972

ABBILDUNG 8.18 | PL_PLATIN_LANGFRISTCHART Quelle: GenesisFT
Der langfristige Platin-Chart

Anfang der 70er-Jahre markierte der Platinum Future bei 126 US-Dollar seinen Tiefststand, um dann im März 1980 erstmals über 1.000

US-Dollar zu steigen. Innerhalb der nächsten zweieinhalb Jahre brach der Platinum Future um mehr als 75 Prozent ein und fiel bis auf 238 US-Dollar. Es dauerte bis zum Januar 2006, bis die 1.000 US-Dollar wieder nach oben durchbrochen wurden. Platinum verdoppelte sich in den darauffolgenden zwei Jahren bis auf 2.308,8 US-Dollar. Nach dem scharfen Einbruch seit dem All-Time-High im März 2008 um knapp 70 Prozent bis auf 752,1 US-Dollar konnte sich der Future in den nächsten drei Jahren wieder bis auf 1.918,5 US-Dollar erholen. Seitdem befindet sich der Platinum-Preis in einem neun Jahre andauernden Abwärtstrend.

8.4.3 Wie funktioniert der Global One im Platinum?

8.4.3.1 Backtest

ABBILDUNG 8.19 | PL_PLATIN_GO_EQUITY CURVE Quelle: GenesisFT

Backtest Equity-Kurve Platinum

Platinum zeigt in dem getesteten Zeitraum von fünf Jahren zwei längere Seitwärtsphasen, um im darauffolgenden Jahr wieder um knapp

10.000 US-Dollar zu steigen. Die Equity-Kurve ist insgesamt akzeptabel. Getestet wurde der Zeitraum 1. Januar 2010 bis 2. Oktober 2015. Slippage und Kommission wurden mit 20 US-Dollar im Durchschnitt pro Round-Turn (Kauf und Verkauf) berücksichtigt.

8.4.3.2 Signale

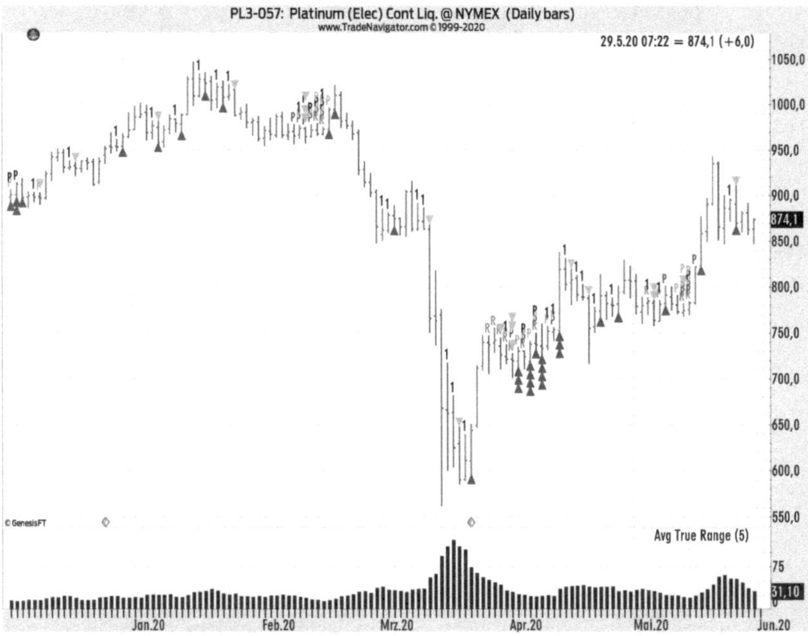

ABBILDUNG 8.20 | PL_PLATIN_GO_SIGNALE Quelle: GenesisFT

Signale GO Platinum

8.4.3.3 Realität

ABBILDUNG 8.21 | PL_PLATIN_GO_EQUITY CURVE_REAL Quelle: CMCT
Reale Kapitalkurve GO Platinum

Die Platinum-Strategie hatte einen Erfolg versprechenden Start mit einer Performance von über 17.000 US-Dollar bis zum Jahresbeginn 2017. In den darauffolgenden zwei Jahren wurden die gesamten Gewinne wieder abgegeben und die Strategie rutschte sogar leicht ins Minus. Seit November 2018 geht es jedoch wieder nach oben und Platinum konnte im Mai 2020 einen neuen Höchststand markieren. Die im Backtest angenommene Slippage und Kommission von 20 US-Dollar pro Trade ist auch im Live-Trading umsetzbar.

8.4.4 Wie funktioniert der Global Two im Platinum?

ABBILDUNG 8.22 | PL_PLATIN_GT_SIGNALE Quelle: GenesisFT
Signale GT Platinum

Im Platinum-Chart wird deutlich, dass es nicht sinnvoll ist, jedes ALGO-GT-Signal „blind" zu handeln, da in einem Seitwärtsmarkt zu viele Signale entstehen. Bislang wurde von uns nur ein Verkauf am 30. Januar 2020 umgesetzt, der nach einer zweiwöchigen Konsolidierungsphase sogar kurz vor dem Ausstoppen stand. Als der Platinum Future dann endlich nach unten ausbrach, waren wir froh, die Position noch mit einem ordentlichen Plus zu schließen. Dass Platinum im Zuge des Corona-Crashs eine Woche nach unserem Ausstieg noch weitere 35 Prozent einbrechen würde, war mehr als ärgerlich. Das ALGO-GT-Kaufsignal Ende März 2020 wurde aufgrund der relativ großen Short-Positionierung der Produzenten nicht mitgehandelt.

Folgende Trades wurden seit Auflegung am 19.08.2019 im Musterdepot des ALGOreport umgesetzt:

Verkauf am 30.01.2020 @ 967; Kauf am 26.02.2020 @ 911

8.4.5 Über den Platinum Future

Börse: NYMEX (New York Mercantile Exchange), CME Group

Ticker-Symbol: PL

Ticker-Symbol Interactive Brokers: PL

Kontraktumfang: 50 Feinunzen (troy ounces)

Tick-Größe: 0,10 US-Dollar pro Feinunze (5 US-Dollar/Kontrakt); alle Kursangaben in US-Dollar und US-Cent pro Feinunze.

Kontraktmonate: Jeweils der aktuelle Kalendermonat, zusätzlich die beiden folgenden Monate, wonach sich ein 15-monatiger Zyklus Januar, April, Juli und Oktober anschließt.

Letzter Handel: Am Ende des 3. Geschäftstags vor dem Ende des Kontraktmonats.

Liefertag und -ort: Physische Lieferung von Platin frühestens am letzten Geschäftstag vor Beginn des Kontraktmonats, spätester Liefertag ist der 3. Geschäftstag vor Ablauf des Kontraktmonats.

Qualität: Akzeptiert werden pro Kontrakt 50 Feinunzen Platin (+/- 7 Prozent) verpackt oder unverpackt von mindestens 999,5er-Feinheit in Einheiten von nicht unter 10 Unzen, jeweils mit gültiger Seriennummer und Stempel des Verarbeiters.

Handelszeiten: Elektronischer Handel: Montag - Freitag, 18:00 – 17:00 Uhr New Yorker Zeit des nächsten Tages. Die Handelspause zwischen dem heutigen Handelstag und dem nächsten Handelstag beträgt 60 Minuten.

Tägliches Preislimit: 5 Prozent über oder unter dem vortägigen Settlement-Preis. Wird das Limit in lediglich einem der beiden aktivsten Kontraktmonate erreicht beziehungsweise besteht ein „Geld“- oder „Brief“-Preis am Limitkurs, ohne dass ein Umsatz zustande kommt, wird zwei Minuten später der Handel in allen Kontraktmonaten (und Optionen) für 15 Minuten unterbrochen. Dies gilt jedoch nicht für die letzten 20 Handelsminuten. Wird das Limit in der letzten halben Stunde erreicht, wird der Handel frühestens zehn Minuten vor dem Schließen wieder aufgenommen. Nach Wiederaufnahme des Handels wird das Limit jeweils in Schritten von 100 Prozent erhöht.

Positions-Obergrenze: Im Spot-Monat nicht mehr als 500 Kontrakte ab dem Geschäftstag vor dem „first notice day“. Bei mehr als 1.000 Kontrakten netto long oder short über alle Kontraktmonate muss der Börse im Rahmen der „accountability rules“ auf Verlangen in angemessener Zeit der Zweck der Position mitgeteilt werden.

Reportable Limit: 25 Kontrakte

Margin: Initial Margin: 7.061,25 US-Dollar, Maintenance Margin: 5.649 US-Dollar

8.5 Palladium

8.5.1 Geschichte und Allgemeines

Die Geschichte von Palladium ist im Vergleich zu der anderer Metalle relativ kurz. Der Rohstoff wurde erst 1802 von dem Chemiker William Hyde Wollaston entdeckt, der eigentlich mit Platin experimentierte. Palladium wurde 1950 zu einem wichtigen Faktor in der chemischen Industrie. Mit dem sogenannten Wacker-Hoechst-Verfahren wurde ein Palladiumkatalysator entwickelt, der erstmals Einsatz in einer großtechnischen Anwendung fand. Im Jahr 1989 sorgte Palladium im Zusammenhang mit dem Begriff „kalte Fusion" noch einmal für Aufregung. Kurzzeitig glaubte die Wissenschaft, eine praktisch unerschöpfliche Energiequelle gefunden zu haben.

Verwendung findet Palladium heutzutage vor allem als Katalysator in der Autoindustrie, in der Schmuckindustrie, in der chemischen Industrie und in der Medizin. Weltweit war Russland 2018 mit circa 90 Tonnen der größte Produzent. Südafrika ist mit circa 80,6 Tonnen der zweitgrößte und Kanada mit 20 Tonnen der drittgrößte Produzent. Die Autoindustrie sorgte 2018 mit circa 267 Tonnen für die größte Nachfrage nach Palladium, gefolgt von chemischen Katalysatoren mit 26 Tonnen und der Zahnmedizin mit 15 Tonnen.

8.5.2 Die Preisentwicklung von Palladium seit 1982

ABBILDUNG 8.23 | PA_PALLADIUM_LANGFRISTCHART Quelle: GenesisFT

Der langfristige Palladium-Chart

Palladium brauchte mehr als 15 Jahre, um von seinem Tief Anfang der 80er-Jahre bei 63,5 US-Dollar die 200-US-Dollar-Marke nach oben zu durchbrechen. Im Sommer 1997 begann eine vierjährige Rallye, die Palladium im Januar 2001 bis auf 1.090 US-Dollar beförderte. Danach folgte binnen zwei Jahren ein Einbruch um mehr als 85 Prozent bis auf 145 US-Dollar im April 2003. Nach 15 Jahren durchbrach Palladium die alten Höchststände, und ab Januar 2018 stieg das Industriemetall innerhalb von etwas über zwei Jahren von 1.133 US-Dollar bis auf 2.789,3 US-Dollar. Seit dem Hoch im Februar 2020 hat Palladium unter großen Schwankungen knapp 1.000 US-Dollar abgegeben.

8.5.3 Extrembeispiel im Handel mit Palladium

Der Palladium Future gehört sicher nicht zu den liquidesten Kontrakten, war bis März 2020 aber noch einigermaßen gut handelbar. Auffällig ist, dass nach dem fulminanten Anstieg bis Februar 2020 und dem darauffolgenden Crash um 50 Prozent das Volumen massiv zurückgegangen ist. Ob sich hier ein großer Player verabschiedet hat oder die hohe Volatilität und die damit verbundene hohe Margin-hinterlegung viele Trader abschreckt, ist bislang noch nicht eindeutig geklärt. Ein teilweise dreiprozentiger Spread im morgendlichen Handel macht ein aktives Trading immer unattraktiver.

8.5.4 Wie funktioniert der Global One im Palladium?

8.5.4.1 Backtest

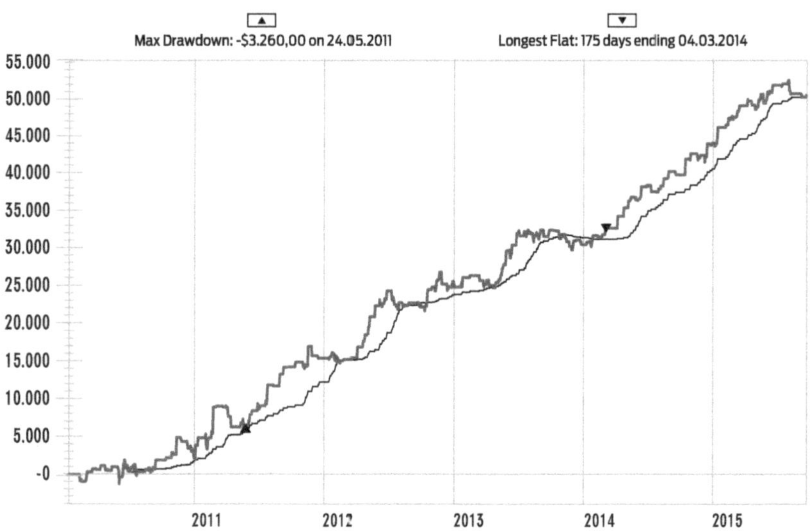

ABBILDUNG 8.24 | PA_PALLADIUM_GO_EQUITY CURVE Quelle: GenesisFT

Backtest Equity-Kurve Palladium

Der Palladium Future gehört nicht zu den liquidesten Kontrakten im Metallmarkt, deshalb wurde im Gegensatz zu Gold und Silber auch nicht die Nachtsession getestet, weil hier der Spread und die damit verbundene Slippage zu groß sind. Die Entry Time wurde bewusst auf nachmittags gelegt, wenn die Marktteilnehmer aus den USA aktiv sind und der Spread enger gestellt wird. Trotzdem wurden im Backtest eine erhöhte Slippage und Kommission von 25 US-Dollar gewählt. Umso beeindruckender ist die Kapitalkurve, die in fünf Jahren nur einen minimalen Drawdown zeigt und eine P/L von mehr als 45.000 US-Dollar erwirtschaftete. Getestet wurde der Zeitraum 1. Januar 2010 bis 2. Oktober 2015. Slippage und Kommission wurden mit 25 US-Dollar im Durchschnitt pro Round-Turn (Kauf und Verkauf) berücksichtigt.

8.5.4.2 Signale

ABBILDUNG 8.25 | PA_PALLADIUM_GO_SIGNALE Quelle: GenesisFT
Signale GO Palladium

8.5.4.3 Realität

ABBILDUNG 8.26 | PA_PALLADIUM_GO_EQUITY CURVE_REAL Quelle: CMCT
Reale Kapitalkurve GO Palladium

Die Palladium-Future-Strategie ist sicherlich eine der erfolgreichsten in unserem Portfolio. Das beeindruckende Backtest-Ergebnis konnte auch in der Realität sehr gut umgesetzt werden. Der Drawdown im ersten Halbjahr 2017 von etwas über 5.000 US-Dollar ist absolut akzeptabel. Auf eine mehrmonatige Seitwärtsphase folgte in den letzten Jahren immer wieder eine Erholungsphase mit neuen Höchstständen. Gehandelt wird Palladium nur am Nachmittag, da im Nachthandel kaum Liquidität vorhanden ist und teilweise Geld/Brief-Spreads von mehreren Prozent nicht unüblich sind. Seit 2020 wird die Palladiumstrategie aufgrund von Risikogesichtspunkten nicht mehr gehandelt, weil durch die gestiegene Volatilität teilweise ein Stop-Loss von mehr als 10.000 US-Dollar pro Kontrakt eingegangen werden musste. In diesem Fall warten wir ab, bis sich Palladium wieder beruhigt und ein dem Gesamtportfolio angemessener Stop-Loss verwendet werden kann. Die im Backtest angenommene Slippage und Kommission von 25 US-Dollar pro Trade ist auch im Live-Trading umsetzbar.

8.5.5 Wie funktioniert der Global Two im Palladium?

ABBILDUNG 8.27 | PA_PALLADIUM_GT_SIGNALE Quelle: GenesisFT
Signale GT Palladium

Palladium befand sich von August 2019 bis Ende Februar 2020 in einem bilderbuchmäßigen Aufwärtstrend und konnte sich in diesem Zeitraum von 1.400 US-Dollar auf 2.789 US-Dollar fast verdoppeln. Im Nachhinein erscheint es ärgerlich, dass die ALGO-GT-Kaufsignale nicht umgesetzt wurden. Betrachtet man hingegen die Verkaufssignale, war es richtig, diese nicht zu handeln. Hinzu kommt die extreme Volatilität im Palladium-Future, die viele Trader vor einem Engagement zurückschrecken lässt. Tagesschwankungen von 400 US-Dollar bedeuten mit nur einem Future eine P/L von 40.000 US-Dollar. Die Wahl eines vernünftigen Stop-Loss ist in einem solchen Markt alles andere als einfach.

Folgende Trades wurden seit Auflegung am 19.08.2019 im Musterdepot des ALGOreport umgesetzt:

Kein Trade

8.5.6 Über den Palladium Future

Börse: NYMEX (New York Mercantile Exchange), CME Group

Ticker-Symbol: PA

Ticker-Symbol Interactive Brokers: PA

Kontraktumfang: 100 Feinunzen (troy ounces)

Tick-Größe: 0,10 US-Dollar pro Feinunze (10 US-Dollar/Kontrakt); alle Kursangaben in US-Dollar und US-Cent pro Feinunze

Kontraktmonate: Der jeweils aktuelle Kalendermonat, zusätzlich die beiden folgenden Monate sowie innerhalb der kommenden 15 Monate der Zyklus März, Juni, September und Dezember.

Letzter Handel: Am Ende des 3. Geschäftstags vor dem Ende des Kontraktmonats.

Liefertag und -ort: Physische Lieferung von Palladium frühestens am letzten Geschäftstag vor Beginn des Kontraktmonats, spätester Liefertag ist der 3. Geschäftstag vor Ablauf des Kontraktmonats.

Qualität: Akzeptiert werden pro Kontrakt 100 Feinunzen Palladium verpackt oder unverpackt von mindestens 999,5er-Feinheit, wobei keine Einheit weniger als 10 Unzen wiegen darf, jeweils mit gültiger Seriennummer und Stempel des Verarbeiters.

Handelszeiten: Elektronischer Handel: Montag - Freitag, 18:00 – 17:00 Uhr New Yorker Zeit des nächsten Tages. Die Handelspause zwischen dem heutigen Handelstag und dem nächsten Handelstag beträgt 60 Minuten.

Tägliches Preislimit: 5 Prozent über oder unter dem vortägigen Settlement-Preis. Wird das Limit in lediglich einem der beiden aktivsten Kontraktmonate erreicht beziehungsweise besteht ein „Geld"- oder „Brief"-Preis am Limitkurs, ohne dass ein Umsatz zustande kommt, wird zwei Minuten später der Handel in allen Kontraktmonaten (und Optionen) für 15 Minuten unterbrochen. Dies gilt jedoch nicht für die letzten 20 Handelsminuten. Wird das Limit in der letzten halben Stunde erreicht, wird der Handel frühestens 10 Minuten vor dem Schließen wieder aufgenommen. Nach Wiederaufnahme des Handels wird das Limit jeweils in Schritten von 100 Prozent erhöht.

Positions-Obergrenze: Nicht mehr als 100 Kontrakte. Ab Beginn des Geschäftstags unmittelbar vor dem „first notice day" des jeweiligen Terminmonats nicht mehr als 100 Kontrakte.

Reportable Limit: 1 Kontrakt

Margin: Initial Margin: 46.250 US-Dollar, Maintenance Margin: 37.000 US-Dollar

KAPITEL 9

„SOFT COMMODITIES“

Die sogenannten „Soft Commodities“ gehören eigentlich zur Gruppe der Agrarrohstoffe und bilden in dieser Gruppe eine Art Luxusgüter, da diese Produkte das menschliche „Ich fühle mich wohl“-Befinden fördern: Erwachsene trinken gern morgens Kaffee, je nach Geschmack mit oder ohne Zucker, Kinder lieben Kakao, danach ein Glas Orangensaft, und Baumwolle findet sich in fast jedem Kleidungsstück. Für den Großteil der westlichen Welt sind diese Dinge selbstverständlich, anders als in den Armutsregionen dieser Erde. Das Besondere an den Soft Commodities ist, dass sie meistens nur in bestimmten Regionen dieser Erde angebaut und geerntet werden können. Dieser Umstand macht den „fairen“ Preis dieser Rohstoffe besonders anfällig für geopolitische Unsicherheiten, flächendeckend auftretende Krankheiten/Parasiten und Währungsschwankungen. Daher ist dieser

Komplex historisch extrem hohen Volatilitäten unterworfen, wir zählen diese Produkte auch gern zur „Champions League" des Rohstoffhandels. Regelmäßig verdoppeln und halbieren sich die Preise dieser Rohstoffe in kürzester Zeit. Doch auch hier gilt: Die Weltbevölkerung wächst, die Nachfrage steigt, das Angebot ist begrenzt.

9.1 Coffee (Kaffee)

9.1.1 Geschichte und Allgemeines

Der Legende nach wurde Kaffee im 9. Jahrhundert n. Chr. in Äthiopien von einem Ziegenhirten namens Kaldi entdeckt. Ihm war aufgefallen, dass ein Teil seiner Ziegenherde, die tagsüber von einem Strauch roter Beeren gefressen hatte, die ganze Nacht umhersprang und keine Ruhe fand, während der Rest der Ziegen müde war. Der Hirte probierte die Beeren, und auch auf ihn hatten sie eine belebende Wirkung. Andere Legenden behaupten, dass der Geschmack so bitter war, dass er die Beeren in das Lagerfeuer spuckte. Der Geruch der gerösteten Beeren war so gut, dass auch gleich das Rösten des Kaffees „erfunden" wurde. Vermutlich gelangte Kaffee im 14. Jahrhundert durch Sklavenhändler nach Arabien. Tatsächlich geröstet und getrunken wurde er aber erst Mitte des 15. Jahrhunderts. In Europa begann der Siegeszug des Kaffees im 16. Jahrhundert, von dort verbreitete sich der Rohstoff nach Indonesien und in die USA.

Espresso, Latte macchiato, Cappuccino oder einfach nur eine Tasse Kaffee: für viele Menschen der notwendige Energieschub, um den Tag zu starten. Die Kaffeebohne gibt dem Getränk einerseits einen sehr aromatischen Geschmack, andererseits enthält sie Koffein, das dem menschlichen Körper Energie verleiht. Kaffee wird in 60-Kilo-Säcken abgepackt und verkauft, im Jahr 2018/19 wurden insgesamt 170 Millionen 60-Kilo-Säcke produziert, die größte Menge, die je hergestellt wurde. Deutschland ist sowohl einer der größten Importeure als auch nach Weiterverarbeitung der Bohnen einer der größten Exporteure von

Kaffee weltweit. Kaffeebohnen können nicht lange gelagert werden, da sie mit der Zeit an Aroma und Geschmack verlieren. Damit hat jede Jahresernte je nach Ausbeute einen großen Einfluss auf den Preis, da Produktionsausfälle nicht, wie zum Beispiel bei Getreide, durch Lagerbestände ausgeglichen werden können. Wetterkapriolen, aber auch Pflanzenkrankheiten führen immer wieder zu größeren Ernteausfällen. Weltweit wächst der Kaffeebedarf, was vor allem der stetig steigenden Nachfrage aus Asien geschuldet ist.

Man unterscheidet zwei Hauptsorten, die auch an den Futures-Börsen gehandelt werden: Arabica-Kaffee und Robusta-Kaffee. Der wesentliche Unterschied besteht darin, dass Robusta-Kaffee mehr Koffein enthält und von Europäern bevorzugt wird. Arabica ist teurer als Robusta.

9.1.2 Die Preisentwicklung von Arabica und Robusta Coffee seit 1992

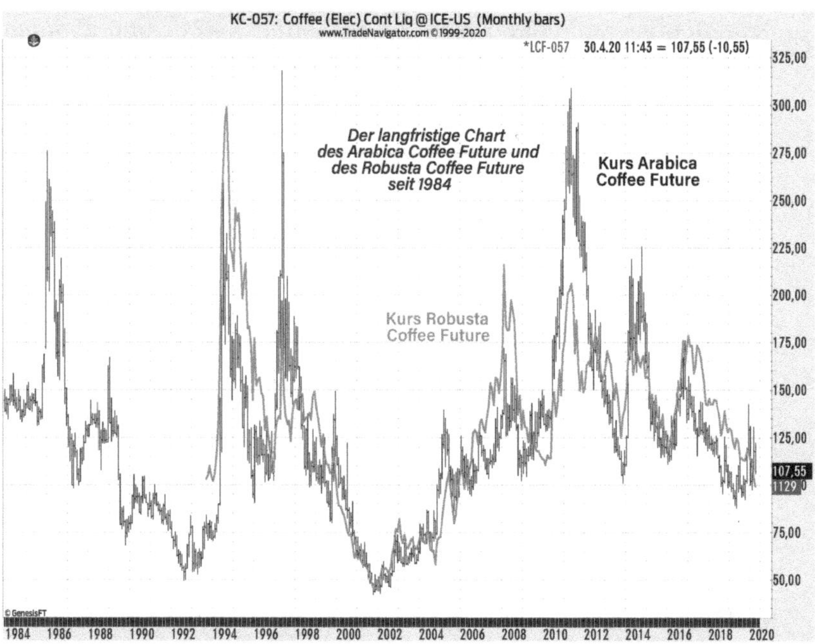

ABBILDUNG 9.1 | KC_ARABICA_LCF_ROBUSTA_LANGFRISTCHART Quelle: GenesisFT

Der langfristige Arabica- und Robusta-Coffee-Chart

9.2 Arabica Coffee

9.2.1 Allgemeines

In den USA ist die Sorte Arabica weiter verbreitet. Die Pflanze wächst als Strauch oder Baum und kann eine maximale Höhe von circa fünf Metern erreichen. Der Samen der Frucht, der Kaffeekirsche, ist die Kaffeebohne. Die Hauptanbaugebiete liegen zwischen dem 23. Grad nördlicher und dem 25. Grad südlicher Breite des Äquators. Angebaut wird vorwiegend im Hochland, idealerweise über 1.000 Höhenmetern. Durch die höhere Lage wachsen die Pflanzen langsamer als bei Robusta, die typische Reifezeit liegt bei circa neun bis elf Monaten.

Brasilien ist der weltweit führende Produzent von Arabica-Kaffeebohnen, und das schon seit mehr als eineinhalb Jahrhunderten. Im Jahr 2018 produzierte Brasilien 61,7 Millionen 60-kg-Säcke. Kaffeeplantagen bedecken rund 27.000 Quadratkilometer des Landes, die meisten davon in São Paulo, Paraná, Minas Gerais und anderen südöstlichen Bundesstaaten. In dieser Region der größten und bevölkerungsreichsten Nation Südamerikas sind die Temperaturen und das Klima günstig für die Kaffeeproduktion. Arabica-Kaffee war in den letzten drei Jahren alles andere als ein „heißes" Produkt, im Gegenteil: Die Produzenten sahen sich mit einem Preisrückgang von circa 50 Prozent konfrontiert.

Da die Produktionskosten von der lokalen Wirtschaft abhängen, steht der Preis für Arabica in engem Zusammenhang mit dem Wert des Brasilianischen Real. Der Terminmarkt verwendet den US-Dollar als Preismechanismus für Arabica. Daher kann die Wechselkursbeziehung zwischen dem US-Dollar und dem Brasilianischen Real einen erheblichen Einfluss auf den Preis für Kaffeebohnen auf der ganzen Welt haben. Die Schwäche des Brasilianischen Real verringert die Arbeitskosten und andere lokale Kosten für die brasilianischen Kaffeeproduzenten. Anders formuliert: Ein starker US-Dollar und damit ein schwacher Real machen es für brasilianische Produzenten attraktiv, die Produktion zu erhöhen. Durch das steigende Angebot ist der Kaffeepreis in der jüngeren Vergangenheit unter Druck gekommen, und Aufwärtsbewegungen waren nicht nachhaltig.

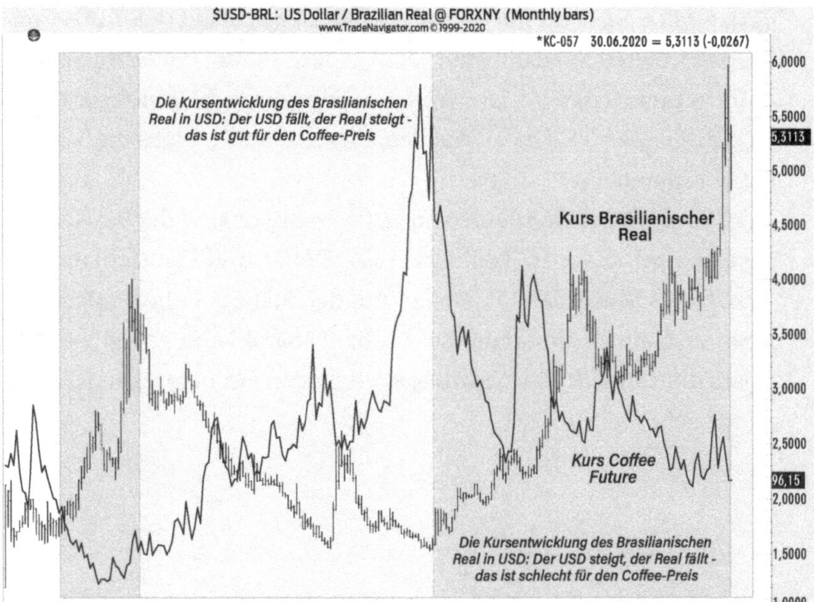

ABBILDUNG 9.2 | KC_ARABICA_USD/BRL_LANGFRISTCHART Quelle: GenesisFT

Der langfristige Arabica-Coffee- und USD/BRL-Chart

Die Entwicklung des Gesamtmarkts seit 2003/04 zeigt, dass der Markt für Kaffee stetig gewachsen ist. Wurden im Jahr 2003/04 noch etwa 105 Millionen Säcke produziert, waren es 2018/19 bereits fast 171 Millionen, das entspricht einem Wachstum von fast 63 Prozent.

Ungefähr 57,5 Prozent der gesamten Kaffeeproduktion entfallen auf Arabica und 42,5 Prozent auf Robusta. Die größten Anbauflächen befinden sich in Südamerika, gefolgt von Asien und Ozeanien.

Brasilien ist mit 61,7 Millionen Säcken weltweit der mit Abstand größte Produzent, gefolgt von Vietnam mit 29,5 Millionen und Kolumbien mit 14,2 Millionen Säcken (Stand 2018). Auch bei den weltweit größten Exportnationen ist Brasilien führend. Der Gesamtwert des 2018 exportierten Kaffees betrug fast 4,4 Milliarden US-Dollar. An zweiter Stelle ist interessanterweise Deutschland, wo Kaffee weiterverarbeitet und dann zumeist in andere Länder der Europäischen Union exportiert wird. Der Wert dieser Exporte beläuft sich auf knapp 2,6 Milliarden US-Dollar. Auf den Plätzen 3 und 4 folgen die Schweiz und Kolumbien.

Die größten Importeure von Kaffee weltweit sind die Vereinigten Staaten mit circa 5,7 Milliarden US-Dollar und Deutschland mit knapp 3,3 Milliarden US-Dollar. Auf den Plätzen 3 und 4 folgen Italien und die Niederlande. Zusammenfassend kann gesagt werden, dass die 15 größten Importnationen zu den reicheren Ländern der Erde gehören.

9.2.2 Die Preisentwicklung von Arabica Coffee seit 1973

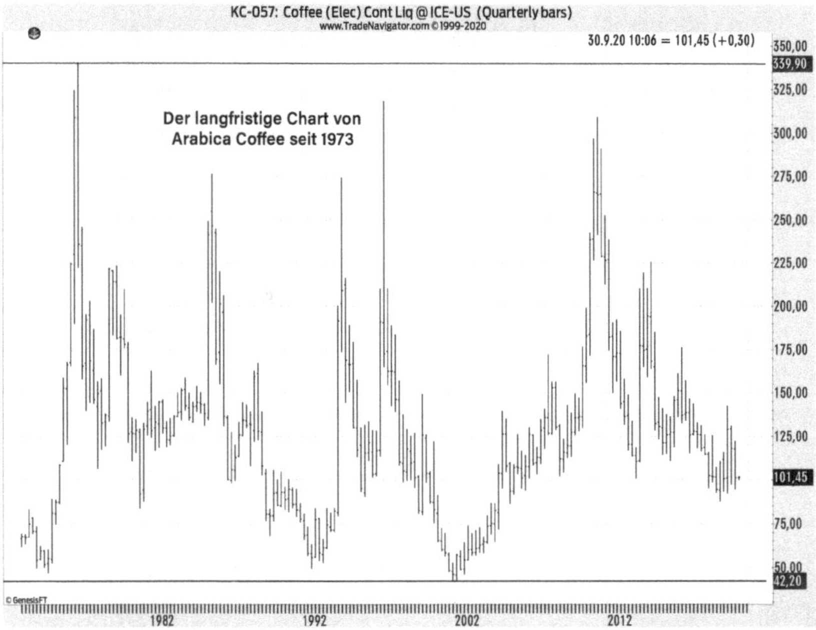

ABBILDUNG 9.3 | KC_ARABICA_LANGFRISTCHART Quelle: GenesisFT
Der langfristige Arabica-Coffee-Chart

Der Preis des Arabica Coffee Futures, der an der ICE US gehandelt wird, ist die weltweite Benchmark für Arabica Coffee. Die Kontrakte werden von Produzenten, Exporteuren und Importeuren vorwiegend zu Absicherungszwecken gehandelt, aber auch von Investoren und kurzfristig orientierten Händlern zu Spekulationszwecken. Die ersten Kaffee-Futures wurden 1882 in New York gehandelt.

Der Kaffeepreis unterliegt deutlichen Schwankungen. Staatliche Subventionen wie bei Zucker, Baumwolle und Orangensaftkonzentrat unterbleiben. Einer der Haupteinflussfaktoren ist sicherlich die Wertentwicklung des Brasilianischen Real und die damit verbundene politische

Entwicklung in Brasilien. Der Kaffee erreichte sein All-Time-High im April 1977 bei 339,9 US-Cent, um danach unter großen Schwankungen im Oktober 2001 sein Allzeittief bei 42,2 US-Cent zu markieren. Im Zuge der weltweiten Rohstoffhausse vervierfachte sich der Kaffeepreis wieder und erreichte Kurse über 170 US-Cent. Während der Finanzkrise 2008 fand Kaffee einen Boden bei 100 US-Cent, um dann mit der wirtschaftlichen Erholung Brasiliens im Frühjahr 2011 wieder über 300 US-Cent zu klettern. Seitdem ist Kaffee in einem Abwärtstrend und scheint wieder einen Boden um die 100 Cent gefunden zu haben.

9.2.3 Wie funktioniert der Global One im Arabica Coffee?

9.2.3.1 Backtest

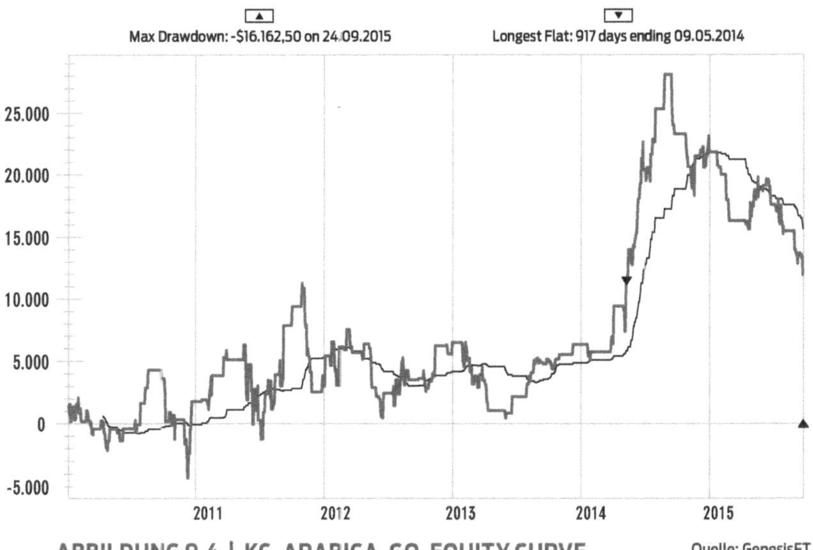

ABBILDUNG 9.4 | KC_ARABICA_GO_EQUITY CURVE Quelle: GenesisFT
Backtest Equity-Kurve Arabica Coffee

Die Equity-Kurve im Kaffee ist alles andere als beeindruckend: eine vierjährige Seitwärtsphase um den Nullpunkt, dann ein Anstieg auf plus 25.000 US-Dollar innerhalb eines halben Jahres und ein Drawdown von über 16.000 US-Dollar zum Backtest-Ende – für uns ein klares Nein zum Kaffee. Doch es kam anders: Nach mehr als drei Jahren und viel Erfahrung im Live-Trading schauten wir uns den Kaffee noch einmal an und waren vom Ergebnis überrascht. Getestet wurde der Zeitraum 1. Januar 2010 bis 2. Oktober 2015. Slippage und Kommission wurden mit 25 US-Dollar im Durchschnitt pro Round-Turn (Kauf und Verkauf) berücksichtigt.

9.2.3.2 Signale

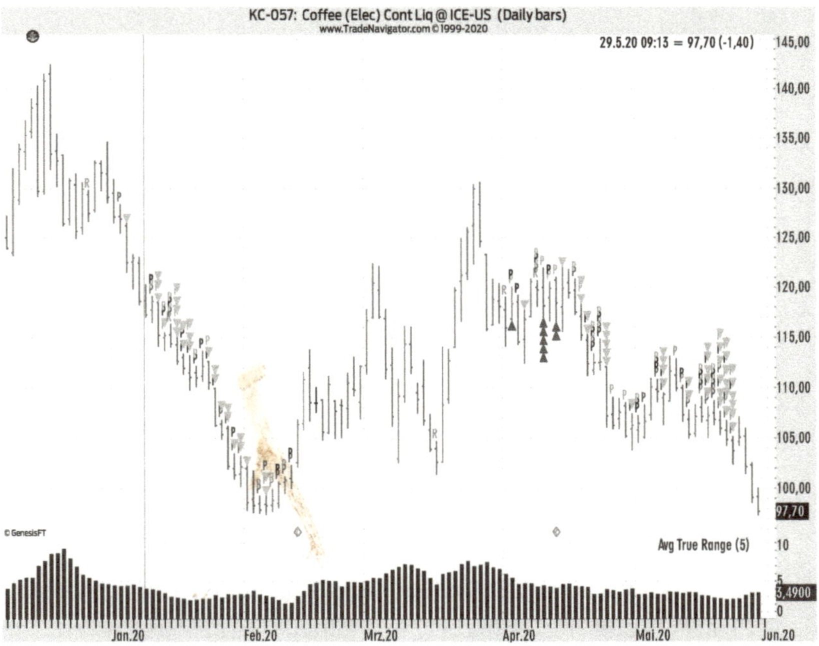

ABBILDUNG 9.5 | KC_ARABICA_GO_SIGNALE Quelle: GenesisFT

Signale GO Arabica Coffee

9.2.3.3 Realität

ABBILDUNG 9.6 | KC_ARABICA_GO_EQUITY CURVE_REAL Quelle: CMCT
Reale Kapitalkurve GO Arabica Coffee

Unsere reale Equity-Kurve im Coffee Future zeigt einen sehr schönen Chart seit Aufnahme des Live-Tradings im März 2017. Kaffee wurde aufgrund seiner nicht sehr überzeugenden Kapitalkurve des Backtests von 2010-2015 nicht sofort freigeschaltet, sondern fand erst nach einer weiteren Überprüfung und zu Diversifikationszwecken einen Platz in unserem Portfolio. Nach dem Start und einem Minus von über 5.000 US-Dollar hat sich das Festhalten an der Strategie durchaus ausgezahlt. Eine fast lineare Kurve und ein Gewinn von knapp 15.000 US-Dollar in etwas über drei Jahren sind bemerkenswert. Die im Backtest angenommene Slippage und Kommission von 25 US-Dollar pro Trade wird im Live-Trading nicht benötigt, da Coffee mittlerweile sehr liquide und gut handelbar ist.

9.2.4 Wie funktioniert der Global Two im Arabica Coffee?

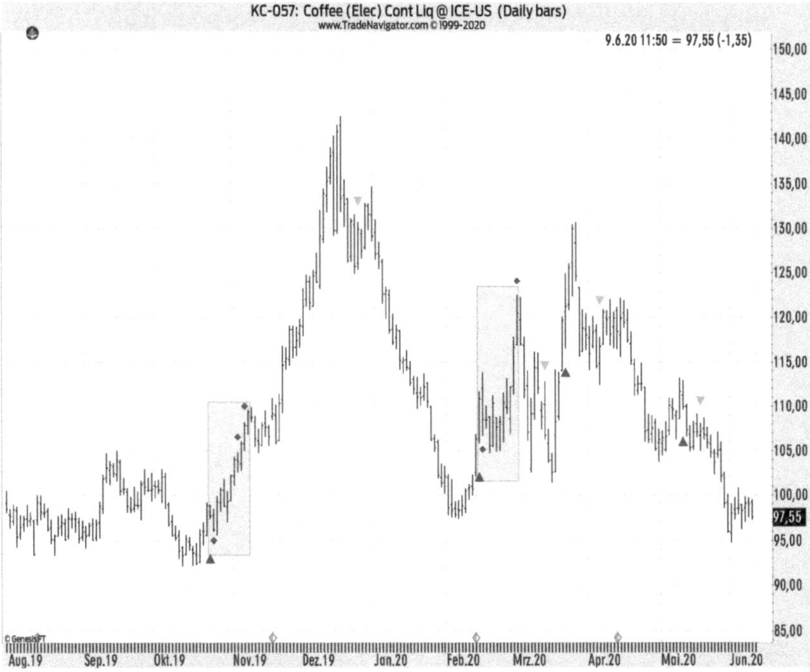

ABBILDUNG 9.7 | KC_ARABICA_GT_SIGNALE Quelle: GenesisFT

Signale GT Arabica Coffee

Der Arabica Coffee zeigte zwischen Oktober 2019 und Februar 2020 eine extreme Volatilität mit einem Kursanstieg von 50 Prozent und einem darauffolgenden Einbruch von mehr als 30 Prozent. Diese heftigen Kursschwankungen konnten wir uns zunutze machen. Am 23.10.2019 drehte der ALGO-GT auf long und am darauffolgenden Tag wurde eine Position eingegangen, die am 4. und 6. November bei 103,00 und 106,90 wieder verkauft wurde.

Kurzfristig sah es so aus, als ob der Verkauf richtig war, da der Arabica Future nochmals auf 104,80 US-Cent abtauchte. Es erfolgte jedoch innerhalb von nur vier Wochen ein Anstieg um 35 Prozent, der aber relativ schnell wieder abverkauft wurde. Das ALGO-GT-Signal drehte am 24. Dezember 2019 auf short, wurde aber weder durch die CoT-Daten noch durch die Saisonalität bestätigt und somit auch nicht umgesetzt. Seit Februar bildete sich im Coffee wieder ein Boden um die 95 US-Cent aus, und das ALGO-GT-Signal drehte am 14. Februar 2020 auf long. Das Signal wurde nach einem Rücksetzer am 18. Februar 2020 von uns mit einem Kauf umgesetzt und nach zwei Wochen Haltezeit am 3. März 2020 wieder verkauft. Seitdem wurden drei weitere ALGO-GT-Signale ausgeworfen, die aber nicht umgesetzt wurden.

Folgende Trades wurden seit Auflegung am 19.08.2019 im Musterdepot des ALGOreport umgesetzt:

Kauf am 24.10.2019 @ 97,00; Verkauf am 4.11.2019 @ 103,00 und am 6.11.2019 @ 106,90

Kauf am 18.02.2020 @ 108,60; Verkauf am 03.03.2020 @ 118,30

9.2.5 Über den Coffee C Future

Börse: NYBOT (New York Board of Trade)

Ticker-Symbol: C

Ticker-Symbol Interactive Brokers: KC

Kontraktumfang: 37.500 lbs (circa 250 Sack) gewaschener Arabica-Kaffee

Tick-Größe: 0,05 US-Cent = 0,0005 US-Dollar (18,75 US-Dollar/Kontrakt); alle Preisangaben in US-Cent pro pound (lb)

Kontraktmonate: März, Mai, Juli, September und Dezember

Handelszeiten: Nur elektronischer Handel, von Montag bis Freitag, 04:15 - 13:30 Uhr New Yorker Zeit.

First Notice Day: 7 Geschäftstage vor dem ersten Geschäftstag des Kontraktmonats

Last Notice Day: 7 Geschäftstage nach dem ersten Geschäftstag des Kontraktmonats

Letzter Handelstag: 8 Geschäftstage vor dem letzten Geschäftstag des Kontraktmonats

Qualität und Lieferort: Gewaschener Arabica-Kaffee. Die physische Übergabe erfolgt an ein börsenseitig lizenziertes Lagerhaus (New York, New Orleans, Bremen/Hamburg, Antwerpen oder Miami [hier Abschlag von 1,25 US-Cent/lb]). Lieferbare Ernten: Mexiko, El Salvador, Guatemala, Costa Rica, Nicaragua, Kenia, Neuguinea, Panama, Tansania, Uganda, Kolumbien, Honduras, Venezuela, Peru, Burundi, Indien, Ruanda, Dominikanische Republik und Ecuador.

Tägliches Preislimit: Keines

Positions-Obergrenze: Im Spot-Monat 500 Kontrakte ab „first notice day“. Bei mehr als 5.000 Kontrakten netto long oder short über alle Kontraktmonate muss der Börse im Rahmen der „accountability rules“ auf Verlangen in angemessener Zeit der Zweck der Position mitgeteilt werden.

Reportable Limit: Ab 50 Kontrakte

Margin: Initial Margin: 5.062,50 US-Dollar, Maintenance Margin: 4.050 US-Dollar

9.3 Robusta Coffee

9.3.1 Allgemeines

Diese Sorte macht circa 40 Prozent der weltweiten Kaffee-Ernte aus und ist nach Arabica-Kaffee die zweitwichtigste Sorte. Robusta-Bohnen sind weniger empfindlich und haben mit circa zwei bis vier Prozent einen doppelt so hohen Koffeingehalt wie Arabica. Die durchschnittliche Reifezeit beträgt circa sechs Monate, sodass theoretisch mehrere Ernten pro Jahr möglich sind. Oft werden Robusta-Bohnen wegen ihres bitteren Geschmacks bei Espressomischungen den Arabica-Bohnen beigemischt.

Robusta wächst als Strauch oder bis zu acht Meter hoher Baum. In Kulturen werden die Pflanzen zwecks besserer Handhabbarkeit deutlich kleiner gehalten. Die Früchte enthalten meist zwei gelblich-braune Kaffeebohnen. Da Robusta kälteempfindlich ist, beschränkt sich der Anbau auf die Zone zwischen den 10. Breitengraden südlich und nördlich des Äquators. Südostasien und Westafrika bieten darum gute klimatische Bedingungen. Robusta wird vorwiegend im Flachland angebaut, idealerweise unter 700 Höhenmetern, und wird von den Produzenten in 60-kg-Säcken abgepackt. Die weltweite Produktion ist in den letzten 15 Jahren kontinuierlich gestiegen. Wurden in der Saison 2005/06 noch etwas über 47 Millionen 60-kg-Säcke produziert, waren es 2018/19 bereits über 70 Millionen, das entspricht einem Wachstum von fast 49 Prozent.

9.3.2 Die Preisentwicklung von Robusta Coffee seit 1993

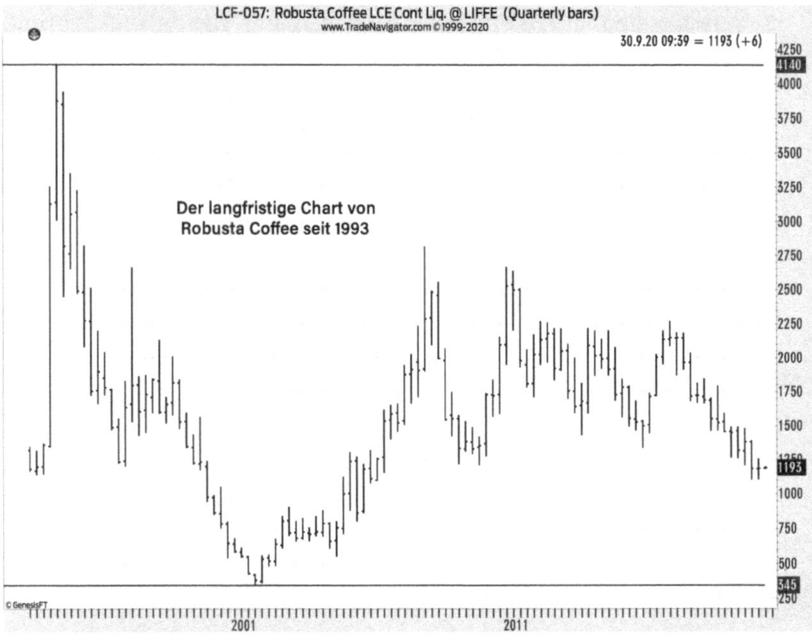

ABBILDUNG 9.8 | LCF_ROBUSTA_LANGFRISTCHART Quelle: GenesisFT
Der langfristige Chart von Robusta Coffee

Der Robusta Coffee Future wird an der ICE EU gehandelt. Die Kontrakte werden von Produzenten, Exporteuren und Importeuren zu Absicherungszwecken gehandelt. Investoren und Spekulanten sind internationale Fondsgesellschaften, aber auch kurzfristig orientierte Händler.

Der Preis des Robusta unterliegt genau wie der des Arabica deutlichen Schwankungen und ist sehr anfällig gegenüber Wettereinflüssen. Die politischen Entwicklungen in Westafrika sowie Vietnam, Indonesien und Brasilien sind außerdem genau zu beobachten. Nach seiner Auflegung im September 1993 bei 1.320 US-Dollar konnte sich der Robusta Coffee Future innerhalb eines Jahres mehr als verdreifachen und markierte ein Allzeithoch bei 4.140 US-Dollar. In den darauffolgenden Jahren erfolgte ein Absturz um mehr als 90 Prozent, und der Robusta Coffee Future markierte im Oktober 2001 sein Allzeittief bei 345 US-Dollar. Im Zuge der einsetzenden weltweiten Rohstoffhausse konnte sich der Robusta bis zum März 2008 wieder auf 2.815 US-Dollar erholen. Der Robusta befindet sich, wie auch der Arabica, in einem Abwärtstrend.

9.3.3 Wie funktioniert der Global One im Robusta Kaffee?

9.3.3.1 Backtest

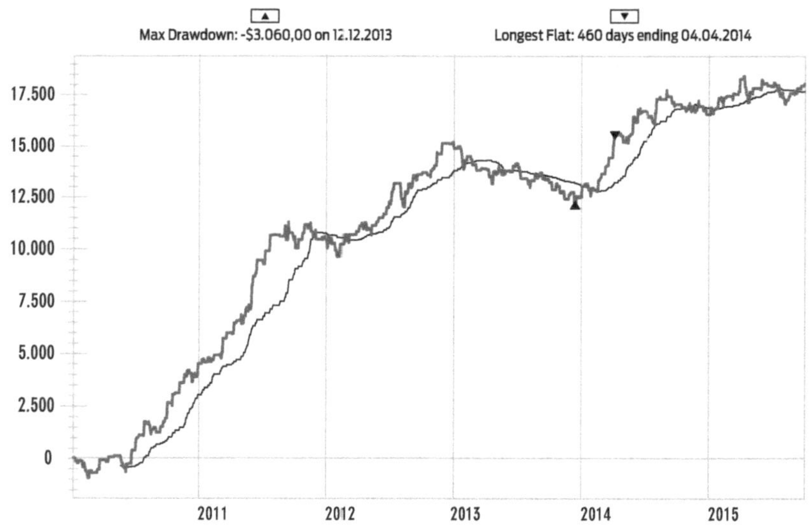

ABBILDUNG 9.9 | LCF_ROBUSTA_GO_EQUITY CURVE Quelle: GenesisFT
Backtest Equity-Kurve Robusta Coffee

Im Gegensatz zum Arabica zeigte der Robusta Coffee Future ein sehr überzeugendes Ergebnis. Wir gehen davon aus, dass der Robusta in Amerika nicht sehr viel gehandelt wird und eine automatische Orderausführung nicht für alle Marktteilnehmer möglich ist (Börse ICE EU – vormals LIFFE). Eine P/L von über 17.000 US-Dollar ist enorm. Getestet wurde der Zeitraum 1. Januar 2010 bis 2. Oktober 2015. Slippage und Kommission wurden mit 15 US-Dollar im Durchschnitt pro Round-Turn (Kauf und Verkauf) berücksichtigt.

9.3.3.2 Signale

ABBILDUNG 9.10 | LCF_ROBUSTA_GO_SIGNALE Quelle: GenesisFT
Signale GO Robusta Coffee

9.3.3.3 Realität

ABBILDUNG 9.11 | LCF_ROBUSTA_GO_EQUITY CURVE_REAL Quelle: CMCT
Reale Kapitalkurve GO Robusta Coffee

Unsere reale Equity-Kurve im Robusta Coffee seit Oktober 2015 ist fast vergleichbar mit der Equity-Kurve des Backtests. Insbesondere die Entwicklung in den letzten zwei Jahren, in der kein nennenswerter Drawdown zu verzeichnen war, ist sehr positiv. Die Robusta-Strategie ist die einzige, die nicht vollautomatisch umgesetzt werden kann, da eine direkte Verbindung zur Börse mit unserer Software aktuell nicht möglich ist. Die im Backtest angenommene Slippage und Kommission von 15 US-Dollar pro Trade hat sich auch im Live-Trading bewährt und ist realistisch.

9.3.4 Wie funktioniert der Global Two im Robusta Kaffee?

Dadurch, dass der Robusta Coffee an einer europäischen Börse gehandelt wird, existieren keine CoT-Daten. Der Rohstoff wird daher nicht im ALGOreport besprochen. Außerdem ist nur der Handel mit Futures möglich, aktuell werden keine Optionsscheine oder Mini-Turbos angeboten.

9.3.5 Über den Robusta Coffee Future

Börse: ICE Europe (Intercontinental Exchange)

Ticker-Symbol: RC

Ticker-Symbol Interactive Brokers: D

Kontraktumfang: 10 Tonnen Robusta-Kaffee

Tick-Größe: 1 US-Dollar pro Tonne; 10 US-Dollar pro Kontrakt; alle Preisangaben in US-Dollar

Kontraktmonate: Januar, März, Mai, Juli, September, November

Handelszeiten: Nur elektronischer Handel, von Montag bis Freitag, 04:00 –12:30 Uhr New Yorker Zeit.

First Notice Day: 4 Geschäftstage vor dem ersten Geschäftstag des Kontraktmonats

Last Notice Day: 4 Geschäftstage nach dem ersten Geschäftstag des Kontraktmonats

Letzter Handelstag: 4 Geschäftstage vor dem letzten Geschäftstag des Kontraktmonats

Qualität und Lieferort: Klasse 1 Robusta-Kaffee. Die physische Übergabe erfolgt an ein börsenseitig lizenziertes Lagerhaus in Europa oder Amerika.

Tägliches Preislimit: Keines

Positions-Obergrenze: Im Frontmonat 7.500 Kontrakte.

Reportable Limit: Ab 50 Kontrakte

Margin: Initial Margin: 967,81 US-Dollar, Maintenance Margin: 774,25 US-Dollar

9.4 Cocoa (Kakao)

9.4.1 Geschichte und Allgemeines

Wahrscheinlich stammt die Kakaopflanze aus Mexiko und wurde erstmals von den Olmeken genutzt. Es wird vermutet, dass sie die Ersten waren, die ein Gemisch aus Kakaobohnen und Chilischoten tranken. Angeblich brachte Christoph Kolumbus die Pflanze nach Europa, wo Kakao vor allem als Getränk immer beliebter wurde. Die Massenproduktion von Schokolade begann 1847 in England, Milchschokolade gibt es seit 1879. Ende des 19. Jahrhunderts wurde die Pflanze in Ghana und der Elfenbeinküste eingeführt – beide Länder sind heute die weltweit größten Produzenten von Kakaobohnen.

Der Kakaobaum kann bis zu 15 Meter groß werden, auf Plantagen werden die Bäume aber meist auf eine Höhe von vier Metern gestutzt. Der Baum kann Tausende Blüten hervorbringen, von denen aber nur maximal fünf Prozent erfolgreich bestäubt werden. 75 Prozent der daraus entstehenden Früchte verkümmern. Die Pflanze lässt sich nur unter bestimmten klimatischen Bedingungen kultivieren, benötigt einen guten Boden, ausreichend Wasser und verträgt keine Temperaturen unter 16 °C. Daher werden die meisten Kakaobohnen in Westafrika angepflanzt und geerntet.

Die Kakaobohne ist nicht nur der wesentliche Bestandteil von Schokoladenprodukten, sondern man findet Kakao heute auch in einer Vielzahl anderer Lebensmittel. Schokolade ist ein „Gute Laune"-Produkt. Aus den Bohnen wird die sogenannte Kakaobutter produziert, die Schokolade und Eiscreme den weichen, cremigen Geschmack verleiht. Beim Mahlen entsteht Kakaopulver, das zum

Backen von Produkten wie Kuchen und Keksen und für die Herstellung von Getränken wie heißer Schokolade verwendet wird. Ein Überangebot an Bohnen führt nicht automatisch zu einem Preisverfall im Kakao, da vor allem die Qualität der Bohnen und die jeweilige Menge der verfügbaren Qualitäten ausschlaggebend sind.

In der Entwicklung des Gesamtmarkts ist eine klare Steigerung zu erkennen. Wurden 2003/04 noch circa 3,5 Millionen Tonnen geerntet, waren es 2018/19 bereits mehr als 4,7 Millionen Tonnen. Das entspricht einem Wachstum von mehr als 34 Prozent in diesem Zeitraum. Aus Afrika kommen aufgrund der besonderen Erfordernisse bei den Anbaubedingungen mehr als 75 Prozent aller Kakaobohnen, danach folgen Amerika und Asien. Schaut man sich die Erntemenge der führenden Anbauländer an, kann man gut erkennen, dass sich die meisten Anbaugebiete in politisch instabilen Ländern befinden. Dies ist ein Grund, weshalb der Kakaopreis so volatil ist. Der größte Produzent mit fast 45 Prozent der Gesamtmenge ist die Elfenbeinküste, gefolgt von Ghana, Ecuador und Kamerun. Beim Konsum von Kakao ergibt sich ein ähnliches Bild wie beim Kaffee. Europa und die USA sind unangefochten auf den Plätzen 1 und 2 und konsumieren circa 55 Prozent der gesamten Weltproduktion.

9.4.2 Die Preisentwicklung von Cocoa seit 1972

ABBILDUNG 9.12 | CC_KAKAO_LANGFRISTCHART Quelle: GenesisFT
Der langfristige Cocoa-Chart

Cocoa Futures wurden erstmals 1925 in New York gehandelt. Heute ist die wichtigste Benchmark für den weltweiten Kakaopreis der Preis des Cocoa Future, der an der ICE US gehandelt wird. Der Kontrakt wird von Produzenten gehandelt und für Absicherungsgeschäfte verwendet. Aufgrund der hohen Liquidität und Volatilität ist der Future auch bei Commodity Trading Advisors und Hedgefonds sehr beliebt. Anders als bei Zucker, Baumwolle und Orangensaftkonzentrat wird der Kakaopreis nicht durch Subventionen beeinflusst.

Der Cocoa Future startete 1973 bei 661 US-Dollar und markierte im Sommer 1977 sein bisheriges Allzeithoch bei 5.010 US-Dollar.

Unter großen Schwankungen ging es dann bis zum Ende des Jahres 2000 bis auf ein Tief von 707 US-Dollar kontinuierlich nach unten. Im Zuge der globalen Rohstoffhausse 2001 stieg Cocoa um 430 Prozent und markierte im März 2011 bei 3.775 US-Dollar sein letztes Hoch. Danach ging es abwärts, im April 2017 konnte ein Boden um die 1.750 US-Dollar gefunden werden, seitdem befindet sich Cocoa in einem leichten Aufwärtstrend. Betrachtet man die Kursentwicklung der letzten 20 Jahre, ist festzustellen, dass der Boden bei 1.750 US-Dollar liegt.

9.4.3 Extrembeispiel im Handel mit Cocoa

In den wilden 70er-Jahren übernahm der Amerikaner Paul Erdman ohne jegliche Bankkenntnisse die Leitung der Schweizer Salik Bank. Er setzte nach der Silber-Hausse auf Kakao und versuchte, durch Buchfälschungen die immer größer werdenden Verluste zu verbergen. Als der Kakao-Boom endete, kam es zum Finale furioso, und die Bank mit dem Spitznamen „United Cocoa Bank“ musste mit einem Verlust von 200 Millionen Franken schließen. Erdman zahlte sich und seinen Kollegen extrem hohe Gehälter und war für seine üppige Spesenritterei bekannt. Er wurde in der Schweiz verhaftet, gegen eine Kaution von 400.000 US-Dollar wieder freigelassen und floh umgehend in die USA.

9.4.4 Wie funktioniert der Global One im Cocoa?

9.4.4.1 Backtest

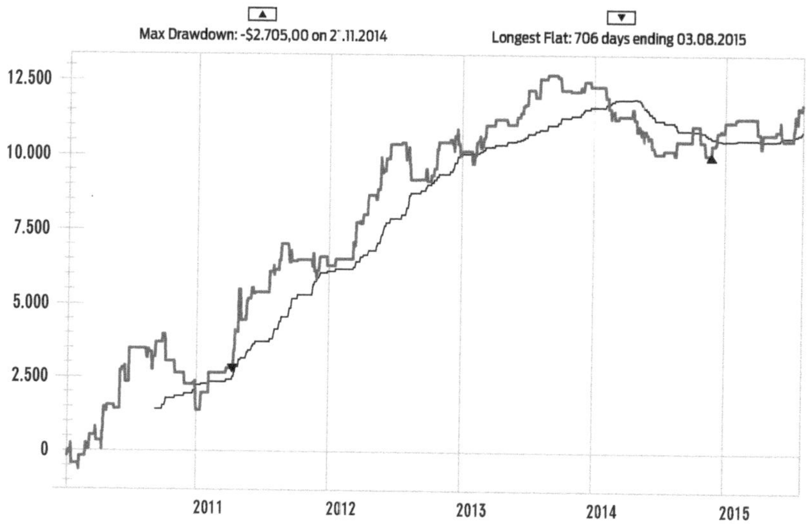

ABBILDUNG 9.13 | CC_KAKAO_GO_EQUITY CURVE Quelle: GenesisFT

Backtest Equity-Kurve Cocoa

Cocoa zeigt einen verheißungsvollen Beginn von 2010 bis 2014, um dann bis zum Ende des Backtests etwas abzugeben und seitwärts zu laufen. Alles in allem ist es keine schöne Equity-Kurve. da die gesamte Performance nur in den ersten drei Jahren erzielt wurde. Wir entschlossen uns trotzdem aus Diversifikationsgründen, den Cocoa Future in unser Portfolio aufzunehmen, da die Strategie in den letzten zweieinhalb Jahren seitwärts gelaufen war. Getestet wurde der Zeitraum 1. Januar 2010 bis 2. Oktober 2015. Slippage und Kommission wurden mit 15 US-Dollar im Durchschnitt pro Round-Turn (Kauf und Verkauf) berücksichtigt.

9.4.4.2 Signale

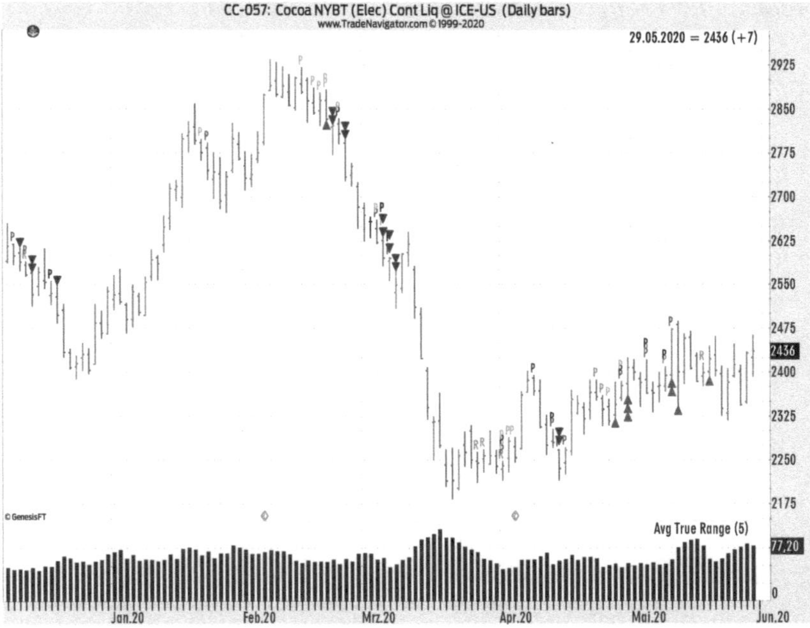

ABBILDUNG 9.14 | CC_KAKAO_GO_SIGNALE Quelle: GenesisFT

Signale GO Cocoa

9.4.4.3 Realität

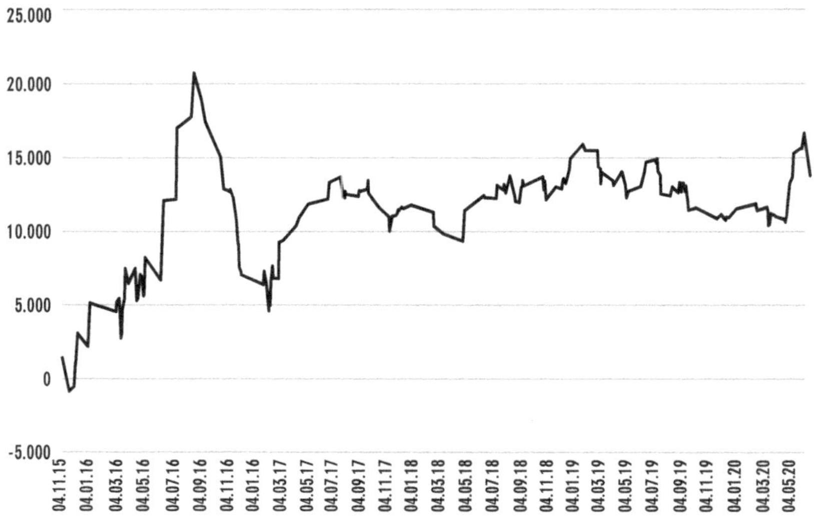

ABBILDUNG 9.15 | CC_KAKAO_GO_EQUITY CURVE_REAL Quelle: CMCT
Reale Kapitalkurve GO Cocoa

Unsere reale Equity-Kurve im Cocoa Future zeigt eine unspektakuläre Kapitalkurve seit Aufnahme des Live-Tradings im Oktober 2015. Einem vielversprechenden Start mit einem ansehnlichen Plus von mehr als 20.000 US-Dollar in weniger als einem Jahr folgte ein Drawdown von mehr als 15.000 US-Dollar in einem halben Jahr. Seitdem bewegt sich die Strategie kontinuierlich nach oben. Unsere Erfahrungen in den letzten Jahren haben gezeigt, dass es im Cocoa Future teilweise heftige Intraday-Bewegungen von mehr als fünf Prozent gibt, die von uns manchmal manuell zu Gewinnmitnahmen genutzt werden. Die im Backtest angenommene Slippage und Kommission von 15 US-Dollar pro Trade konnte im Live-Trading sogar unterboten werden.

9.4.5 Wie funktioniert der Global Two im Cocoa?

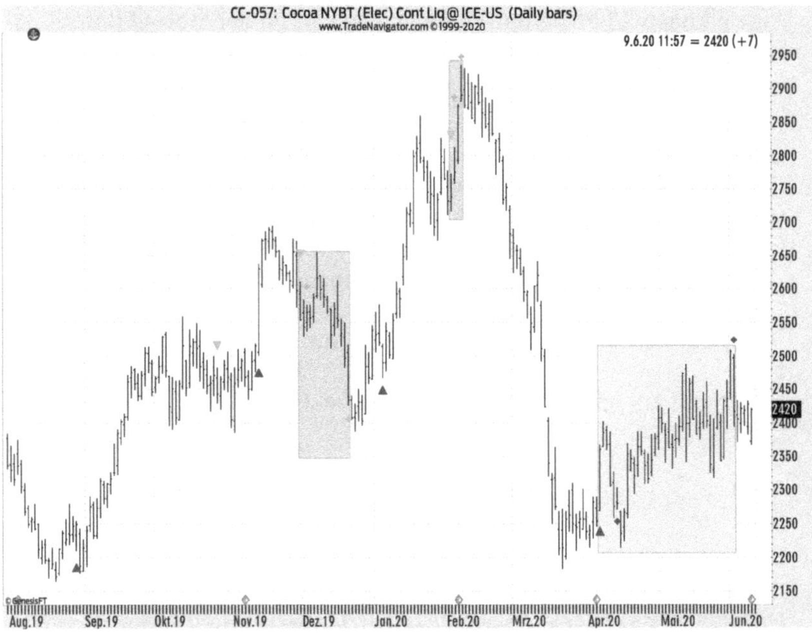

ABBILDUNG 9.16 | CC_KAKAO_GT_SIGNALE Quelle: GenesisFT
Signale GT Cocoa

Im Cocoa Future wurden bisher drei ALGO-GT-Signale umgesetzt, von denen zwei Signale als Verkäufe und ein Signal als Kauf gehandelt wurden.

Nach dem ersten Short bei 2.546 US-Dollar Anfang Dezember, der nach einer 2-prozentigen Schwäche im Future wieder geschlossen wurde, fiel der Cocoa nochmals auf 2.400 US-Dollar. Danach erfolgte in nur zwei Wochen eine 20-prozentige Rallye, in der die Produzenten ihre Short-Position massiv erhöhten. Der ALGO-GT drehte am 4. Februar 2020 auf short und wurde von uns am 5.Februar 2020 umgesetzt – im Nachhinein ein gutes Signal, das leider durch einen zu aggressiven

Stop-Loss am 7. Februar 2020 nahe dem Tageshoch getriggert wurde. Betrachtet man den danach einsetzenden Kursverfall des Cocoa Future von knapp 25 Prozent in nur vier Wochen, ist der Stop-Out umso ärgerlicher. Es folgte eine Bodenbildung zwischen März und April 2020, und der ALGO-GT drehte am 6. April 2020 auf long. Das Signal wurde nach einem Rücksetzer im Future von uns am 14. April umgesetzt. Die Long-Position wurde relativ lange gehalten und am 2. Juni verkauft.

Folgende Trades wurden seit Auflegung am 19.08.2019 im Musterdepot des ALGOreport umgesetzt:

Verkauf am 03.12.2019 @ 2.546; Kauf am 19.12.2019 @ 2.489

Verkauf am 05.02.2020 @ 2.777; Kauf am 07.02.2020 @ 2.900 – ausgestoppt

Kauf am 14.04.2020 @ 2.289; Verkauf am 02.06.2020 @ 2.500

9.4.6 Über den Cocoa Future

Börse: NYBOT (New York Board of Trade)

Ticker-Symbol: CC

Ticker-Symbol Interactive Brokers: CC

Kontraktumfang: 10 Metric tons (Tonnen) Rohkakao

Tick-Größe: 1 US-Dollar/Metric ton (10 US-Dollar/Kontrakt); alle Preisangaben in US-Dollar pro Metric ton

Kontraktmonate: März, Mai, Juli, September und Dezember innerhalb der nächsten 24 Kalendermonate

Handelszeiten: Nur elektronischer Handel, von Montag bis Freitag, 04:45 - 13:30 Uhr (New Yorker Zeit). Die Vorhandelsphase beginnt am Vortag um 20:00 Uhr New Yorker Zeit.

First Notice Day: 10 Geschäftstage vor dem ersten Geschäftstag des fälligen Kontraktmonats

Last Notice Day: 10 Geschäftstage nach dem ersten Geschäftstag des fälligen Kontraktmonats

Letzter Handelstag: 1 Geschäftstag vor dem „Last Notice Day“

Qualität und Lieferort: Akzeptiert werden Kakaobohnen aus allen Herkunftsländern, wobei jedoch die FDA-Importstandards zu beachten sind. Die physische Übergabe erfolgt an ein börsenseitig lizenziertes Lagerhaus (New York, Delaware River Port oder Port of Hampton Roads). Ernten werden in drei Kategorien unterteilt: „Group A“ mit Prämie von 160 US-Dollar/t (einschließlich Haupternten aus Ghana, Nigeria, Sierra Leone, Elfenbeinküste und Togo); „Group B“ mit Prämie von 80 US-Dollar/t (einschließlich Kamerun, Kolumbien, Neuguinea, Ecuador und Venezuela); „Group C“ ohne Prämie (einschließlich Bolivien, Indonesien-Sulawesi, Haiti, Malaysia und aller anderen)

Tägliches Preislimit: Keines

Positions-Obergrenze: Im Spot-Monat 1.000 Kontrakte ab „First Notice Day“. Bei mehr als 6.000 Kontrakten netto long oder short über alle Kontraktmonate muss der Börse im Rahmen der „Accountability Rules“ auf Verlangen in angemessener Zeit der Zweck der Position mitgeteilt werden.

Reportable Limit: Ab 50 Kontrakte

Margin: Initial Margin: 1.100 US-Dollar, Maintenance Margin: 880 US-Dollar

9.5 Sugar (Zucker)

9.5.1 Geschichte und Allgemeines

Die Geschichte des Zuckers ist über Jahrtausende eine Geschichte des Zuckerrohrs. Die Möglichkeit der Produktion des Rohstoffs aus Zuckerrüben wurde erst vor gut 200 Jahren entdeckt. Egal aus welcher Quelle Zucker gewonnen wird, Zucker ist Zucker, nur die Herstellung unterscheidet sich. Die ursprüngliche Heimat des Zuckerrohrs ist die pazifische Inselwelt Melanesiens. Von dort gelangte Zuckerrohr nach Neuguinea, auf die Philippinen, nach Indien und Persien. Danach breitete es sich mit den arabischen Eroberern aus. Schon um 800 n. Chr. wurde Zuckerrohr in den von den Arabern eroberten Gebieten auf Sizilien, Malta und in Spanien angebaut. Ab dem 11. Jahrhundert wurde Zucker auch in Europa immer bekannter. Angeblich brachte Columbus Zuckerrohr in die Karibik, von wo aus es auch in Brasilien Einzug hielt. Zuckerrohr wächst am besten in Ländern, die ein heißes Klima haben, zum Beispiel in Brasilien, Indien, China und Thailand. 1747 entdeckte der deutsche Chemiker Andreas Sigismund Marggraf, dass die Zuckerrübe Zucker enthält. Die industrielle Produktion von Zucker begann erst 1801 mit der ersten Zuckerrübenfabrik in Schlesien. Der Anbau von Zuckerrüben ist auch heute noch in Ländern wie Frankreich, Deutschland und Russland stark verbreitet. Der Würfelzucker wurde 1840 erfunden.

Durch die Industrialisierung der Zuckerproduktion ist der Preis stetig gefallen und unterliegt heute in den USA und Europa gewissen „Restriktionen", die lokalen Produzenten einen höheren Preis garantieren sollen. Das „transparenteste" Beispiel ist in den USA der Preis für Zucker Nr. 11 und Nr. 16. Zucker Nr. 11 gibt den weltweit gültigen Preis für rohes Zuckerrohr an. Zucker Nr. 16 ist der Preis, der in den USA gültig ist und von massiven staatlichen Subventionen beeinflusst wird. Historisch handelt der Preis des Future Nr. 16 über dem Preis des Future Nr. 11. Die Zuckerrohrlandwirtschaft wird von der weltweiten Nachfrage nach Zucker bestimmt. Zuckerrohr wird zur Gewinnung von Zucker für die Lebensmittelindustrie verarbeitet oder zur Ethanolherstellung fermentiert. Zuckerrohr wird auch zur Herstellung von Bagasse, Melasse, Rum und Falernum verwendet sowie als Viehfutter angebaut.

Indien ist vor Brasilien weltweit der größte Zuckerrohrproduzent und hat jährlich eine Produktionskapazität von bis zu circa 740 Millionen Tonnen, das entspricht in etwa 44,5 Prozent der weltweiten Zuckerrohrproduktion. 80 Prozent des weltweit produzierten Zuckers stammen aus Zuckerrohr und der Rest aus Zuckerrüben. Indien ist mit circa 33 Millionen Tonnen der größte Zuckerproduzent. Brasilien als zweitgrößter Produzent produzierte 2018/19 rund 29,5 Millionen Tonnen Zucker, von denen 19,6 Millionen, also rund zwei Drittel der gesamten Produktion, exportiert wurden. Die Europäische Union produzierte knapp 18 Millionen Tonnen. Der Gesamtmarkt umfasste 2009/10 eine Produktion von etwas mehr als 153 Millionen Tonnen Zucker. Im Jahr 2018/19 waren es fast 179 Millionen Tonnen, was einem Wachstum von knapp 17 Prozent in diesem Zeitraum entspricht.

Wie schon erwähnt ist Brasilien der größte Exporteur von Zucker, gefolgt von Thailand mit einem Export von 11,5 Millionen Tonnen und Australien mit 3,8 Millionen Tonnen. Bei den Importen ist Indonesien mit circa 4,9 Millionen Tonnen führend, gefolgt von China mit 4,3 Millionen und den Vereinigten Staaten mit 2,6 Millionen Tonnen.

Der Wert des Brasilianischen Real ist einer der wichtigsten Einflussfaktoren für den Zuckerpreis. Ein Rückgang des Wertes der brasilianischen Währung erhöht den Anreiz für brasilianische Landwirte, die Produktion für den Export zu steigern und gleichzeitig ihre Produktionskosten zu senken. Damit fällt der Zuckerpreis. Umgekehrt:

Steigt der Wert der brasilianischen Währung, steigen die Produktionskosten, es wird weniger produziert und der Zuckerpreis steigt.

ABBILDUNG 9.17 | SB_ZUCKER_USD/BRL_LANGFRISTCHART Quelle: GenesisFT
Der langfristige Sugar- und USD/BRL-Chart

Brasilianische Zuckerrohrproduzenten zerkleinern das von ihnen geerntete Zuckerrohr, um Zucker oder Ethanol zu produzieren. Da Ethanol auch mit Benzin als Transporttreibstoff konkurriert, führt ein Rückgang des Benzinpreises (aufgrund niedrigerer Ölpreise) tendenziell zu niedrigeren Ethanolpreisen und damit zu einer geringeren Nachfrage nach Zucker zur Herstellung von Ethanol.

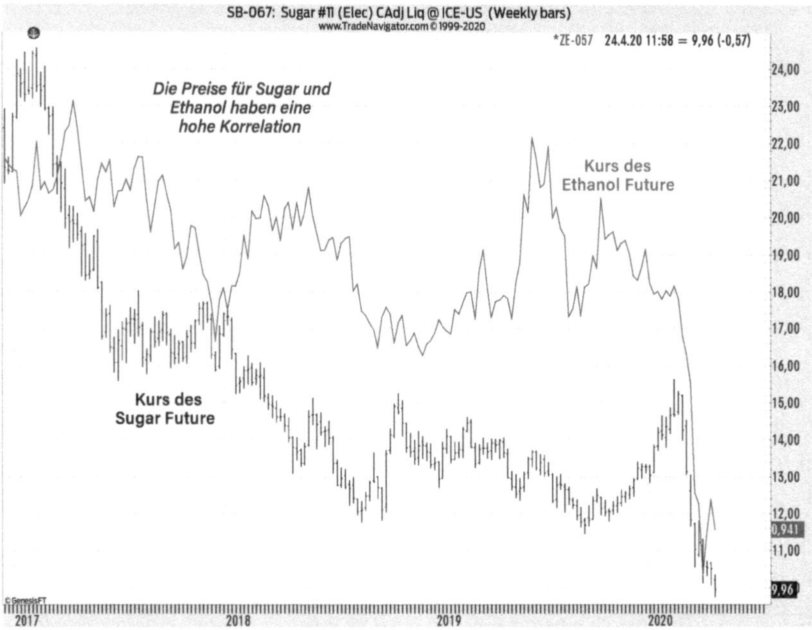

ABBILDUNG 9.18 | SB_ZUCKER_ETHANOL_LANGFRISTCHART Quelle: GenesisFT
Der langfristige Sugar- und Ethanol-Chart

Subventionen und Einfuhrzölle haben die Zuckermärkte verzerrt und dazu geführt, dass Zucker erzeugende Länder mehr Zuckerrohr anbauen, als es auf einem normalen Wettbewerbsmarkt der Fall wäre. In den USA beispielsweise liegt der Preis des Futures für die subventionierten inländischen Produkte weit über dem Weltmarktpreis für Zucker. Zucker Nr. 16, der am Futures-Markt gehandelt wird, ist der US-Preis mit Subventionen und schloss am Montag, dem 20. April 2020, bei 26,05 Cent, wohingegen der Zucker-Future Nr. 11, der den „freien“ Markt abbildet, bei 10,06 Cent schloss.

9.5.2 Die Preisentwicklung von Sugar seit 1972

ABBILDUNG 9.19 | SB_ZUCKER_LANGFRISTCHART Quelle: GenesisFT
Der langfristige Sugar-Chart

Zucker-Futures werden in New York seit 1914 gehandelt. Mit der zunehmenden Bedeutung von Zucker für die Produktion von Ethanol ist Zucker nicht mehr nur ein Nahrungsrohstoff, sondern auch ein Energierohstoff. Der Zucker-Future Nr. 11 ist hochliquide und wird zusätzlich für Absicherungsgeschäfte von Produzenten und Händlern und von Investoren zur Preisspekulation verwendet. Der Future reflektiert den Weltmarktpreis von nicht subventioniertem rohem Zucker.

Der Zuckerpreis explodierte Anfang der 70er-Jahre in der Rohstoffhausse von 5,41 US-Cent ab dem Sommer 1972 und verzwölffachte sich innerhalb von nur zwei Jahren auf 66 US-Cent Ende 1974.

Danach folgte der jähe Absturz bis auf 6,05 US-Cent im Juli 1978, gefolgt von einem Anstieg binnen zwei Jahren um 650 Prozent auf 45,75 US-Cent. Im Sommer 1985 markierte der Sugar Future sein bisheriges All-Time-Low bei 2,74 US-Cent. Die weltweiten Rohstoffanstiege bis in das Jahr 2011 bescherten Zucker noch einmal Kurse über 35 US-Cent, seitdem befindet sich der Future in einem Abwärtstrend. Langfristig betrachtet ist Zucker somit sicherlich einer der volatilsten Rohstoffe.

9.5.3 Wie funktioniert der Global One im Sugar?

9.5.3.1 Backtest

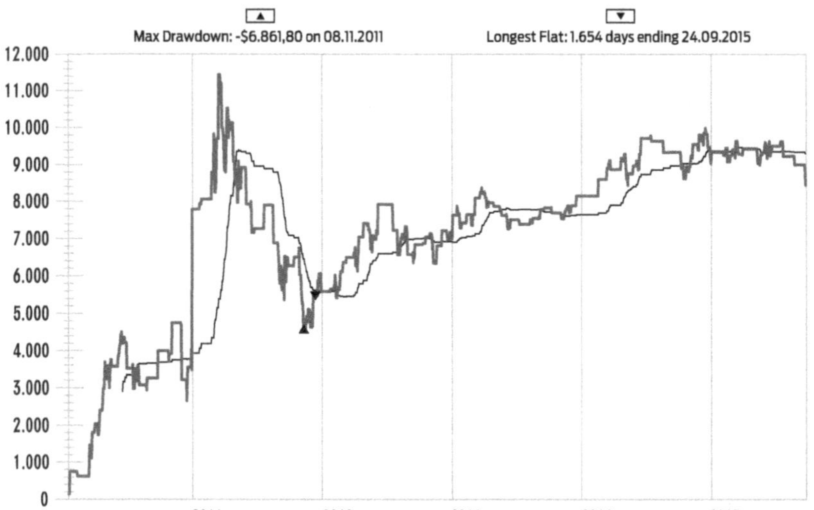

ABBILDUNG 9.20 | SB_ZUCKER_GO_EQUITY CURVE Quelle: GenesisFT
Backtest Equity-Kurve Sugar

Die Sugar-Future-Strategie startete im Oktober 2010 und zeigte gleich im ersten halben Jahr eine beeindruckende Performance. Die Hälfte des Gewinns von über 10.000 US-Dollar wurde jedoch innerhalb von sechs Monaten wieder abgegeben. Aufgrund des heftigen Drawdowns und der relativ schwachen Erholung in den darauffolgenden Jahren entschlossen wir uns, den Zucker nicht in unser Portfolio aufzunehmen. Doch auch hier wurden wir wie im Kaffee eines Besseren belehrt. Getestet wurde der Zeitraum 1. Januar 2010 bis 2. Oktober 2015. Slippage und Kommission wurden mit 15 US-Dollar im Durchschnitt pro Round-Turn (Kauf und Verkauf) berücksichtigt.

9.5.3.2 Signale

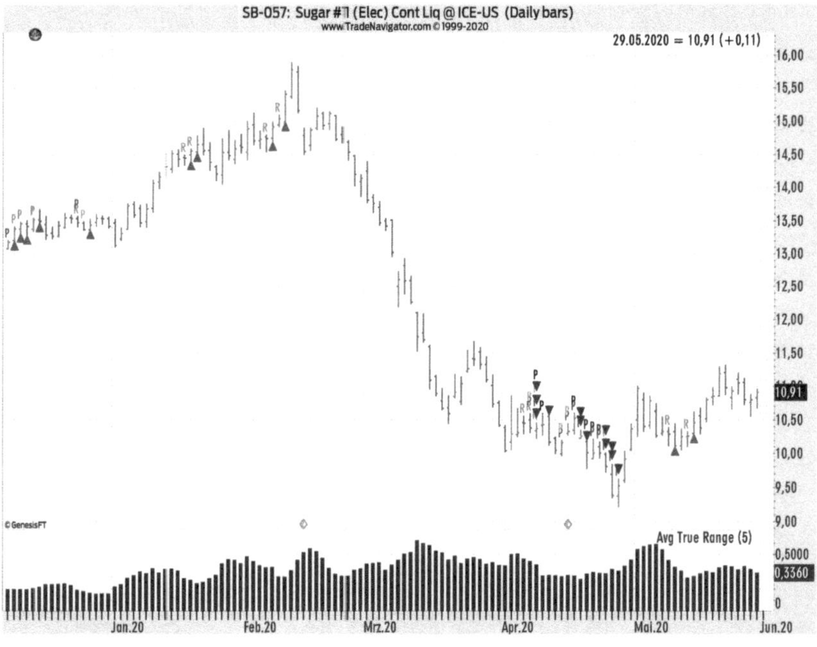

ABBILDUNG 9.21 | SB_ZUCKER_GO_SIGNALE Quelle: GenesisFT

Signale GO Sugar

9.5.3.3 Realität

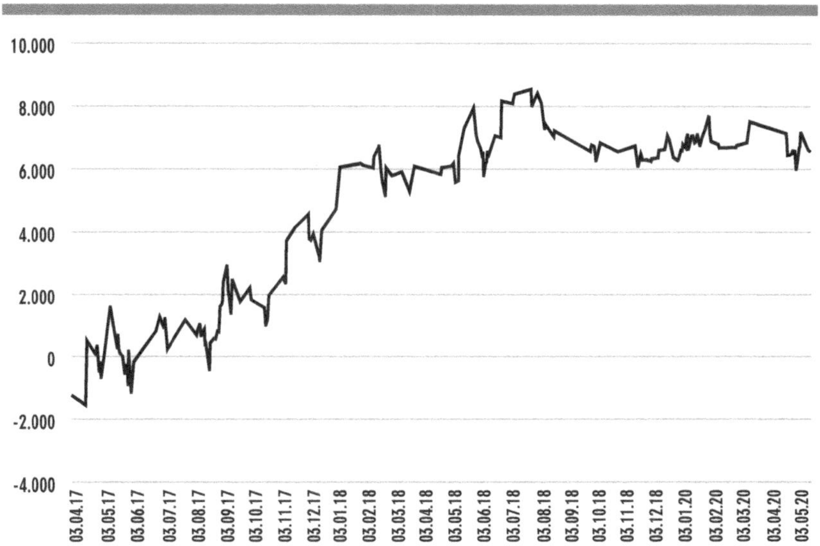

ABBILDUNG 9.22 | SB_ZUCKER_GO_EQUITY CURVE_REAL Quelle: CMCT
Reale Kapitalkurve GO Sugar

Zucker wurde, genau wie Kaffee, aufgrund seiner nicht sehr überzeugenden Kapitalkurve des Backtests von 2010-2015 nicht sofort freigeschaltet, sondern fand erst nach einer weiteren Überprüfung und aus Diversifikationsgründen Eingang in unser Portfolio. Mit Beginn des Live-Handels im Mai 2017 ging es die ersten zwei Jahre ohne große Rücksetzer nur nach oben, seit April 2019 läuft die Strategie im Zucker seitwärts. Die im Backtest angenommene Slippage und Kommission von 15 US-Dollar pro Trade hat sich im Live-Trading als zu hoch erwiesen, da der Zucker sehr liquide ist und nur in Ausnahmefällen eine Slippage zu verzeichnen war.

9.5.4 Wie funktioniert der Global Two im Sugar?

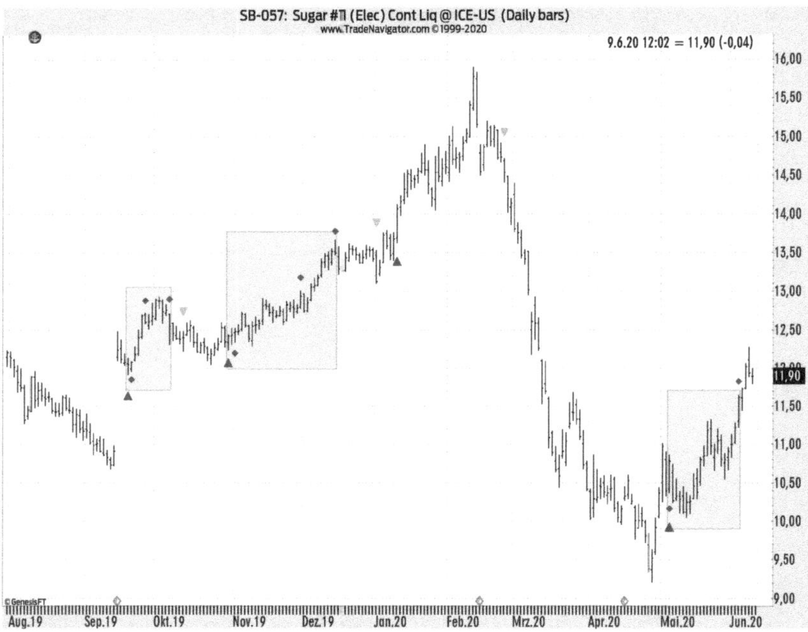

ABBILDUNG 9.23 | SB_ZUCKER_GT_SIGNALE Quelle: GenesisFT
Signale GT Sugar

Im Zucker wurden bislang im ALGOreport drei Long-Positionen gehandelt, die alle erfolgreich waren. Nach dem Verkauf der ersten Position am 7. Oktober 2019 drehte das ALGO-GT-Signal auf short. Das Signal wurde aber von uns aufgrund der fehlenden anderen Signale (CoT-Daten, Seasonals, Story) nicht umgesetzt. Die Umsetzung des darauffolgenden Long-Signals am 1. November war aber umso erfolgreicher, da der Trade nie im Minus notierte und der Stop-Loss nach einem Teilverkauf von 50 Prozent sofort auf Einstand geändert wurde. Der Verkauf der zweiten Tranche war nur kurzfristig richtig, denn nach einer zweiwöchigen Konsolidierung legte der Sugar Future nochmals um mehr als 15 Prozent zu. Das im Nachhinein perfekte Verkaufssignal zu Beginn der Coronakrise wurde von uns leider nicht umgesetzt – umso ärgerlicher, als zu diesem Zeitpunkt die Produzenten auch eine vermeintlich große Short-Position aufgebaut hatten und wieder einmal richtig lagen. In weniger als drei Monaten fiel der Zucker von 15,50 US-Dollar auf unter zehn Dollar und notierte nahe seiner Produktionskosten, was wiederum die Produzenten nutzten, um von short auf long zu drehen. Wir warteten geduldig, bis unser ALGO-GT-Signal auf long drehte, und kauften am 5. Mai 2020 eine Position bei 10,47 US-Dollar. Diese wurde am 3. Juni, nach einem knapp zehnprozentigen Anstieg, bei 11,50 US-Dollar verkauft.

Folgende Trades wurden seit Auflegung am 19.08.2019 im Musterdepot des ALGOreport umgesetzt:

Kauf am 20.09.2019 @ 12,00; Verkauf am 26.09.2019 @ 12,62 und Verkauf am 07.10.2019 @ 12,50

Kauf am 01.11.2019 @ 12,45; Verkauf am 29.11.2019 @ 12,97 und Verkauf am 13.12.2019 @ 13,60

Kauf am 05.05.2020 @ 10,47; Verkauf am 03.06.2020 @ 11,50

9.5.5 Über den Sugar No.11 Future

Börse: NYBOT (New York Board of Trade)

Ticker-Symbol: SB

Ticker-Symbol Interactive Brokers: SB

Kontraktumfang: 112.000 Pounds (1 Pound = circa 0,45 Kilo) roher Rohrzucker

Tick-Größe: 0,01 US-Cent (11,20 US-Dollar/Kontrakt); alle Preisangaben in US-Cent pro Pound (lb)

Kontraktmonate: März, Mai, Juli und Oktober innerhalb der nächsten 24 Kalendermonate

Handelszeiten: Nur elektronischer Handel, von Montag bis Freitag, 03:30 - 13:00 Uhr New Yorker Zeit.

Qualität und Lieferort: Physische Lieferung von Rohrzucker aus folgenden 28 Herkunftsländern FOB: Argentinien, Australien, Barbados, Belize, Brasilien, Kolumbien, Costa Rica, Dominikanische Republik, El Salvador, Ecuador, Fidschi-Inseln, Französische Antillen, Guatemala, Honduras, Indien, Jamaika, Malawi, Mauritius, Mexiko, Nicaragua, Peru, Republik Philippinen, Südafrika, Swaziland, Taiwan, Thailand, Trinidad, USA, Simbabwe. Übergabeort ist der Hafen des jeweiligen Ursprungslandes.

Tägliches Preislimit: Keines

Positions-Obergrenze: Im Spot-Monat 5.000 Kontrakte. Bei mehr als 15.000 Kontrakten netto long oder short über alle Kontraktmonate muss der Börse im Rahmen der „Accountability Rules“ auf Verlangen in angemessener Zeit der Zweck der Position mitgeteilt werden.

Reportable Limit: ab 500 Kontrakte

Margin: Initial Margin: 1.505 US-Dollar, Maintenance Margin: 1.204 US-Dollar

9.6 Cotton (Baumwolle)

9.6.1 Geschichte und Allgemeines

Baumwolle ist einer der ältesten bekannten Rohstoffe. Historische Funde von Baumwollfäden in Pakistan werden auf 7.000 v. Chr. datiert, andere archäologische Funde in Peru werden auf 4.500 v. Chr. geschätzt. Man vermutet, dass arabische Kaufleute den Rohstoff zur Verarbeitung nach Europa gebracht haben. England war der erste europäische Staat, der Baumwolle industriell verarbeitete und Baumwollsamen in die Neue Welt schickte. Baumwolle wurde in England zum großen Konkurrenten der Wolle. In Nordamerika begann man, Baumwolle systematisch auf großen Feldern anzupflanzen. Eine „Optimierung“ der Bewirtschaftung ergab sich vor allem durch den Einsatz von Sklaven, die die Pflanzen mit der Hand pflückten und entkörnten. Erst mit der Erfindung des mechanischen Webstuhls Ende des 18. Jahrhunderts breitete sich die Baumwollnutzung rasant aus. Während des amerikanischen Bürgerkriegs spielte der Rohstoff eine essenzielle Rolle. Der Begriff „King Cotton“ wurde von amerikanischen Südstaatenpolitikern geprägt und war ein Synonym für die wirtschaftliche Unabhängigkeit nach Beendigung des amerikanischen Bürgerkriegs. England und Frankreich unterstützen die Südstaaten in diesem Krieg durch den Verkauf sogenannter „Confederate Bonds“ in Europa.

Baumwolle ist nach wie vor eine der am häufigsten verwendeten Naturfasern und damit ein bedeutender Bestandteil der Textilindustrie. In erster Linie bestimmt die Zahl der Verbraucher die Nachfrage nach Baumwolle: Im Jahr 2000 betrug die Weltbevölkerung circa sechs Milliarden Menschen. In den letzten zwei Jahrzehnten ist sie um circa 25 Prozent auf mehr als 7,5 Milliarden Menschen angestiegen. Gleichzeitig hat sich der Wohlstand in China, dem bevölkerungsreichsten Land der Welt, exponentiell nach oben entwickelt.

1990 wurden weltweit circa 87 Millionen Ballen Baumwolle produziert, bis 2005 stieg die Produktion um 33,5 Prozent auf ungefähr 116 Millionen Ballen an. Seit 2005 kann man keinen klaren Trend erkennen. Die Produktionszahlen tendierten seitwärts, erreichten 2015 dann aber mit 98 Millionen Ballen ein vorläufiges Tief. Seit 2015 steigt die Produktion wieder und erreichte 2018 die Gesamtzahl von mehr als 123 Millionen Ballen.

Indien ist mit 5,7 Millionen Tonnen Baumwolle vor den USA mit 4 Millionen und China mit 3,5 Millionen der größte Produzent der

Welt. Im Jahr 2018/19 waren die USA mit 3,2 Millionen Tonnen der mit Abstand größte Exporteur. Auf Platz 2 lag Brasilien mit einem Exportvolumen von 1,3 Millionen, gefolgt von Australien mit Exporten in Höhe von fast 800.000 Tonnen. Bei den Importen ist China mit fast 2,1 Millionen Tonnen führend. Bangladesch und Vietnam liegen mit jeweils knapp über 1,5 Millionen Tonnen bei den Importen auf den Plätzen 2 und 3.

9.6.2 Die Preisentwicklung von Cotton seit 1972

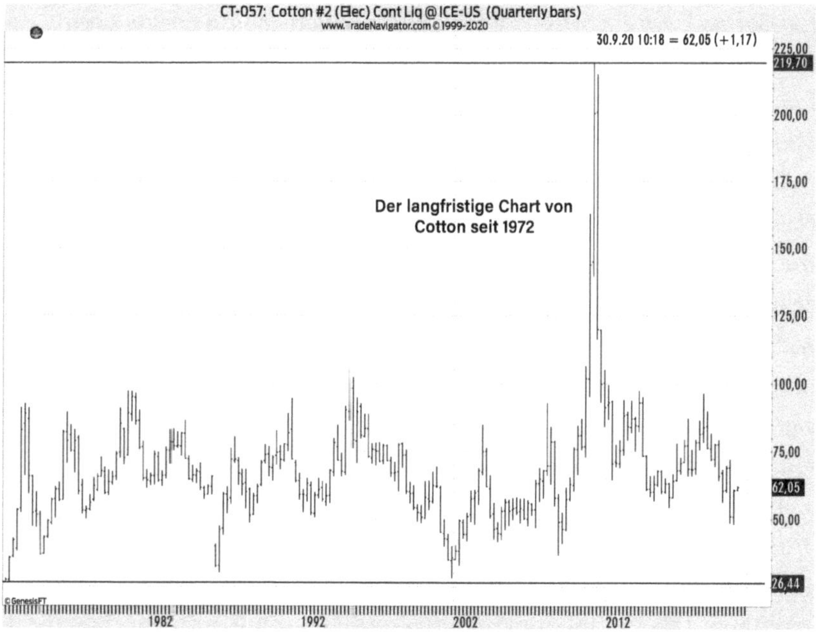

ABBILDUNG 9.24 | CT_BAUMWOLLE_LANGFRISTCHART Quelle: GenesisFT
Der langfristige Cotton-Chart

Cotton Futures wurden erstmalig 1870 in New York gehandelt. Produzenten weltweit nutzen den Futures-Kontrakt zur Absicherung,

Investoren spekulieren mit dem Futures-Kontrakt auf steigende und fallende Kurse in Baumwolle.

Baumwolle notierte im Tief Ende 1972 bei 26,44 US-Cent, um sich dann innerhalb nur eines Jahres auf 92,28 US-Cent fast zu vervierfachen. In den darauffolgenden 37 Jahren verhielt sich der Cotton Future für einen Rohstoff relativ ruhig und handelte in einer Spanne von 70 US-Cent. Im Oktober 2010 durchbrach der Future im Zuge der China-Wachstumsstory die alten Höchststände bei 110,70 US-Cent, und der Preis stieg im März 2011 auf 219,70 US-Cent pro Pound, ein neues All-Time-High. Als Reaktion auf diese Preisverdopplung ersetzten viele Bekleidungshersteller Baumwolle durch synthetische Fasern. Auf der anderen Seite steigerten die Produzenten aufgrund der hohen Preise ihre Produktion, wodurch die Lagerbestände immer weiter anstiegen. Der Anstieg in den USA und China war so dramatisch, dass es in der Spitze genügend Baumwolle gab, um für jeden Erdbewohner zwei Paar Jeans herzustellen. Der Absturz erfolgte fast genauso rasant, und Baumwolle handelt seit Ende 2011 wieder in der alten Range zwischen 40 und 100 US-Cent.

9.6.3 Wie funktioniert der Global One in Cotton?

9.6.3.1 Backtest

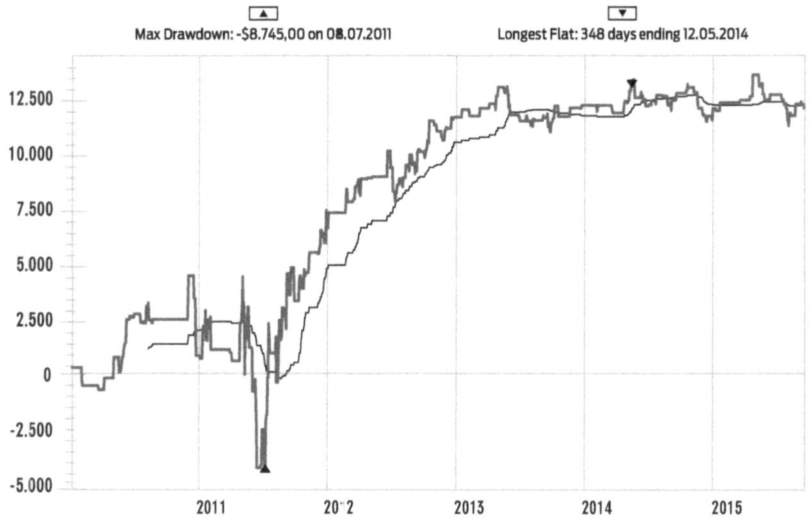

ABBILDUNG 9.25 | CT_BAUMWOLLE_GO_EQUITY CURVE Quelle: GenesisFT
Backtest Equity-Kurve Cotton

Der Cotton Future startete mit einem heftigen Drawdown von über 8.000 US-Dollar, der jedoch schnell wieder aufgeholt wurde. Die Performance seit 2013 veranlasste uns auch dazu, den Cotton Future nicht in unser Portfolio aufzunehmen. Doch wie bei Kaffee und Zucker lohnte sich ein zweiter Blick, und es zahlte sich im Nachhinein aus, den Cotton Future in unser Portfolio aufzunehmen. Getestet wurde der Zeitraum 1. Januar 2010 bis 2. Oktober 2015. Slippage und Kommission wurden mit 15 US-Dollar im Durchschnitt pro Round-Turn (Kauf und Verkauf) berücksichtigt.

9.6.3.2 Signale

ABBILDUNG 9.26 | CT_BAUMWOLLE_GO_SIGNALE Quelle: GenesisFT

Signale GO Cotton

9.6.3.3 Realität

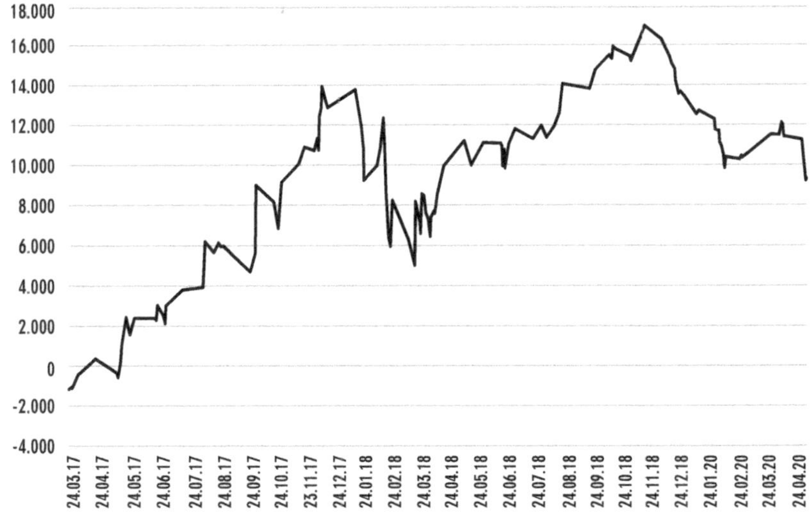

ABBILDUNG 9.27 | CT_BAUMWOLLE_GO_EQUITY CURVE_REAL Quelle: CMCT
Reale Kapitalkurve GO Cotton

Auch der Cotton Future wurde aufgrund seiner nicht sehr überzeugenden Kapitalkurve des Backtests von 2010-2015 nicht sofort freigeschaltet, sondern fand erst nach einer weiteren Überprüfung und zu Diversifikationszwecken einen Platz in unserem Portfolio. Nach einem verheißungsvollen Start im Mai 2017 und einer P/L von mehr als 14.000 US-Dollar im ersten Handelsjahr gab es einen Rücksetzer um 8.000 US-Dollar, der jedoch bis zum September 2019 wieder mehr als aufgeholt werden konnte. Seitdem befindet sich die Cotton-Strategie in einem leichten Abwärtstrend. Die im Backtest angenommene Slippage und Kommission von 15 US-Dollar pro Trade ist auch im Live-Trading umsetzbar.

9.6.4 Wie funktioniert der Global Two in Cotton?

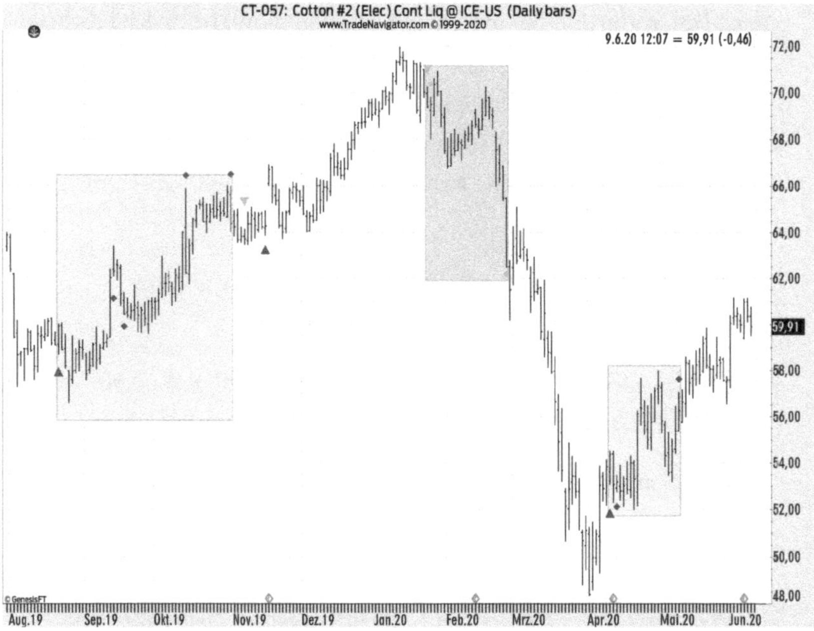

ABBILDUNG 9.28 | CT_BAUMWOLLE_GT_SIGNALE Quelle: GenesisFT
Signale GT Cotton

Im Cotton Future wurden bisher drei ALGO-GT-Signale umgesetzt, von denen sowohl ein Short- als auch zwei Long-Trades erfolgreich waren. Das erste ALGO-GT-Kaufsignal entstand schon am 21. August 2019, wurde aber erst nach dem Bruch der Trendlinie bei 60 US-Cent am 13. und 18. September 2019 umgesetzt. Die Position wurde knapp einen Monat gehalten und im Oktober mit Gewinn verkauft. Danach gab es zwei weitere ALGO-GT-Signale, einen Verkauf und einen Kauf, die aber beide mangels Bestätigung durch die anderen Signale (Story, CoT-Daten, Seasonals) nicht umgesetzt wurden. Die nächste Short-Positionierung erfolgte Ende Januar 2020 und wurde nach einem Monat geschlossen. Nach Ausbruch der Coronakrise ging es weiter bergab, und der Cotton Future markierte unter 50 US-Cent ein neues 11-Jahres-Tief. Aufgrund der extremen Long-Positionierung der Produzenten war es für uns klar, dass sich das nächste ALGO-GT-Kaufsignal als sehr lukratives Trade-Set-up erweisen würde. Am 14. April 2020 war es so weit und wir kauften den Baumwolle-Future bei 53,02 US-Cent. Die Position wurde am 8. Mai 2020 bei 56,90 US-Cent wieder verkauft.

Folgende Trades wurden seit Auflegung am 19.08.2019 im Musterdepot des ALGOreport umgesetzt:

Kauf am 13.09.2019 @ 62,70 und Kauf am 18.09.2019 @ 60,80; Verkauf am 14.10.2019 @ 65,50 und Verkauf am 31.10.2019 @ 64,99

Verkauf am 27.01.2020 @ 68,75; Kauf am 27.02.2020 @ 63,55

Kauf am 14.04.2020 @ 53,02; Verkauf am 08.05.2020 @ 56,90

9.6.5 Über den Cotton No. 2 Future

Börse: NYBOT (New York Board of Trade)

Ticker-Symbol: CT

Ticker-Symbol Interactive Brokers: CT

Kontraktumfang: 50.000 Pounds Nettogewicht an US-amerikanischer Baumwolle (Textilrohstoff). Dies entspricht circa 100 Ballen.

Tick-Größe: 0,01 US-Cent (= 0,0001 US-Dollar)

Kontraktmonate: Aktive Kontraktmonate sind: März, Mai, Juli, Oktober und Dezember, innerhalb der nächsten 24 Kalendermonate

Handelszeiten: Nur elektronischer Handel, von Montag bis Freitag, 21:00 - 14:20 Uhr New Yorker Zeit

Letzter Handelstag: 17 Geschäftstage vor Ende des Kontraktmonats

First Notice Day: 5 Geschäftstage vor dem letzten Tag des dem Kontraktmonat vorangehenden Monats

Last Notice Day: 12 Geschäftstage vor Ende des Kontraktmonats

Qualität und Lieferort: Die physische Übergabe von Baumwolle in der vom United States Department of Agriculture vordefinierten Güte erfolgt an börsenseitig zugelassenen Orten in Galveston, Houston, Dallas, Memphis und Greenville.
Mehr Details zum Settlement-Prozedere und den verschiedenen Qualitätsmerkmalen der Baumwolle: https://www.cmegroup.com/confluence/display/EPICSANDBOX/NYMEX+Softs

Tägliches Preislimit: 3 US-Cent, bezogen auf den Settlement-Preis des Vortags. Wenn der Settlement-Preis von 2 Kontrakten mit dem höchsten Open Interest jedoch über 80,01 US-Cent liegt, beträgt das Limit fortan 4 US-Cent, über 110,01 US-Cent beträgt es 5 US-Cent, über 140,01 US-Cent beträgt es 6 US-Cent und über 170,01 US-Cent beträgt es 7 US-Cent. Im Spot-Monat indes besteht am und nach dem First Notice Day kein Limit.

Positions-Obergrenze: Maximal 5.000 Kontrakte über alle Kontraktmonate, im Spot-Monat nur maximal 300 Kontrakte

Reportable Limit: 100 Kontrakte

Margin: Initial Margin: 3.312,50 US-Dollar, Maintenance Margin: 2.650 US-Dollar

9.7 Orange Juice (Orangensaft)

9.7.1 Geschichte und Allgemeines

Zitrusfrüchte wurden erstmals vor 4.000 Jahren in China und Südostasien angebaut. Von dort fanden die Früchte ihren Weg in die arabische Welt und gelangten auch nach Europa. Der Anbau in den USA und Brasilien begann um 1600. Ende des 19. Jahrhunderts nahm die Bedeutung von Orangensaft zu, da man festgestellt hatte, dass Vitamin C bestimmte Krankheiten (zum Beispiel Skorbut) verhindern kann. Im Jahr 1948 entwickelte die Universität von Florida ein Verfahren zur Herstellung von gefrorenem Orangensaftkonzentrat, bei dem es nur zu einem geringen Verlust von Vitamin C kommt, wodurch die USA zum bedeutendsten Hersteller dieses Produkts wurden. Die Orange wird bei diesem Verfahren ausgepresst, der Saft wird gefiltert und pasteurisiert, dann unter Vakuum und Wärme verdampft und so das Wasser entzogen. Das resultierende Konzentrat wird bei circa -12 °C gelagert. Orangensaft ist bis heute eines der beliebtesten Erfrischungsgetränke, aufgrund des zunehmenden Wissens um die Auswirkungen von Zucker nimmt die Beliebtheit aber ab.

Die gesamte weltweite Produktion von Orangensaft lag 2018/19 bei circa 2,17 Millionen Tonnen. Brasilien ist mit 1,397 Millionen Tonnen der mit Abstand größte Produzent vor den USA mit 0,327 Millionen Tonnen und Mexiko mit 0,210 Millionen Tonnen.

9.7.2 Die Preisentwicklung von Orange Juice seit 1972

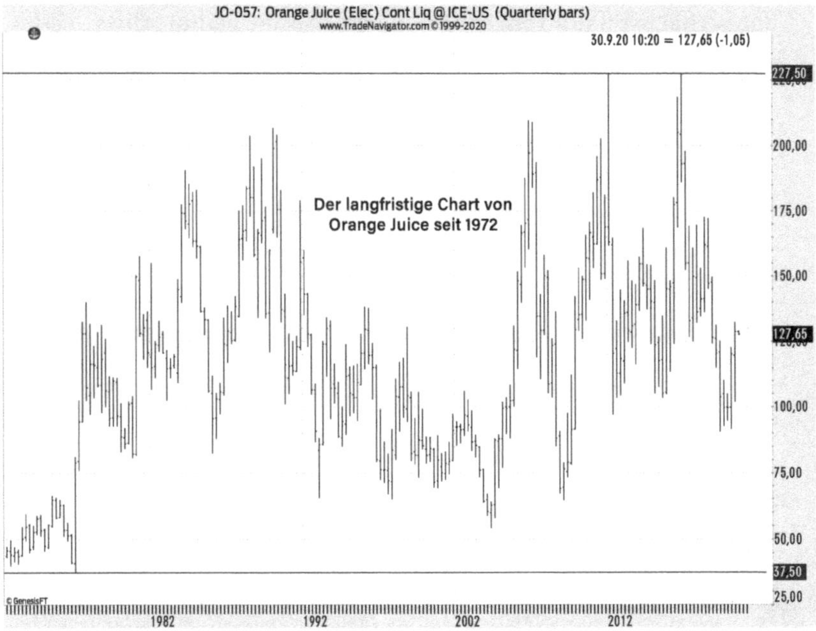

ABBILDUNG 9.29 | JO_ORANGENSAFT_LANGFRISTCHART Quelle: GenesisFT
Der langfristige Orange-Juice-Chart

Orangensaftkonzentrat-Futures wurden erstmalig 1966 in New York gehandelt. Der Future ist mittlerweile relativ illiquide und dementsprechend „gefährlich“ zu handeln. Der Orangensaft-Future notierte im Januar 1977 auf seinem absoluten Tiefststand bei 37,50 US-Cent und setzte unter großen Schwankungen zu einer beachtlichen Rallye bis Anfang 1990 bis auf 206,50 US-Cent an. Die zeitweise sehr hohe Volatilität im Orangensaft wurde im Filmklassiker „Die Glücksritter“ sehr schön thematisiert. Die nächsten 15 Jahre handelte Orangensaft in einem klaren Abwärtstrend und markierte im Mai 2004 bei 54,20 US-Cent das letzte signifikante Tief. Im Zuge der globalen Rohstoffhausse erreichte der Future im Januar 2012 bei 226,95 US-Cent ein neues Allzeithoch. Danach verlor Orangensaft innerhalb von nur fünf Monaten mehr als die Hälfte seines Wertes, um dann im November 2016 mit 227,50 US-Cent wiederum ein neues Rekordhoch zu erreichen. Der Anleger benötigt hier starke Nerven, denn extreme Schwankungen binnen weniger Monate sind in diesem Rohstoff nicht ungewöhnlich.

9.7.3 Wie funktioniert der Global One im Orange Juice?

9.7.3.1 Backtest

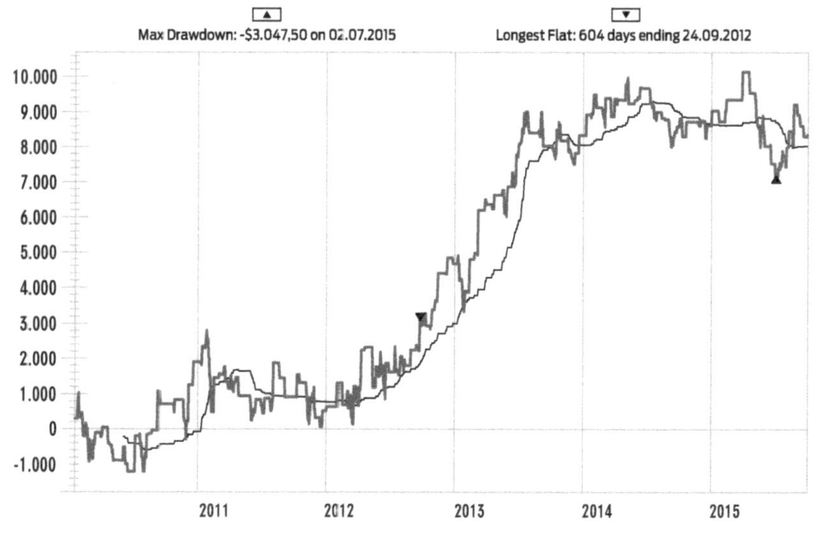

ABBILDUNG 9.30 | JO_ORANGENSAFT_GO_EQUITY CURVE Quelle: GenesisFT
Backtest Equity-Kurve Orange Juice

Der Orange Juice Future lieferte zwar im Backtest ein positives Ergebnis, in der Realität ist der Future aber nicht vollautomatisch handelbar. Weil es sich um einen „leichten" Future handelt (150 US-Dollar pro Cent), muss man beispielsweise bei einem 2-prozentigen

Stop-Loss und einer R-Größe von 2.000 US-Dollar pro Trade mindestens fünf Kontrakte handeln. Aufgrund der teilweise nicht vorhandenen Liquidität und der großen An- und Verkaufs-Spreads ist es nicht sinnvoll, Market-Orders zu handeln. Wir haben einmal die schmerzhafte Erfahrung gemacht, bei einem Stop-Loss von 141 US-Cent zu 139 US-Cent ausgeführt zu werden. Das Risiko der Slippage steht somit in keinem Verhältnis zum möglichen Ertrag. Bei längerfristigen Handelsstrategien wie dem Global Two ist es ratsam, mit Limit zu arbeiten und die Orders manuell zu handeln. Getestet wurde der Zeitraum 1. Januar 2010 bis 2. Oktober 2015. Slippage und Kommission wurden mit 10 US-Dollar im Durchschnitt pro Round-Turn (Kauf und Verkauf) berücksichtigt.

9.7.3.2 Signale

ABBILDUNG 9.31 | JO_ORANGENSAFT_GO_SIGNALE Quelle: GenesisFT

Signale GO Orange Juice

9.7.3.3 Realität

Der Orangensaft-Future wurde aufgrund seiner geringen Liquidität und des teilweise großen Spreads nicht berücksichtigt.

9.7.4 Wie funktioniert der Global Two im Orange Juice?

ABBILDUNG 9.32 | JO_ORANGENSAFT_GT_SIGNALE Quelle: GenesisFT
Signale GT Orange Juice

Durch die lange Seitwärtsphase im Orange Juice Future war es schwierig, ein vernünftiges ALGO-GT-Signal zu identifizieren. Für uns kam aufgrund der Saisonalität und der Long-Positionierung der Produzenten ohnehin nur ein Kauf infrage, der am 27. November 2019 und am 20. Dezember 2019 bei 100 US-Cent getätigt wurde. Die Position wurde am 13. Januar 2020 ausgestoppt und der Orangensaft-Future markierte kurz danach noch ein neues Tief. Inmitten der Coronakrise haussierte der Orangensaft und konnte von Mitte März 2020 bis Ende Mai 2020 um knapp 40 Prozent zulegen. Es erscheint ärgerlich, dass das letzte ALGO-GT-Kaufsignal vom 17. März nicht mitgehandelt wurde, es lag zu diesem Zeitpunkt aber keine Bestätigung durch die anderen Faktoren vor, die eine Long-Positionierung gerechtfertigt hätte.

Folgende Trades wurden seit Auflegung am 19.08.2019 im Musterdepot des ALGOreport umgesetzt:

Kauf am 27.11.2019 @ 100 und Kauf am 20.12.2019 @ 100; Verkauf am 13.01.2020 @ 95,40 – ausgestoppt

9.7.5 Über den FCOJ-A-Future

Börse: NYBOT (New York Board of Trade)

Ticker-Symbol: OJ

Ticker-Symbol Interactive Brokers: OJ

Kontraktumfang: 15.000 pounds (lbs) gefrorenes Orangensaftkonzentrat (+/- 3 %)

Tick-Größe: 0,05 US-Cent = 0,0005 US-Dollar (7,50 US-Dollar/Kontrakt); alle Preisangaben in US-Cent und Hundertstel eines US-Cent pro pound (lb)

Kontraktmonate: Januar, März, Mai, Juli, September und November, innerhalb der nächsten 24 Kalendermonate

Handelszeiten: Nur elektronischer Handel, von Montag bis Freitag, 08:00 - 14:00 Uhr New Yorker Zeit.

Letzter Handelstag: 14. Geschäftstag vor dem letzten Geschäftstag des fälligen Kontraktmonats

First Notice Day: 1. Geschäftstag des Kontraktmonats

Qualität und Lieferort: Die physische Übergabe von 15.000 lbs Basis Grade A Orange Juice (+/- 3 %) aus Florida oder Brasilien mit einem Brix-Wert von mindestens 62,5 Grad (Die Einheit Grad Brix wird zum Bestimmen des Massenverhältnisses von Zucker und Wasser verwendet, wenn eine bestimmte Menge Zucker in der Lösung erhalten ist) hat an ein börsenseitig lizenziertes Lagerhaus in Florida, New Jersey oder Delaware zu erfolgen. Mehr Details zum Settlement-Prozedere und den verschiedenen Qualitätsmerkmalen des Orangensafts:
https://www.theice.com/products/30/FCOJ-A-Futures

Tägliches Preislimit: 10 US-Cent (= 1.500 US-Dollar/Kontrakt) bezogen auf den vortägigen Settlement-Preis

Positions-Obergrenze: Maximal 3.200 Kontrakte über alle Kontraktmonate, im Spot-Monat nur maximal 300 Kontrakte

Reportable Limit: ab 50 Kontrakte

Margin: Initial Margin: 2.567,50 US-Dollar, Maintenance Margin: 2.054 US-Dollar

KAPITEL 10

AGRAR-ROHSTOFFE

Die Kultivierung der Agrarrohstoffe begann circa 10.000 v. Chr. im Nildelta und in Südwestasien. Damals betrug die Weltbevölkerung circa zehn Millionen Menschen, 10.000 Jahre später waren es bereits 200 Millionen. Es dauerte nur 1.500 weitere Jahre, bis sich die Erdbevölkerung erneut verdoppelte. Dann ging es noch schneller: 300 Jahre später waren es bereits eine Milliarde Menschen, 1927 wurde die 2-Milliarden-Marke überschritten und 1975 erreichten wir die Zahl von vier Milliarden. Im Jahr 2019 waren es bereits 7,74 Milliarden Menschen. Die Menschheit wächst immer schneller, und damit auch der Bedarf an Agrarrohstoffen. Anders formuliert: Die Menschheit wächst, und damit auch der Hunger der Menschen. Die Anbauflächen sind begrenzt, es ist davon auszugehen, dass es künftig häufiger zu Produktions- und Lieferengpässen im Agrarbereich kommen wird. Doch das ist nur ein Problem, die Verfügbarkeit von Wasser ist das andere. Für die Produktion von Agrarrohstoffen sind große Mengen Wasser notwendig, das besonders in den Problemzonen der Welt nur begrenzt oder zu wenig vorhanden ist. Der Trend zum „Organic Farming" schränkt das Wachstum ebenfalls ein. In den USA sind auch preisliche Veränderungen ausschlaggebend für die Entscheidung einzelner Farmer, was angebaut werden soll. Sind die Preise für Sojabohnen zu niedrig, werden Mais oder Baumwolle angebaut. Auch das zeigt, wie fragil die Nachfrage- und Angebotssituation in diesem Sektor ist.

10.1 Wheat (Weizen)

10.1.1 Geschichte und Allgemeines

Angeblich reichen die ersten Weizenkulturen 11.000 Jahre zurück, und die Felder wurden in der südöstlichen Türkei bestellt. Weizen wird nicht nur zur Essensproduktion verwendet, sondern findet sich auch in vielen anderen Industrieprodukten. Die Vorläufer der heutigen Getreidearten fanden im Zuge der Völkerwanderungen circa 2.000 v. Chr. ihren Weg nach Europa. Wichtig war die lange Lagerfähigkeit des Rohstoffs, die es den Menschen ermöglichte, durch den Winter zu kommen. Erst im 11. Jahrhundert, als das Weißbrot in Mode kam, etablierte sich Weizen. Die systematische Weizenzüchtung begann im 19. Jahrhundert. Verschiedene Weizensorten wurden gezielt gekreuzt und so neue Arten geschaffen. Auch die Anforderungen haben sich im Laufe der Jahrhunderte verändert. Heute steht die Zucht von langhalmigem Weizen im Vordergrund, da das Stroh sowohl als Tierfutter als auch als Isoliermaterial genutzt werden kann.

Die Hauptverwendung für Weizen ist die Herstellung von Mehl, aus dem wiederum Brot, Nudeln und andere Lebensmittel produziert werden. Weizen wird auch in der Industrie für die Herstellung von Stärkemitteln und Klebstoffen verwendet, ein weiteres Nebenprodukt ist Viehfutter. 2018/19 lag die weltweite Produktion von Weizen bei circa 734,74 Millionen Tonnen. Das entspricht einem Wachstum von circa 24,11 Prozent seit 1990/91. Der weltweit größte Produzent war 2018/19 die Europäische Union mit circa 136,86 Millionen Tonnen, gefolgt von China und Indien mit 129,77 Millionen respektive 99,87 Millionen Tonnen. Weltweit waren 2018/19 circa 265 Millionen Tonnen gelagert. Der größte Exporteur ist Russland mit 35,84 Millionen Tonnen, auf Platz 2 finden sich die Vereinigten Staaten mit 26,07 Millionen Tonnen und auf Platz 3 die Europäische Union mit 23,31 Millionen Tonnen. Der größte Importeur ist China mit 125 Millionen Tonnen, gefolgt von der Europäischen Union und Indien mit 123,20 respektive 95,63 Millionen Tonnen.

10.1.2 Die Preisentwicklung von Wheat seit 1968

ABBILDUNG 10.1 | ZW_WEIZEN_LANGFRISTCHART Quelle: GenesisFT

Der langfristige Chart von Wheat

Weizen notierte im Tief Ende der 60er-Jahre bei 119,5 US-Cent und stieg in den darauffolgenden viereinhalb Jahren bis auf 636 US-Cent. Im März 1974 markierte der Wheat Future seinen letzten Tiefststand bei 223 US-Cent, um dann nach einer mehr als 20-jährigen Seitwärtsphase im Sommer 1996 erneut an der 636-US-Cent-Marke zu scheitern. Nach einer mehr als zweijährigen Bodenbildungsphase um die 240 US-Cent wurde im Juni 2007 das alte Hoch gebrochen, der Weizen-Kontrakt verdoppelte sich in nur einem halben Jahr und stieg auf 1.349 US-Cent pro Bushel. Nach dem Hoch im März 2008 kam es zu einer fast 70-prozentigen Korrektur auf 425,5 US-Cent im Jahr 2010, danach folgte eine 2-jährige Erholung auf 947,25 US-Cent. Die Tiefstände von 2010 wurden noch einmal 2016 mit Kursen unter 400 US-Cent kurz unterschritten, seitdem befindet sich der Wheat Future in einem leichten Aufwärtstrend.

10.1.3 Extrembeispiel im Handel mit Wheat

Im Februar 2008 verspekulierte sich ein Mitarbeiter des amerikanischen Futures-Brokers MF Global im Weizen-Future und verlor über 100 Millionen US-Dollar. Der passionierte Glücksspieler Evan Dooley setzte in einem haussierenden Weizenmarkt auf fallende Kurse, verzockte 141 Millionen US-Dollar an einem Tag und wurde zu einer Gefängnisstrafe von acht Jahren verurteilt. MF Global bekam zusätzlich noch eine Strafe von der US-Aufsichtsbehörde von zehn Millionen US-Dollar wegen unzureichender Risikokontrolle aufgebrummt.

Legendär sind auch die riesigen Positionen von Jesse Livermore, der in den 20er-Jahren in Amerika mehrmals ein riesiges Vermögen anhäufte – und auch wieder verlor. Er spekulierte mit Corn und Wheat Futures und war einer der größten privaten US-Trader. Mit Short-Positionen am Aktienmarkt verdiente er im Oktober 1929 mehr als 100 Millionen US-Dollar, was heute umgerechnet circa 1,4 Milliarden US-Dollar entsprechen würde. Jesse Livermore galt als „König der Spekulation", verfügte aber über nur sehr unzureichende Money-Management-Kenntnisse, was ihm letztendlich zum Verhängnis wurde. Er war einer der reichsten Menschen der Welt, verstarb aber verarmt und verschuldet.

10.1.4 Wie funktioniert der Global One im Wheat?

10.1.4.1 Backtest

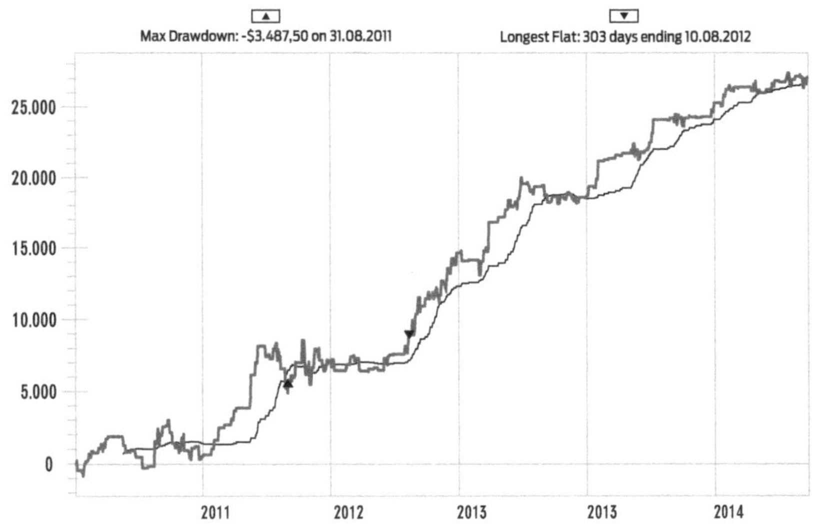

ABBILDUNG 10.2 | ZW_WEIZEN_GO_EQUITY CURVE Quelle: GenesisFT
Backtest Equity-Kurve Wheat

Nach einem holprigen Start mit einer einjährigen Seitwärtsbewegung am Anfang sehen wir im Weizen eine fast perfekte Equity-Kurve mit einem relativ kleinen Drawdown von 3.500 US-Dollar. Getestet wurde der Zeitraum 1. Januar 2010 bis 2. Oktober 2015. Slippage und Kommission wurden mit 10 US-Dollar im Durchschnitt pro Round-Turn (Kauf und Verkauf) berücksichtigt.

10.1.4.2 Signale

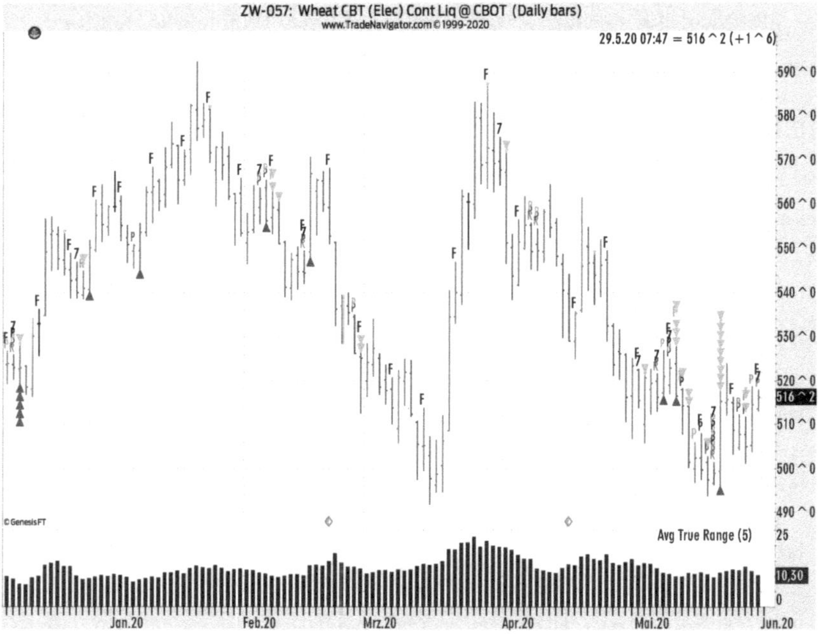

ABBILDUNG 10.3 | ZW_WEIZEN_GO_SIGNALE Quelle: GenesisFT

Signale GO Wheat

10.1.4.3 Realität

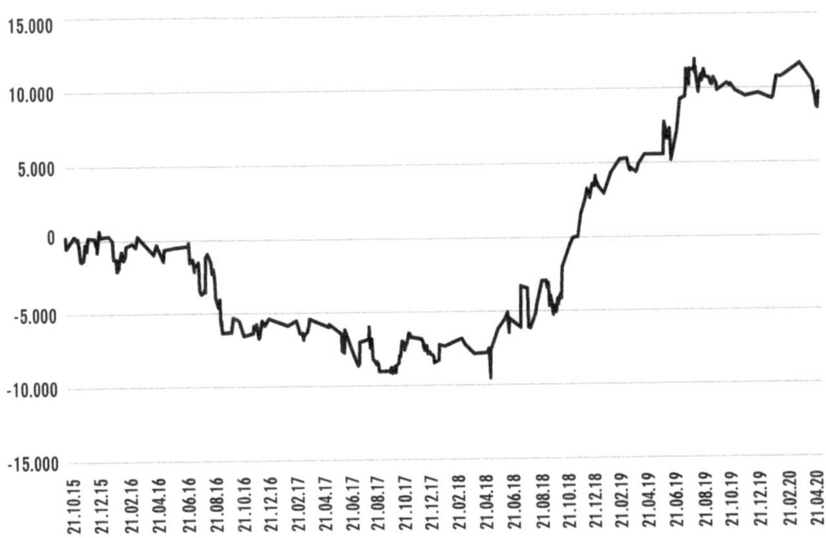

ABBILDUNG 10.4 | ZW_WEIZEN_GO_EQUITY CURVE_REAL Quelle: CMCT
Reale Kapitalkurve GO Wheat

Eine weitere Enttäuschung im Getreidesektor: Auch die Wheat-Strategie blieb weiter hinter den Backtest-Erwartungen zurück. Der Weizen brauchte mehr als drei Jahre, um aus seiner Verlustzone wieder herauszukommen. Nach einem Minus von knapp 10.000 US-Dollar kam die Wende im Dezember 2018, und die Strategie verdiente in einem halben Jahr mehr als 10.000 US-Dollar. Seit August 2018 befindet sich Weizen in einem Seitwärtstrend. Die im Backtest angenommene Slippage und Kommission von 10 US-Dollar pro Trade ist auch im Live-Trading umsetzbar.

10.1.5 Wie funktioniert der Global Two im Wheat?

ABBILDUNG 10.5 | ZW_WEIZEN_GT_SIGNALE Quelle: GenesisFT
Signale GT Wheat

Im Weizen wurde bisher noch kein Trade für den ALGOreport umgesetzt, da es bisher an eindeutigen Konstellationen gefehlt hat, die ein geeignetes Trade-Set-up gerechtfertigt hätten. Betrachtet man die ausgeworfenen ALGO-GT-Signale im Nachhinein, wären nur der Kauf am 12. September 2019 und der Verkauf am 7. Februar 2020 ertragreich gewesen. Bei allen anderen Signalen wäre ein außergewöhnlich gutes Timing beim Ausstieg nötig gewesen.

Folgende Trades wurden seit Auflegung am 19.08.2019 im Musterdepot des ALGOreport umgesetzt:
Kein Trade

10.1.6 Über den Chicago SRW Wheat Future

Börse: e-CBOT (electronic Chicago Board of Trade), CME Group

Ticker-Symbol: ZW

Ticker-Symbol Interactive Brokers: ZW

Kontraktumfang: 5.000 Bushels Chicago SRW Weizen (Kategorie: Getreide und Futtermittel); dies entspricht circa 136 Tonnen.

Tick-Größe: ¼ US-Cent/Bushel (12,50 US-Dollar/Kontrakt); alle Preisangaben in US-Cent und Viertel eines US-Cent pro Bushel

Kontraktmonate: März, Mai, Juli, September, Dezember (Erntejahr: Juni bis Mai)

Letzter Handelstag: Geschäftstag vor dem 15. Kalendertag des terminfälligen Kontraktmonats

Letzter Liefertag: 2. Geschäftstag nach dem letzten Handelstag des Liefermonats

Andienungsmodalität: Physische Lieferung gemäß „Wheat Settlement Procedures" der CBOT. Lieferungen erfolgen an ein börsenseitig lizenziertes Lagerhaus in Chicago oder in Toledo, Ohio. Mehr Details zum Settlement-Prozedere und den verschiedenen Qualitätsmerkmalen von Weizen: https://www.cmegroup.com/confluence/display/EPICSANDBOX/Wheat

Handelszeiten: Elektronischer Handel Globex®: Sonntag - Freitag, 19:00 Uhr - 07:45 Uhr des Folgetags (Chicagoer Zeit) und Montag - Freitag, 08:30 - 13:20 Uhr (Chicagoer Zeit). Am letzten Handelstag nur bis 12:00 Uhr Chicagoer Zeit.

Tägliches Preislimit: 40 US-Cent/bushel (1.750 US-Dollar/Kontrakt) über beziehungsweise unter dem Schlusskurs („settlement") des Vortags. Sofern mehr als ein Terminmonat der ersten fünf Termine am Limitpreis schließen sollte, erhöht sich das tägliche Preislimit am nächsten Handelstag für alle Termine auf 55 US-Cent/Bushel. Das Limit reduziert sich wiederum stufenweise, sofern kein Termin mehr am Limit schließt. Im Spot-Kontrakt besteht kein Limit, wobei das Limit ab dem „first position day" aufgehoben wird.

Positions-Obergrenze: 12.000 Kontrakte bezogen auf alle Kontraktmonate

Reportable Limit: 150 Kontrakte

Margin: Initial Margin: 1.960 US-Dollar, Maintenance Margin: 1.568 US-Dollar

10.2 Hard Red Winter Wheat (Harter roter Winterweizen)

10.2.1 Geschichte und Allgemeines

Wie der Name schon vermuten lässt, wird Hard Red Winter Wheat nach Ende der Keimruhe im Herbst ausgesät (ab Ende September bis in den Dezember hinein). Die Keimung findet bei Bodentemperaturen von 2 bis 4 °C statt. Im Unterschied zum herkömmlichen Wheat benötigt der Winter Wheat eine gewisse Zeit lang niedrige Temperaturen, um im nächsten Jahr Blüten und Samen zu bilden. Durch die längere Vegetationszeit und die Ausnutzung der Winterfeuchtigkeit bringt der Winter Wheat höhere Erträge als das Sommergetreide.

Die 10.2.2 Preisentwicklung von Hard Red Winter Wheat seit 1976

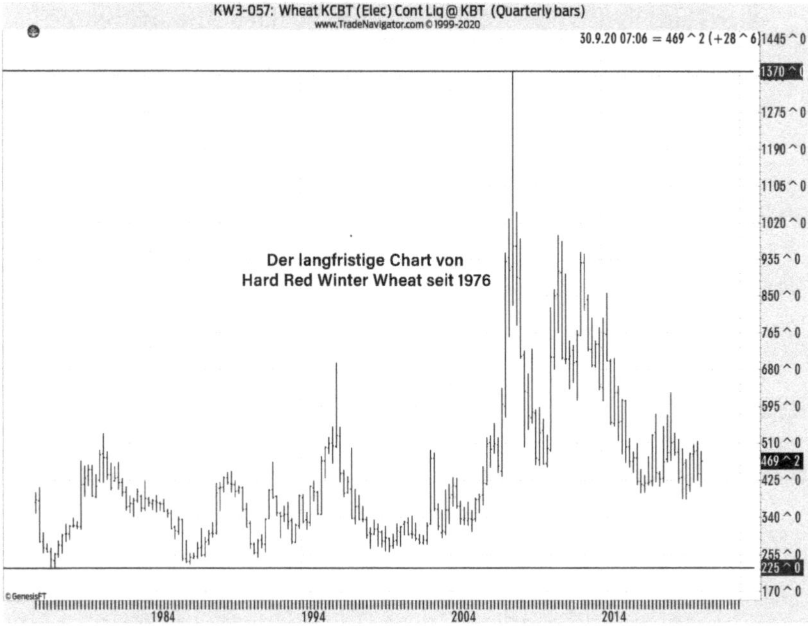

ABBILDUNG 10.6 | Quelle: GenesisFT
KW_HARTER ROTER WINTER-WEIZEN_LANGFRISTCHART
Der langfristige Hard-Red-Winter-Wheat-Chart

Der langfristige Chart des Hard Red Winter Wheat ähnelt sehr dem Chart des Weizens: seit Anfang der 80er-Jahre seitwärts in einer 200-US-Cent-Range, wobei es in 30 Handelsjahren dreimal eine signifikante Bodenbildung um die 250 US-Cent und zwei fehlgeschlagene Versuche gegeben hat, die 500-US-Cent-Marke zu knacken. Erst im Sommer 2007 gelang es dem Winterweizen, die psychologisch wichtige Marke von 500 US-Cent nach oben zu durchbrechen, und es erfolgte in nur neun Monaten ein Anstieg bis auf 1.370 US-Cent. Im Zuge der Finanzkrise 2008 kam es zu einem Einbruch um mehr als 65 Prozent. Vom Tief im Sommer 2010 bei 455,25 US-Cent verdoppelte sich der Future bis zum Frühjahr 2011. Seitdem befindet sich Hard Red Winter Wheat in einem intakten Abwärtstrend.

10.2.3 Wie funktioniert der Global One im Hard Red Winter Wheat

10.2.3.1 Backtest

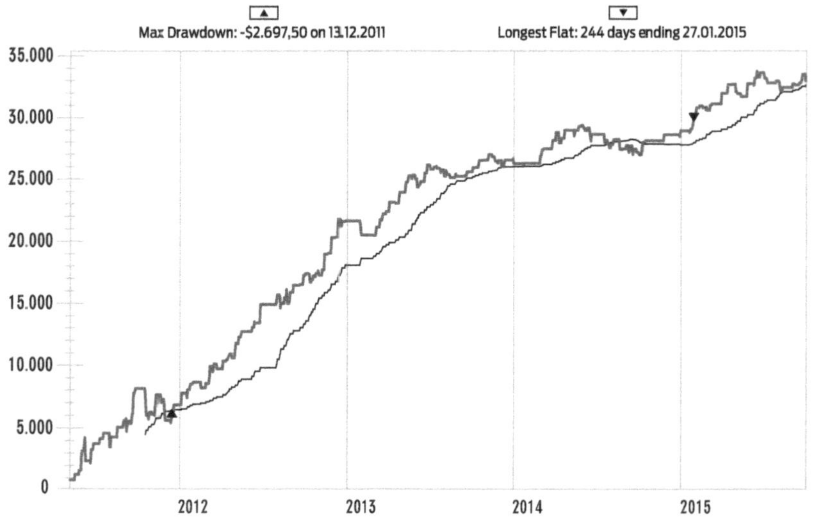

ABBILDUNG 10.7 | Quelle: GenesisFT

KW_HARTER ROTER WINTER-WEIZEN_EQUITY CURVE

Backtest Equity-Kurve Hard Red Winter Wheat

Sie sehen im Hard Red Winter Wheat Future eine nahezu perfekte Equity-Kurve, die mit einem minimalen Drawdown von knapp 3.000 US-Dollar nach fünf Jahren eine P/L von über 30.000 US-Dollar erwirtschaftete. Getestet wurde der Zeitraum 1. Januar 2010 bis 2. Oktober 2015. Slippage und Kommission wurden mit 15 US-Dollar im Durchschnitt pro Round-Turn (Kauf und Verkauf) berücksichtigt.

10.2.3.2 Signale

ABBILDUNG 10.8 | Quelle: GenesisFT
KW_HARTER ROTER WINTER-WEIZEN_GO_SIGNALE
Signale GO Hard Red Winter Wheat

10.2.3.3 Realität

ABBILDUNG 10.9 | Quelle: CMCT
KW_HARTER ROTER WINTER-WEIZEN_GO_ EQUITY CURVE_REAL
Reale Kapitalkurve GO Hard Red Winter Wheat

Im Hard Red Winter Wheat ist GO eine enttäuschende Strategie, die nach zweieinhalb Jahren einen Verlust von über 10.000 US-Dollar verzeichnete. Es erfolgte eine Erholung innerhalb eines Jahres bis auf ein Plus von 10.000 US-Dollar. Der Gewinn wurde jedoch vollständig wieder abgegeben, und nach fünf Jahren ist die Strategie wieder auf null. Die im Backtest angenommene Slippage und Kommission von 10 US-Dollar pro Trade ist auch im Live-Trading umsetzbar.

10.2.4 Wie funktioniert der Global Two im Hard Red Winter Wheat?

ABBILDUNG 10.10 | Quelle: GenesisFT
KW_HARTER ROTER WINTER-WEIZEN_GT_SIGNALE
Signale GT Hard Red Winter Wheat

Hard Red Winter Wheat wird im ALGOreport nicht besprochen, da es außer dem direkten Handel im Future keine Emittenten gibt, die Produkte auf den Winterweizen auflegen. Alternativ wird der Wheat Future, der eine historisch hohe Korrelation zum Hard Red Winter Wheat aufweist, besprochen. Hier ist es für Trader, die nicht den Future handeln, möglich, in Mini-Futures oder Knock-outs zu investieren.

10.2.5 Über den KC HRW Wheat Future

Börse: e-CBOT (electronic Chicago Board of Trade), CME Group

Ticker-Symbol: KE

Ticker-Symbol Interactive Brokers: KE

Elektronischer Handel Globex®: BTC

Kontraktumfang: 5.000 Bushels Hard Red Winter Wheat

Tick-Größe: ¼ US-Cent/Bushels (12,50 US-Dollar/Kontrakt); alle Preisangaben in US-Cent und Viertel eines US-Cent pro Bushel

Kontraktmonate: März, Mai, Juli, September, Dezember

Letzter Handelstag: 1. Geschäftstag vor dem 15. Kalendertag des terminfälligen Kontraktmonats

Letzter Liefertag: 2. Geschäftstag nach dem letzten Handelstag des Liefermonats

Andienungsmodalität: Physische Lieferung gemäß den Hard-Red-Winter-Wheat-Bestimmungen: https://www.cmegroup.com/confluence/display/EPICSANDBOX/Kansas+City+Hard+Red+Wheat

Handelszeiten: Elektronischer Handel Globex®: Sonntag - Freitag, 19:00 Uhr - 07:45 Uhr des Folgetags (Chicagoer Zeit) und Montag - Freitag, 08:30 - 13:20 Uhr (Chicagoer Zeit). Am letzten Handelstag nur bis 12:00 Uhr (Chicagoer Zeit).

Tägliches Preislimit: 40 US-Cent/Bushel (1.750 US-Dollar/Kontrakt) über beziehungsweise unter dem Schlusskurs („settlement") des Vortags. Sofern mehr als ein Terminmonat der ersten fünf Termine am Limitpreis schließen sollte, erhöht sich das tägliche Preislimit am nächsten Handelstag für alle Termine auf 55 US-Cent/Bushel. Das Limit reduziert sich wiederum stufenweise, sofern kein Termin mehr am Limit schließt. Im Spot-Kontrakt besteht kein Limit, wobei das Limit ab dem „first position day" aufgehoben wird.

Positions-Obergrenze: 12.000 Kontrakte bezogen auf alle Kontraktmonate

Reportable Limit: 150 Kontrakte

Margin: Initial Margin: 2.015 US-Dollar, Maintenance Margin: 1.612 US-Dollar

10.3 Corn (Mais)

10.3.1 Geschichte und Allgemeines

Angeblich wurde Mais erstmals in Mexiko vor 9.000 Jahren angebaut und fand seinen Weg von dort nach Südamerika. Die Pflanze ist die einzige amerikanische Getreideart und wurde erst im 16. Jahrhundert nach der Entdeckung Amerikas in Europa bekannt, verbreitete sich dann aber relativ schnell in den europäischen Ländern. Aufgrund der Kartoffelpest Anfang des 19. Jahrhunderts begann man in Europa verschiedene Maissorten zu züchten, jedoch blieben die Maispflanzen zunächst relativ unbedeutend. Mais und Maisnebenprodukte werden heutzutage zu vielen alltäglichen Nahrungsmitteln, wie zum Beispiel Margarine, verarbeitet. Den größten Anteil der Verwendung von Mais macht jedoch die Futtermittelherstellung für Nutztiere aus. In der Industrie wird Mais für die Herstellung von Klebstoffen oder auch Ethanol verwendet. Weltweit betrug die Produktion von Mais 2018/19 insgesamt 1.099,61 Millionen Tonnen. Der größte Produzent waren in diesem Zeitraum die USA mit 366,29 Millionen Tonnen, gefolgt von China mit 257,33

Millionen und Brasilien mit 94,5 Millionen Tonnen. Der Anteil der Vereinigten Staaten an der weltweiten Produktion betrug 33,31 Prozent. Die USA sind auch der größte Exporteur mit 62 Millionen Tonnen, auf Platz 2 findet sich die Ukraine mit 28,5 Millionen und Brasilien belegt mit 28 Millionen Tonnen Platz 3.

10.3.2 Die Preisentwicklung von Corn seit 1968

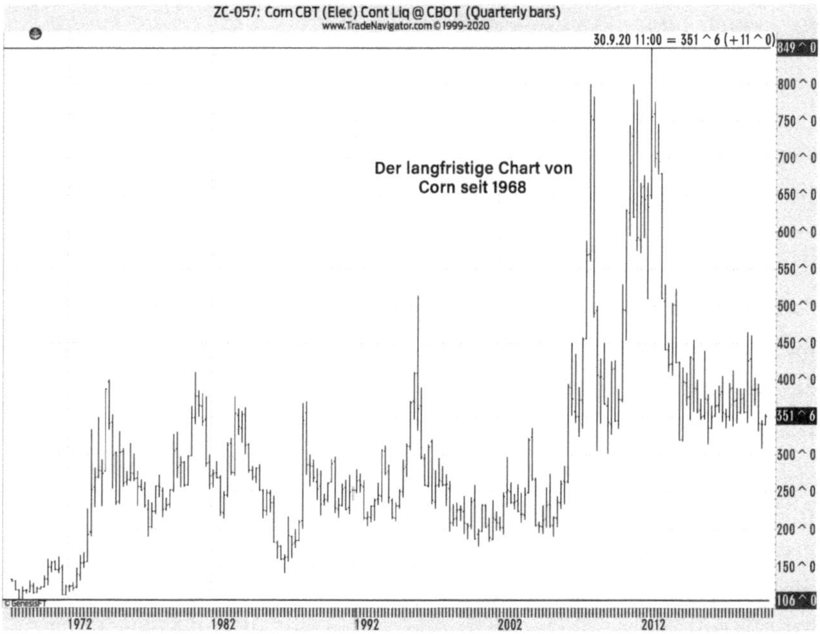

ABBILDUNG 10.11 | ZC_MAIS_LANGFRISTCHART Quelle: GenesisFT
Der langfristige Corn-Chart

Im Vergleich zu anderen Agrarrohstoffen konnte der Corn Future nicht ganz so hohe Kurssteigerungen verzeichnen. Ende der 60er-Jahre stieg Mais von 106 US-Cent bis auf 400 US-Cent Ende 1974 und brach nach einer mehr als 20-jährigen Seitwärtsphase erst 1996 deutlich über die 400-US-Cent-Marke nach oben aus. Im September 2000 markierte der Corn Future sein letztes signifikantes Tief bei 177,5 US-Cent. Nach einer 350-Prozent-Rallye bis auf 799,25 US-Cent im Sommer 2008 folgten vier volatile Jahre. Der Corn Future brach um 50 Prozent ein und markierte anschließend im September 2012 ein neues Allzeithoch bei 849 US-Cent. Während der letzten fünf Jahre bewegt sich der Mais-Future in einer relativ engen Trading-Range und wartet auf neue Impulse.

10.3.3 Wie funktioniert der Global One im Corn?

10.3.3.1 Backtest

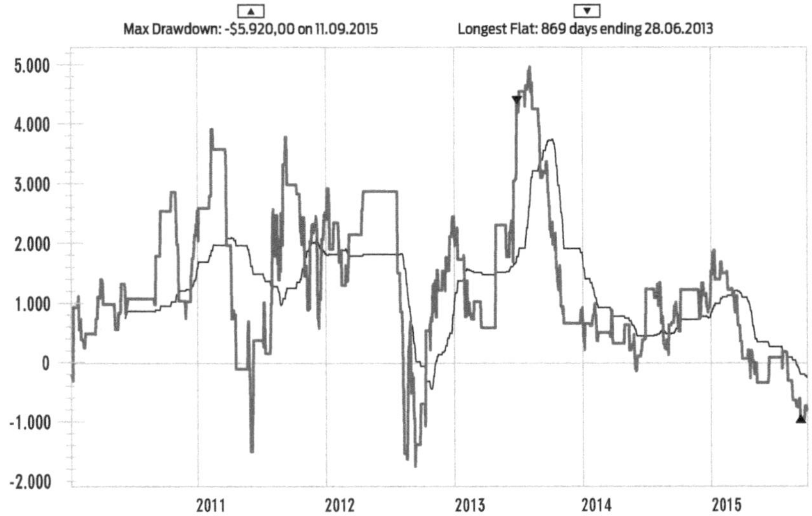

ABBILDUNG 10.12 | ZC_MAIS_EQUITY CURVE Quelle: GenesisFT

Backtest Equity-Kurve Corn

Die Equity-Kurve im Corn Future, die fünf Jahre mehr oder weniger seitwärts läuft, ist alles andere als schön. Die Vermutung, dass der Corn Future aufgrund seiner Beliebtheit „overbroked" ist, liegt nahe.

Da wir in den übrigen Getreide-Futures sehr überzeugende Backtest-Ergebnisse erzielen konnten, entschlossen wir uns, den Corn Future nicht in unser Portfolio aufzunehmen. Getestet wurde der Zeitraum von 1. Januar 2010 bis 2. Oktober 2015. Slippage und Kommission wurden mit 10 US-Dollar im Durchschnitt pro Round-Turn (Kauf und Verkauf) berücksichtigt.

10.3.3.2 Signale

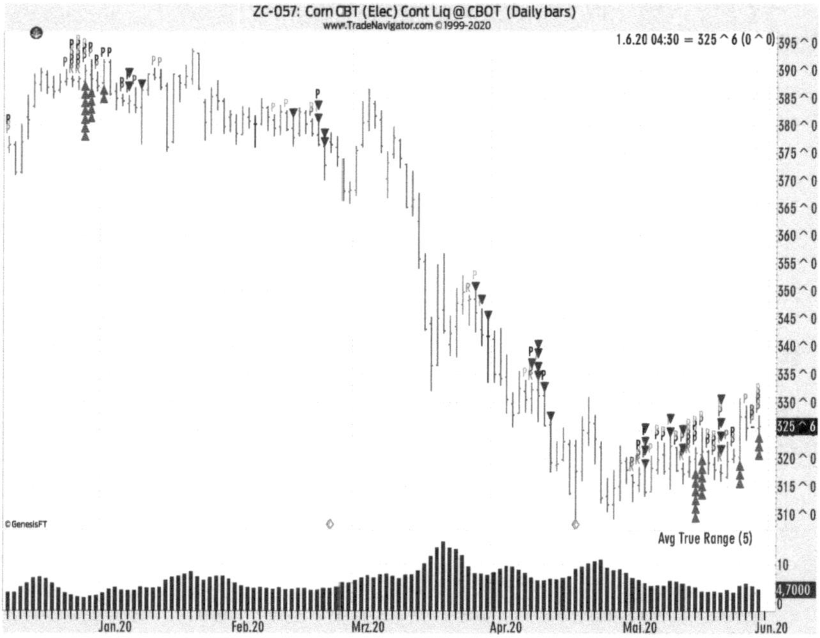

ABBILDUNG 10.13 | ZC_MAIS_GO_SIGNALE Quelle: GenesisFT

Signale GO Corn

10.3.3.3 Realität

Mais wurde aufgrund der schlechten Backtest-Ergebnisse nie live gehandelt.

10.3.4 Wie funktioniert der Global Two im Corn?

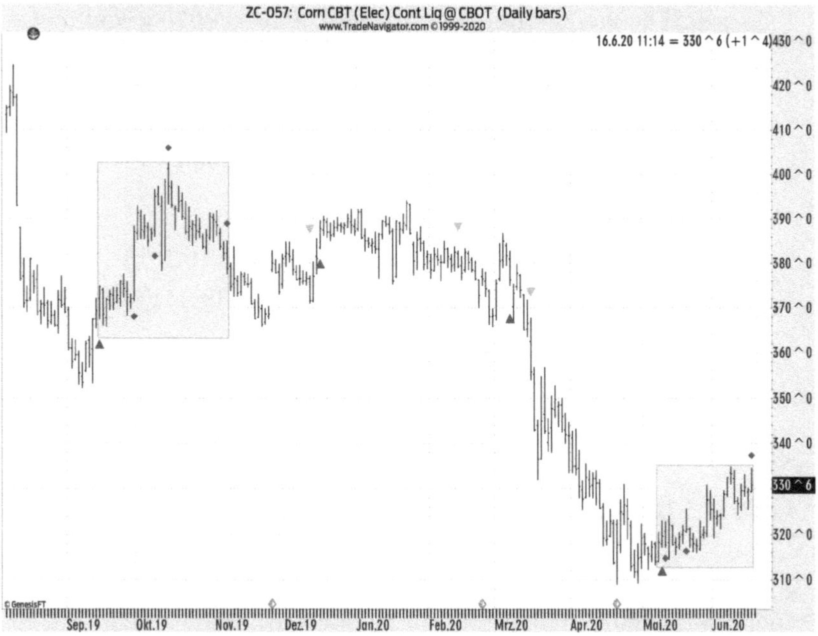

ABBILDUNG 10.14 | ZC_MAIS_GT_SIGNALE Quelle: GenesisFT
Signale GT Corn

Im Mais wurden bislang zwei ALGO-GT-Signale umgesetzt, die beide von der Long-Seite gehandelt wurden. Am 16. September 2019 entstand ein ALGO-GT-Kaufsignal, das aber erst nach einer zweiwöchigen Konsolidierungsphase und einem Ausbruch nach oben mit 50 Prozent umgesetzt wurde. Die zweite Tranche wurde am 8. Oktober 2019 gekauft und eine Woche später fast am Hoch verkauft. Die restliche Position wurde am 6. November ausgestoppt. Es folgte eine fast halbjährige Seitwärtsphase, in der vier ALGO-GT-Signale entstanden, die aber aufgrund des 3-Faktoren-Prinzips nicht umgesetzt wurden. Mitte Mai entstand ein sehr vielversprechendes ALGO-GT-Kaufsignal, das aufgrund einer extremen Positionierung der Produzenten und einer positiven saisonalen Aussicht sofort umgesetzt wurde. Die zweite Tranche wurde am 19. Mai 2020 gekauft. Eine erste Gewinnmitnahme erfolgte am 16. Juni 2020, die restliche Position wurde am 25. Juni 2020 zum Einstand ausgestoppt.

Folgende Trades wurden seit Auflegung am 19.08.2019 im Musterdepot des ALGOreport umgesetzt:

Kauf am 30.09.2019 @ 375,50 und Kauf am 08.10.2019 @ 390,25; Verkauf am 14.10.2019 @ 400,75 und Verkauf am 06.11.2019 @ 381,25 – ausgestoppt

Kauf am 11.05.2020 @ 321,25 und Kauf am 19.05.2020 @ 321,50; Verkauf am 16.06.2020 @ 333,75 und Verkauf am 25.06.2020 @ 321,25

10.3.5 Über den Corn Future

Börse: e-CBOT (electronic Chicago Board of Trade), CME Group

Ticker-Symbol: ZC

Ticker-Symbol Interactive Brokers: ZC

Kontraktumfang: 5.000 Bushels Mais (Kategorie: Getreide und Futtermittel); dies entspricht circa 127 Tonnen.

Tick-Größe: ¼ US-Cent/Bushel (12,50 US-Dollar/Kontrakt); alle Preisangaben in US-Cent und Viertel eines US-Cent pro Bushel

Kontraktmonate: März, Mai, Juli, September und Dezember (Erntejahr: 1. September bis 31. August)

Letzter Handelstag: Geschäftstag vor dem 15. Kalendertag des terminfälligen Kontraktmonats

Letzter Liefertag: 2. Geschäftstag nach dem letzten Handelstag des Liefermonats

Andienungsmodalität: Physische Lieferung gemäß „Corn Settlement Procedures" der CBOT. Mehr Details zum Settlement-Prozedere und den verschiedenen Qualitätsmerkmalen von Mais: https://www.cmegroup.com/confluence/display/EPICSANDBOX/Corn

Handelszeiten: Elektronischer Handel Globex®: Sonntag - Freitag, 19:00 Uhr - 07:45 Uhr des Folgetags (Chicago-Zeit) und Montag - Freitag, 08:30 - 13:20 Uhr (Chicagoer Zeit). Am letzten Handelstag nur bis 12:00 Uhr (Chicagoer Zeit)

Tägliches Preislimit: 25 US-Cent/Bushel (1.250 US-Dollar/Kontrakt) über beziehungsweise unter dem Schlusskurs („settlement") des Vortags. Sofern mindestens zwei der ersten fünf Termine am Limit schließen, erweitert sich dasselbe für die nächste Handelsperiode auf nunmehr 45 US-Cent/Bushel. Das Limit reduziert sich wiederum stufenweise, sofern kein Termin mehr am Limit schließt. Im Spot-Kontrakt besteht kein Limit, wobei das Limit ab dem „first position day" aufgehoben wird.

Positions-Obergrenze: 33.000 Kontrakte bezogen auf alle Kontraktmonate

Reportable Limit: 250 Kontrakte

Margin: Initial Margin: 1.125 US-Dollar, Maintenance Margin: 900 US-Dollar

10.4 Soybeans (Sojabohnen)

10.4.1 Geschichte und Allgemeines

Der Ursprung des Sojabohnenanbaus ist nicht eindeutig geklärt, aber man vermutet, dass die Pflanze in China um 3.000 v. Chr. kultiviert wurde. Von dort verbreiteten sich die Sojabohnen auf dem See- und Landweg über große Teile Asiens. Im frühen 19. Jahrhundert gelangte die Sojabohne angeblich nach Amerika, wo einige Bauern sie zunächst als Viehfutter verwendeten. Andere Quellen gehen davon aus, dass die Sojabohne den Amerikanern bereits ab 1765 bekannt war. Der Anbau in den USA nahm nur langsam zu, erst in den 1940er-Jahren wuchs er aufgrund von Versorgungsengpässen durch den Krieg massiv an. Ab 1950 wurden auch Nebenprodukte wie Sojabohnenmehl als kostengünstiger, proteinreicher Futterbestandteil in der Vieh- und Geflügelzucht genutzt.

Sojabohnen sind eine der Hauptnahrungsmittelpflanzen der Menschheit, sie sind die Basis für viele fettarme Proteinquellen wie Tofu, Miso und Sojamilch. Auch in der Tierfutterindustrie finden Sojabohnen Verwendung. Die gesamte Sojabohnenproduktion ist seit dem Jahr 2012/13 um gut 34 Prozent auf insgesamt 360,07 Millionen Tonnen gestiegen. Brasilien war 2018/19 der größte Exporteur mit einem Volumen von circa 79,50 Millionen Tonnen, gefolgt von den USA mit circa 51,03 Millionen Tonnen und Argentinien auf Platz 3 mit circa 6,30 Millionen Tonnen. Der größte Importeur ist mit Abstand China mit circa 88 Millionen Tonnen, gefolgt von der Europäischen Union mit 15,80 Millionen Tonnen und Argentinien mit 5,35 Millionen Tonnen.

10.4.2 Die Preisentwicklung von Soybeans seit 1968

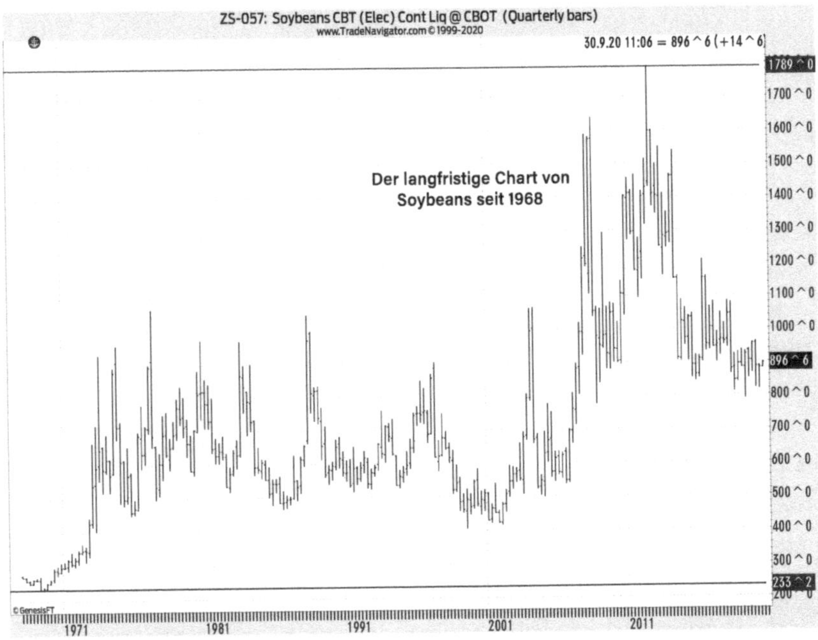

ABBILDUNG 10.15 | ZS_SOJABOHNEN_LANGFRISTCHART Quelle: GenesisFT

Der langfristige Soybeans-Chart

Der Sojabohnen-Future markierte Ende der 60er-Jahre sein Tief bei 233,25 US-Cent, um dann im Sommer 1977 erstmals die 1.000-US-Cent-Marke zu überwinden. Die nächsten 30 Jahre fielen die Sojabohnen immer wieder unter die 500-US-Cent-Marke, die darauffolgenden Erholungen waren aber nie nachhaltig und scheiterten an dem 1.000-US-Cent-Level. Erst im Zuge der Nahrungsmittelpreiskrise 2007/2008 konnten die Sojabohnen die 1.000 US-Cent nachhaltig durchbrechen und markierten im Juli 2008 ein Hoch bei 1.636,75 US-Cent. In den folgenden sechs Monaten halbierte sich der Kurs bis auf 776,25 US-Cent, um dann im September 2012 wieder auf ein neues All-Time-High zu klettern. Seitdem befinden sich die Sojabohnen in einem intakten Abwärtstrend.

10.4.3 Wie funktioniert der Global One in Soybeans?

10.4.3.1 Backtest

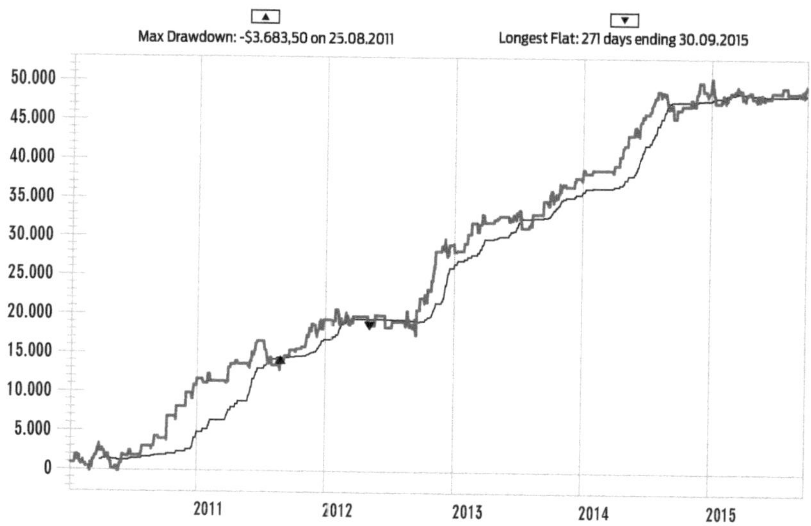

ABBILDUNG 10.16 | ZS_SOYBEANS CURVE Quelle: GenesisFT
Backtest Equity-Kurve Soybeans

Der Soybean Future wurde aufgrund der sehr guten Liquidität auch im Nachthandel getestet und hat von allen Grain Futures die längste „Entry Time". Das bedeutet viele Trades, da fast jeder Ausbruch bei einem vorhandenen Signal gehandelt wurde. Sie sehen eine beeindruckende Equity-Kurve, die jedoch im letzten Jahr des getesteten Zeitraums nur noch seitwärts lief. Getestet wurde der Zeitraum 1. Januar 2010 bis 2. Oktober 2015. Slippage und Kommission wurden mit 13 US-Dollar im Durchschnitt pro Round-Turn (Kauf und Verkauf) berücksichtigt.

10.4.3.2 Signale

ABBILDUNG 10.17 | ZS_SOJABOHNEN_GO_SIGNALE Quelle: GenesisFT

Signale GO Soybeans

10.4.3.3 Realität

ABBILDUNG 10.18 | ZS_SOJABOHNEN_GO_EQUITY CURVE_REAL Quelle: CMCT
Reale Kapitalkurve GO Soybeans

Die beeindruckende Equity-Kurve des Soybean Future konnte leider im Live-Trading nicht fortgeschrieben werden. Im Gegenteil, die Sojabohnen benötigten knapp drei Jahre, um nach dem Drawdown und einer längeren Seitwärtsbewegung überhaupt wieder ins Plus zu gelangen. Das Festhalten an der Strategie hat sich jedoch gelohnt, denn seit September 2019 zeigt der Soybeans Future einen kontinuierlichen Anstieg mit einer Gesamt-P/L von mehr als 20.000 US-Dollar. Die im Backtest angenommene Slippage und Kommission von 15 US-Dollar pro Trade ist auch im Live-Trading umsetzbar.

10.4.4 Wie funktioniert der Global Two in Soybeans?

ABBILDUNG 10.19 | ZS_SOJABOHNEN_GT_SIGNALE Quelle: GenesisFT
Signale GT Soybeans

Im Soybean-Futures-Chart gab es in der Nachbetrachtung von September 2019 bis Januar 2020 vier sehr lukrative ALGO-GT-Signale, die alle nicht umgesetzt wurden. Wir entschlossen uns hingegen, das Long-Signal am 14. Februar 2020 zu handeln. Eine abgeschlossene Bodenbildung und ein Ausbruch nach oben, die Positionierung der Produzenten sowie die Saisonalität rechtfertigten dieses Trade-Set-up. Doch mit dem Ausbruch des Coronavirus und den folgenden Marktturbulenzen kamen auch die Sojabohnen unter Druck, und der Trade wurde am 16. März ausgestoppt.

Folgende Trades wurden seit Auflegung am 19.08.2019 im Musterdepot des ALGOreport umgesetzt:

Kauf am 14.02.2020 @ 893,25 und Kauf am 09.03.2020 @ 877; Verkauf am 16.03.2020 @ 849 – ausgestoppt

10.4.5 Über den Soybean Future

Börse: e-CBOT (electronic Chicago Board of Trade), CME Group

Ticker-Symbol: ZS

Ticker-Symbol Interactive Brokers: ZS

Kontraktumfang: 5.000 Bushels Sojabohnen (Kategorie: Ölsaaten); dies entspricht circa 136 Tonnen

Tick-Größe: ¼ US-Cent/Bushel (12,50 US-Dollar/Kontrakt); alle Preisangaben in US-Cent und Viertel eines US-Cent pro Bushel

Kontraktmonate: September, November, Januar, März, Mai und September (Erntejahr: November bis September)

Letzter Handelstag: Geschäftstag vor dem 15. Kalendertag des terminfälligen Kontraktmonats

Letzter Liefertag: 2. Geschäftstag nach dem letzten Handelstag des Liefermonats

Andienungsmodalität: Physische Lieferung gemäß „Soybean Settlement Procedures“ der CBOT. Mehr Details zum Settlement-Prozedere und den verschiedenen Qualitätsmerkmalen: https://www.cmegroup.com/confluence/display/EPICSANDBOX/Soybeans

Handelszeiten: Elektronischer Handel Globex®: Sonntag - Freitag, 19:00 Uhr - 07:45 Uhr des Folgetags (Chicagoer Zeit) und

Montag - Freitag, 08:30 - 13:20 Uhr (Chicagoer Zeit). Am letzten Handelstag nur bis 12:00 Uhr (Chicagoer Zeit).

Tägliches Preislimit: 60 US-Cent/Bushel (3.000 US-Dollar) über beziehungsweise unter dem Schlusskurs („settlement“) des Vortags. Sofern mindestens zwei der ersten sieben Termine am Limit schließen, erweitert sich dieses für die nächste Handelsperiode auf nunmehr 90 US-Cent/Bushel. Das Limit reduziert sich wiederum stufenweise, sofern kein Termin mehr am Limit schließt. Im Spot-Kontrakt besteht kein Limit, wobei das Limit ab dem „first position day“ aufgehoben wird.

Positions-Obergrenze: 15.000 Kontrakte bezogen auf alle Kontraktmonate

Reportable Limit: 150 Kontrakte

Margin: Initial Margin: 1.750 US-Dollar, Maintenance Margin: 1.400 US-Dollar

10.5 Soybean Meal (Sojabohnenmehl)

10.5.1 Allgemeines

Die weltweite Produktion belief sich 2018/19 auf insgesamt 238,2 Millionen Tonnen, was einem Wachstum von circa 25,33 Prozent seit 2013/14 entspricht. Der größte Produzent von Sojabohnenmehl war 2018/19 China mit circa 69,70 Millionen Tonnen, gefolgt von den USA mit circa 44,59 Millionen Tonnen und Brasilien mit circa 33,10 Millionen Tonnen. Bei den Exporten war Argentinien mit circa 29,30 Millionen Tonnen führend, auf Platz 2 fand sich Brasilien mit circa 15,70 Millionen Tonnen und auf Platz 3 die USA mit circa 12,47 Millionen Tonnen. Die Europäische Union ist mit 18,53 Millionen Tonnen der mit Abstand größte Importeur, gefolgt von Vietnam mit 5,00 Millionen und Indonesien mit 4,85 Millionen Tonnen.

10.5.2 Die Preisentwicklung von Soybean Meal seit 1968

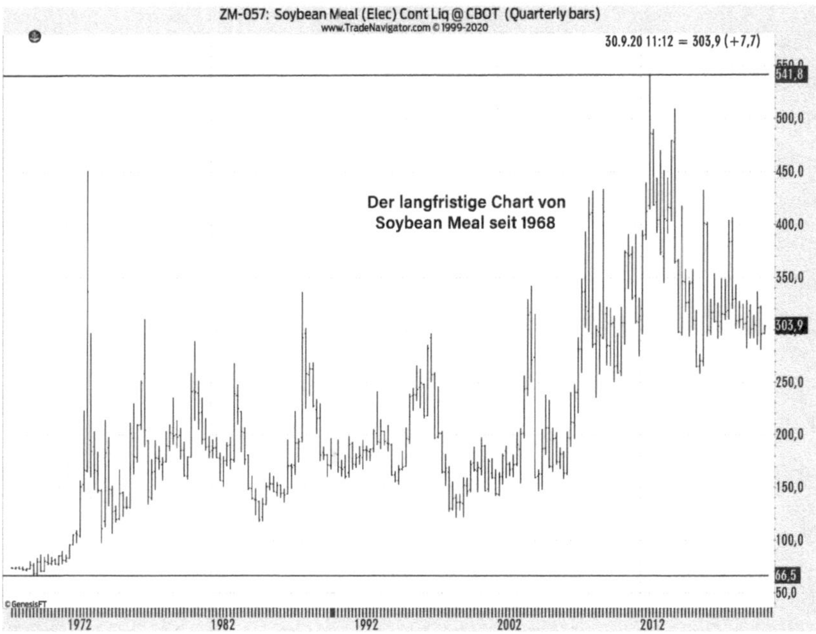

ABBILDUNG 10.20 | ZM_SOJABOHNENMEHL_LANGFRISTCHART
Quelle: GenesisFT
Der langfristige Soybean-Meal-Chart

Der Soybean Meal Future zeigt eine hohe Korrelation mit dem Soybean Future und markierte im Dezember 1969 sein Tief bei 66,5 US-Cent. In der Haussephase Anfang der 70er-Jahre stieg das Mehl in der Spitze bis auf 451 US-Cent. Die Korrektur und die Seitwärtsphase bis zu neuen Höchstkursen dauerte aber etwas länger als bei den Soybeans und dem Soybean Oil. Erst im September 2012 konnten neue All-Time-Highs im Soybean Meal Future notiert werden. Der Abwärtstrend seit dem Höchststand bei 541,8 US-Cent ist intakt, das Mehl zeigte aber in den letzten Jahren gegenüber den Bohnen und dem Öl eine gewisse Stärke.

10.5.3 Wie funktioniert der Global One in Soybean Meal?

10.5.3.1 Backtest

ABBILDUNG 10.21 | ZM_SOJABOHNENMEHL_EQUITY CURVE Quelle: GenesisFT
Backtest Equity-Kurve Soybean Meal

Der Soybean Meal Future zeigt im getesteten Zeitraum eine nahezu perfekte Equity-Kurve, die in den fünf Jahren nur einen Drawdown von 2.500 US-Dollar aufwies und eine P/L von mehr als 25.000 US-Dollar erwirtschaftete. Getestet wurde der Zeitraum 1. Januar 2010 bis 2. Oktober 2015. Slippage und Kommission wurden mit 10 US-Dollar im Durchschnitt pro Round-Turn (Kauf und Verkauf) berücksichtigt.

10.5.3.2 Signale

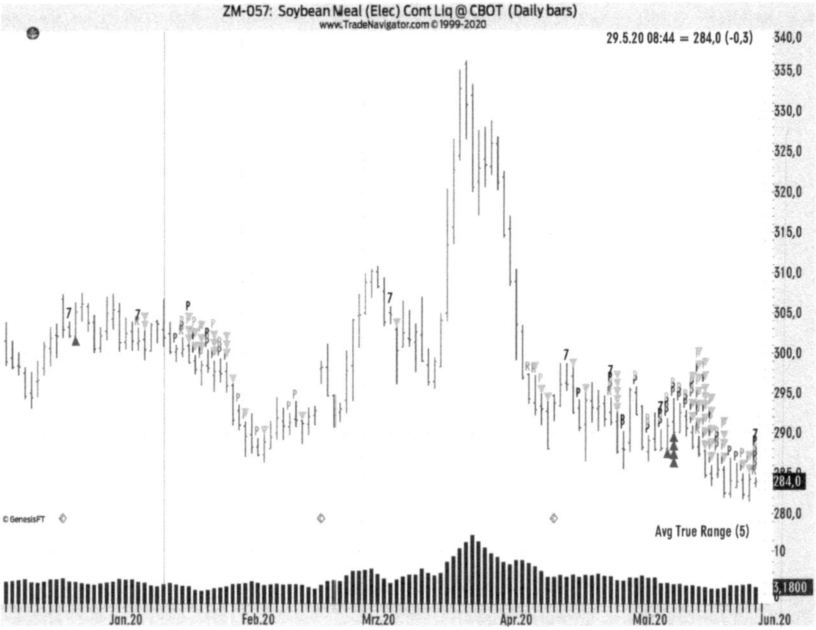

ABBILDUNG 10.22 | ZM_SOJABOHNENMEHL_GO_SIGNALE Quelle: GenesisFT

Signale GO Soybean Meal

10.5.3.3 Realität

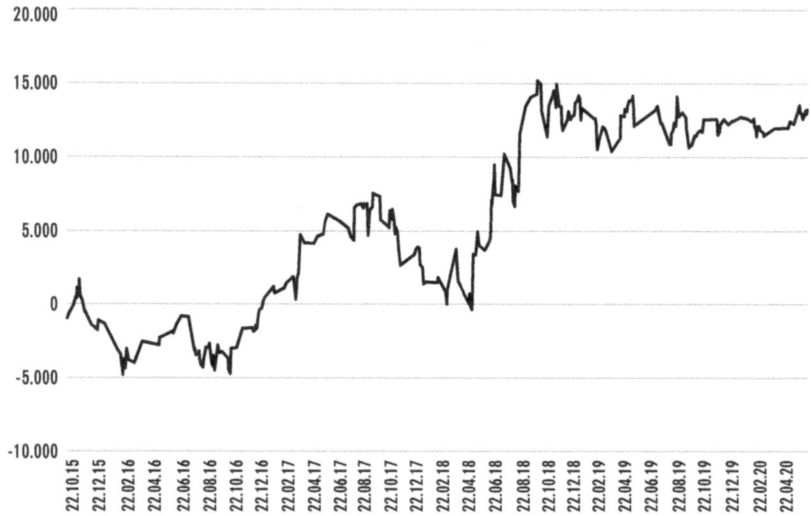

ABBILDUNG 10.23 | ZM_SOJABOHNENMEHL_GO_EQUITY CURVE_REAL
Reale Kapitalkurve GO Soybean Meal

Quelle: CMCT

Ähnlich wie bei den Soybeans war auch der Beginn des realen Tradings im Soybean Meal mehr als enttäuschend. Auch hier musste eine mehr als zweieinhalb Jahre dauernde Durststrecke überwunden werden, ehe es in nur fünf Monaten zu einem Gewinn von knapp 15.000 US-Dollar kam. Seit September 2018 läuft die Soybean-Meal-Strategie seitwärts. Die im Backtest angenommene Slippage und Kommission von 10 US-Dollar pro Trade ist auch im Live-Trading umsetzbar.

10.5.4 Wie funktioniert der Global Two in Soybean Meal?

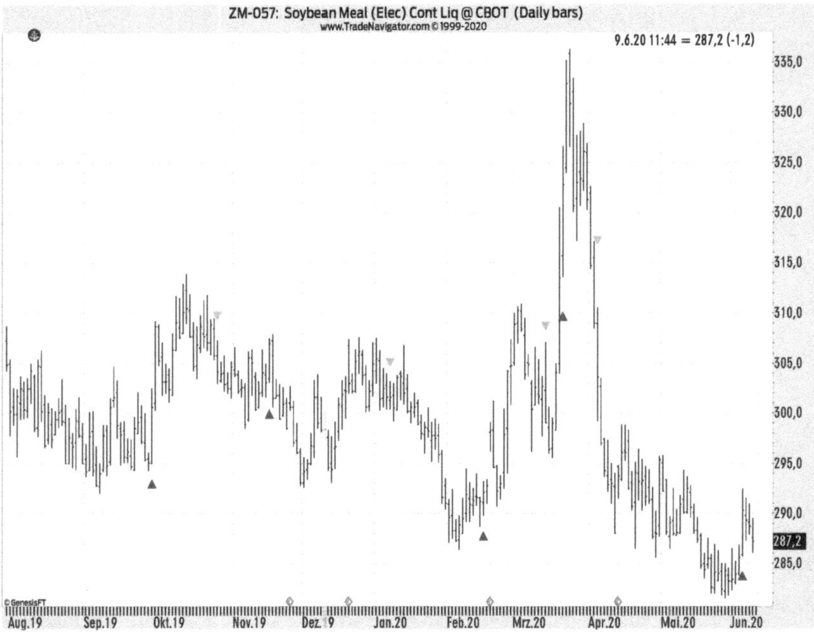

ABBILDUNG 10.24 | ZM_SOJABOHNENMEHL_GT_SIGNALE Quelle: GenesisFT
Signale GT Soybean Meal

Im Soybean Meal wurden seit August 2019 neun ALGO-GT-Signale generiert, von denen keines umgesetzt wurde. Das Sojabohnenmehl wird im ALGOreport nicht besprochen und gehandelt, da es neben dem direkten Handel mit Futures nicht möglich ist, in Optionsscheine oder Mini-Turbos zu investieren.

10.5.5 Über den Soybean Meal Future

Börse: e-CBOT (electronic Chicago Board of Trade), CME Group

Ticker-Symbol: ZM

Ticker-Symbol Interactive Brokers: ZM

Kontraktumfang: 100 Short tons Sojamehl (Sojaschrot; Kategorie: Getreide und Futtermittel), circa 91 Tonnen.

Tick-Größe: 10 US-Cent/Short ton (10 US-Dollar/Kontrakt); alle Preisangaben in US-Dollar und US-Cent pro Short ton

Kontraktmonate: Januar, März, Mai, August und September sowie 12-Monats-Kontrakte im Juli, Oktober und Dezember

Letzter Handelstag: Geschäftstag vor dem 15. Kalendertag des Kontraktmonats

Letzter Liefertag: 2. Geschäftstag nach dem letzten Handelstag des Liefermonats

Andienungsmodalität: Physische Lieferung gemäß „Soybean Meal Settlement Procedures" der CBOT, Sojamehl mit mindestens 48 Prozent Proteingehalt; mehr Details zum Settlement-Prozedere und den verschiedenen Qualitätsmerkmalen des Sojabohnenmehls: https://www.cmegroup.com/confluence/display/EPICSANDBOX/Soybean+Meal

Handelszeiten: Elektronischer Handel Globex®: Sonntag - Freitag, 19:00 Uhr - 07:45 Uhr des Folgetags (Chicagoer Zeit) und Montag - Freitag, 08:30 - 13:20 Uhr (Chicagoer Zeit). Am letzten Handelstag nur bis 12:00 Uhr (Chicagoer Zeit).

Tägliches Preislimit: 20 US-Dollar/Tonne (2.000 US-Dollar/Kontrakt) über beziehungsweise unter dem Schlusskurs („settlement“) des Vortags. Im Spot-Kontrakt besteht kein Limit, wobei das Limit ab dem „first position day“ aufgehoben wird. Sofern mindestens 2 der ersten 8 Termine am Limit schließen, erweitert sich dieses für die nächste Handelsperiode auf nunmehr 40 US-Dollar/Tonne. Das Limit reduziert sich wiederum stufenweise, sofern kein Termin mehr am Limit schließt. Im Spot-Kontrakt besteht kein Limit, wobei das Limit ab dem „first position day“ aufgehoben wird.

Positions-Obergrenze: 6.500 Kontrakte bezogen auf alle Kontraktmonate

Reportable Limit: 200 Kontrakte

Margin: Initial Margin: 1.125 US-Dollar, Maintenance Margin: 900 US-Dollar

10.6 Soybean Oil (Sojabohnenöl)

10.6.1 Allgemeines

Sojabohnenöl ist das in den USA am meisten verwendete Speiseöl und findet sich darüber hinaus auch in Biodieselkraftstoffen. Die weltweite Gesamtproduktion erreichte 2018/19 55,848 Millionen Tonnen, was einem Anstieg von 29,58 Prozent seit 2012/13 entspricht. Größter Produzent war mit 15,77 Millionen Tonnen China, gefolgt von den USA mit 11,14 Millionen und Argentinien mit 8,42 Millionen Tonnen. Bei den Exporten ist Argentinien mit 6,00 Millionen Tonnen führend. Auf Platz 2 und 3 finden sich Brasilien mit 1,10 Millionen Tonnen und die Europäische Union mit 0,95 Millionen Tonnen. Bei den Importen war Indien mit 3,00 Millionen Tonnen führend, gefolgt von China mit 0,50 Millionen Tonnen.

10.6.2 Die Preisentwicklung von Soybean Oil seit 1968

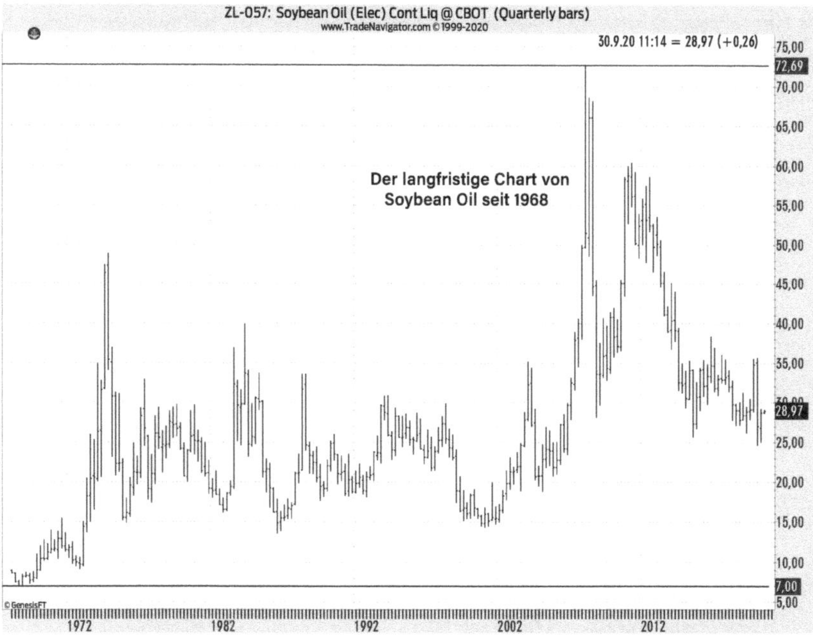

ABBILDUNG 10.25 | ZL_SOJABOHNENÖL_LANGFRISTCHART Quelle: GenesisFT
Der langfristige Soybean-Oil-Chart

Der Soybean Oil Future hat tendenziell eine hohe Korrelation mit den Soybeans, zeigt in manchen Marktphasen aber zeitweise eine Under- oder Outperformance. Nach dem Tief im Jahr 1968 bei 7 Cent stieg das Öl im Dezember 1974 bis auf 48,85 US-Cent, also prozentual eine deutliche Outperformance zu den Soybeans. Die darauffolgenden 25 Jahre bewegte sich der Soybean Oil Future eher seitwärts, um dann im Jahr 2001 von 14,35 US-Cent bis auf 72,69 US-Cent zu klettern. Seit dem Hoch im März 2008 befindet sich Soybean Oil in einem intakten Abwärtstrend und zeigt die letzten Jahre gegenüber den Soybeans eine Underperformance.

10.6.3 Wie funktioniert der Global One in Soybean Oil?

10.6.3.1 Backtest

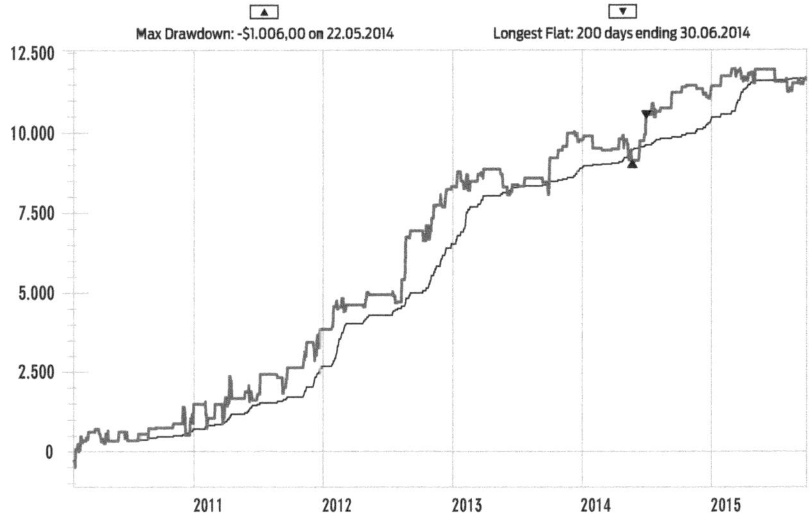

ABBILDUNG 10.26 | ZL_SOJABOHNENÖL_EQUITY CURVE Quelle: GenesisFT
Backtest Equity-Kurve Soybean Oil

Der Soybean Oil Future ist ein relativ leichter Kontrakt, der im getesteten Zeitraum nur einen Drawdown von 1.000 US-Dollar hatte. Das Endergebnis von mehr als 10.000 US-Dollar wurde mit nur einem Future erwirtschaftet, was eine sehr ansehnliche Performance ist. Getestet wurde der Zeitraum 1. Januar 2010 bis 2. Oktober 2015. Slippage und Kommission wurden mit 10 US-Dollar im Durchschnitt pro Round-Turn (Kauf und Verkauf) berücksichtigt.

10.6.3.2 Signale

ABBILDUNG 10.27 | ZL_SOJABOHNENÖL_GO_SIGNALE Quelle: GenesisFT

Signale GO Soybean Oil

10.6.3.3 Realität

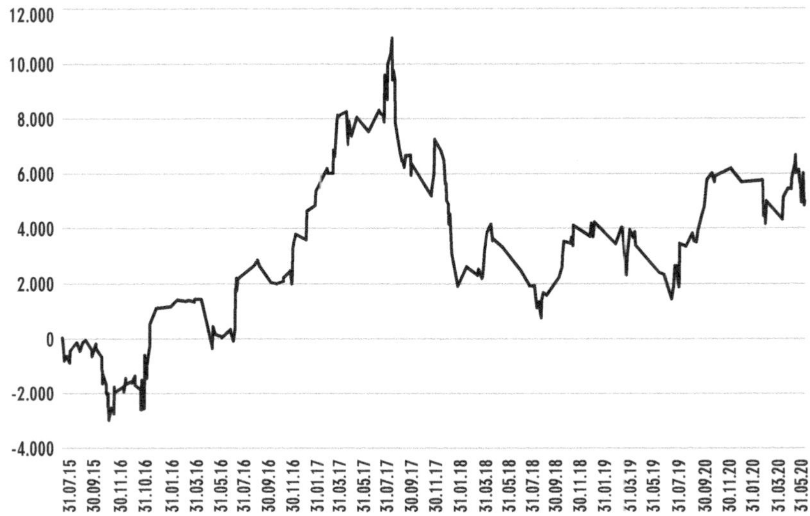

ABBILDUNG 10.28 | ZL_SOJABOHNENÖL_GO_EQUITY CURVE_REAL Quelle: CMCT
Reale Kapitalkurve GO Soybean Oil

Der Soybean Oil Future zeigte im Backtest ein hervorragendes Ergebnis, in der Realität ging es jedoch zunächst im ersten Trading-Jahr nur seitwärts. Ab September 2016 performte die Strategie, und es wurde in einem Jahr eine P/L von knapp 11.000 US-Dollar erwirtschaftet, die aber im darauffolgenden Jahr fast komplett wieder verloren ging. Seit August 2018 geht es in kleinen Schritten nach oben. Vergleicht man die Kapitalkurven der Soybeans mit dem Soybean Meal und dem Soybean Oil, fällt auf, dass die Korrelation sehr gering ist. Die im Backtest angenommene Slippage und Kommission von 10 US-Dollar pro Trade ist auch im Live-Trading umsetzbar.

10.6.4 Wie funktioniert der Global Two in Soybean Oil?

ABBILDUNG 10.29 | ZL_SOJABOHNENÖL_GT_SIGNALE Quelle: GenesisFT
Signale GT Soybean Oil

Im Soybean Oil Future wurden seit August 2019 neun ALGO-GT-Signale generiert, von denen keines umgesetzt wurde. Sojabohnenöl wird im ALGOreport nicht besprochen und gehandelt, da es neben dem direkten Handel mit Futures nicht möglich ist, in Optionsscheine oder Mini-Turbos zu investieren.

10.6.5 Über den Soybean Oil Future

Börse: e-CBOT (electronic Chicago Board of Trade), CME Group

Ticker-Symbol: ZL

Ticker-Symbol Interactive Brokers: ZL

Kontraktumfang: 60.000 lbs (Pounds) Soybean Oil (Kategorie: Pflanzenöle); dies entspricht circa 27 Tonnen.

Tick-Größe: 1/100 US-Cent/lb (6 US-Dollar/Kontrakt); alle Preisangaben in US-Cent pro lb

Kontraktmonate: Januar, März, Mai, August und September sowie 12-Monats-Kontrakte im Juli, Oktober und Dezember

Letzter Handelstag: Geschäftstag vor dem 15. Kalendertag des terminfälligen Kontraktmonats

Letzter Liefertag: 7 Geschäftstage nach dem letzten Handelstag des Liefermonats

Andienungsmodalität: Physische Lieferung gemäß „Soybean Oil Settlement Procedures“ der CBOT; mehr Details zum Settlement. Prozedere und den verschiedenen Qualitätsmerkmalen von Soybean Oil: https://www.cmegroup.com/confluence/display/EPICSANDBOX/Soybean+Oil

Handelszeiten: Elektronischer Handel Globex®: Sonntag - Freitag, 19:00 Uhr - 07:45 Uhr des Folgetags (Chicagoer Zeit) und Montag - Freitag, 08:30 - 13:20 Uhr (Chicagoer Zeit). Am letzten Handelstag nur bis 12:00 Uhr (Chicagoer Zeit).

Tägliches Preislimit: 2 US-Cent/lb (1.200 US-Dollar) über beziehungsweise unter dem Schlusskurs („settlement") des Vortags. Sofern mindestens 2 der ersten 8 Termine am Limit schließen, erweitert sich dieses für die nächste Handelsperiode auf nunmehr 4 US-Cent/lb. Das Limit reduziert sich wiederum stufenweise, sofern kein Termin mehr am Limit schließt.
Im Spot-Kontrakt besteht kein Limit, wobei das Limit ab dem „first position day" aufgehoben wird.

Positions-Obergrenze: 8.000 Kontrakte bezogen auf alle Kontraktmonate

Reportable Limit: 200 Kontrakte

Margin: Initial Margin: 1.107 US-Dollar, Maintenance Margin: 886 US-Dollar

KAPITEL 11

DIE FLEISCH-MÄRKTE

Die Fleischmärkte umfassen Lean Hogs (Lebendschweine), Live Cattle (Lebendrinder) und Feeder Cattle (Mastrinder). Fleisch spielt im täglichen Leben eine wichtige Rolle, und die ausreichende Versorgung zu jedem Zeitpunkt sollte gewährleistet sein. Tierkrankheiten, wie zum Beispiel die Schweinepest, die im August 2018 in China ausgebrochen ist, können zu einer Unterbrechung der Lieferketten und in der Folge zu Versorgungsengpässen führen. Auch während der Coronakrise kam es immer wieder zu Lieferschwierigkeiten.

Handels- und Produktionsunternehmen können sich gegen die Preisschwankungen an der Börse absichern. Gehandelt werden die US-Produkte an der Rohstoffbörse CME. Das US-amerikanische Fleischgeschäft ist ein großer und hochriskanter Bereich. Wir stellen Ihnen hier nur Lean Hogs und Live Cattle vor.

Der Handel und die Spekulation mit Getreide- und Fleisch-Futures ist sicherlich nicht unumstritten. Die Tatsache, dass einige Spekulanten reich werden, wenn steigende Getreide- und Fleischpreise für Millionen Familien Hunger und Armut bedeuten, führte im Jahr 2013 zu einer öffentlichen Kampagne vieler NGOs, die sich gegen das „Geschäft mit dem Hunger" aussprachen. Pikanterweise warb die Deutsche Bank im globalen Hungerjahr 2008 ausgerechnet auf Brötchentüten für ihren DB Platinum Agriculture Euro Fonds mit dem Spruch „Freuen Sie sich über steigende Preise?" Heutzutage wäre eine solche Kampagne undenkbar. Für uns ist der Handel mit Mais- oder Lebendrinder-Futures relativ emotionslos, da wir sowohl Long- als auch Short-Strategien umsetzen und uns damit nicht dem Vorwurf aussetzen, dass wir mit unserem Trading-Ansatz „preistreibend" wirken.

11.1 Lean Hogs (Magere Schweine)

11.1.1 Geschichte und Allgemeines

Schweine traten unabhängig voneinander und gleichzeitig auf den verschiedenen Kontinenten auf. Die Haltung von Hausschweinen etablierte sich rasch. Erste Darstellungen der Tiere auf Artefakten reichen bis 5.000 v. Chr. zurück.

China produziert und konsumiert heute fast die Hälfte des weltweiten Schweinefleischs. Im Jahr 2018 produzierte das asiatische Land circa 54,04 Millionen Tonnen Schweinefleisch und konsumierte etwas mehr als 55,7 Millionen, etwa das 4,5- beziehungsweise 5,5-Fache des Konsums der USA. Das entspricht einem Pro-Kopf-Konsum von circa 39,90 Kilogramm pro Jahr. Zweitgrößter Produzent ist die Europäische Union mit circa 24,30 Millionen Tonnen, gefolgt von den USA mit 11,94 Millionen Tonnen. China belegt auch bei den Importen mit 1,56 Millionen Tonnen den ersten Platz. Platz 2 belegt Japan mit 1,48 Millionen Tonnen vor Mexiko auf Rang 3 mit

1,18 Millionen Tonnen. Bei den Exporten liegt die Europäische Union mit circa 3,05 Millionen Tonnen auf Platz 1, gefolgt von den USA mit 2,72 Millionen und Kanada mit 1,35 Millionen Tonnen.

11.1.2 Die Afrikanische Schweinepest

Für chinesische Schweinebesitzer begann der Albtraum am 3. August 2018. An diesem Tag gab es die erste Meldung über einen Ausbruch der Afrikanischen Schweinepest (ASP) auf einem Hof in China. Es war ein kleiner Betrieb mit kaum 400 Tieren, 47 davon hatte das Virus bereits getötet. Und danach wurde es nur noch schlimmer. Seit diesem Zeitpunkt wurden in China Millionen Schweine getötet, um die Ausbreitung der Seuche einzudämmen. Der Erreger ist für den Menschen ungefährlich.

Der wichtigste Verbreitungsweg des Virus ist die Verfütterung von Blutprodukten und Speiseabfällen. Die Blutprodukte werden auf dem Schlachthof gewonnen und sind wichtige Eiweißquellen für die Mastbetriebe. China hat die Verfütterung inzwischen verboten. Die „chinesische“ Afrikanische Schweinepest hat sich auf mehr als 50 (!) Länder ausgeweitet. Das Virus verbreitete sich rasend schnell. Die Afrikanische Schweinepest ist für Schweine tödlich, da bislang kein Impfstoff verfügbar ist. Es wird vermutet, dass Chinas Schweinebestand im Jahr 2019 um bis zu 55 Prozent geschrumpft ist.

11.1.3 Die Preisentwicklung von Lean Hogs seit 1969

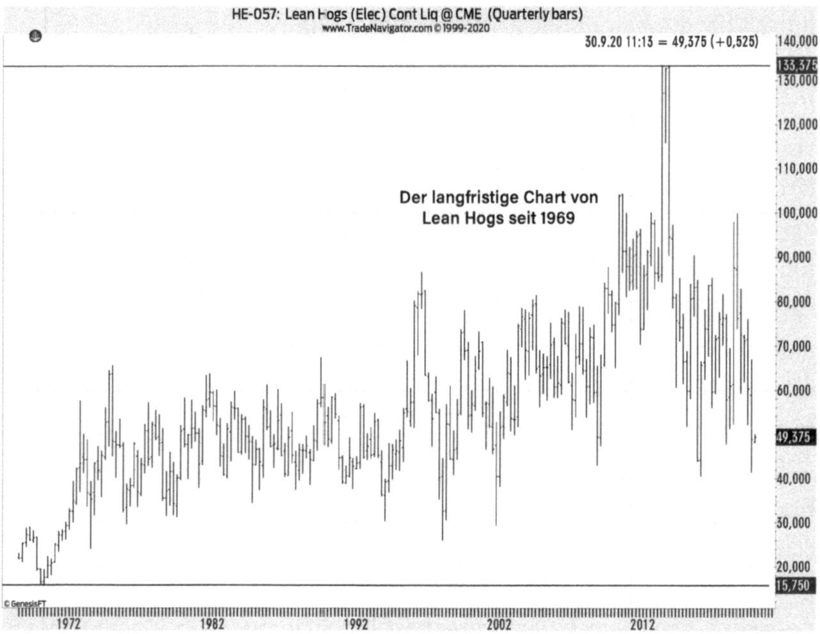

ABBILDUNG 11.1 | HE_LEBENDSCHWEINE_LANGFRISTCHART Quelle: GenesisFT
Der langfristige Lean-Hogs-Chart

Die Lean Hogs notierten Anfang der 70er-Jahre im Tief bei 15,75 US-Dollar und stiegen bis Dezember 1975 in der Spitze bis auf 65,6 US-Dollar. In den darauffolgenden Jahrzehnten lief der Lean Hogs Future mehr oder weniger seitwärts und konnte erst Anfang 2011 die Marke von 100 US-Dollar nach oben durchbrechen. 2014 markierte der Future sein Allzeithoch bei 133,375 US-Dollar und befindet sich seitdem unter großen Schwankungen in einem intakten Abwärtstrend.

11.1.4 Wie funktioniert der Global One in Lean Hogs?

11.1.4.1 Backtest

ABBILDUNG 11.2 | HE_LEBENDSCHWEINE_EQUITY CURVE Quelle: GenesisFT
Backtest Equity-Kurve Lean Hogs

Der Backtest im Lean Hogs Future zeigte eine vielversprechende Equity-Kurve mit einem Ergebnis von plus 20.000 US-Dollar im getesteten Zeitraum. Auch der Drawdown von knapp 3.500 US-Dollar sowie die Seitwärtsphase von 2013 bis 2015 schienen absolut akzeptabel zu sein. Getestet wurde der Zeitraum von 1. Januar 2010 bis 2. Oktober 2015. Slippage und Kommission wurden mit 10 US-Dollar im Durchschnitt pro Round-Turn (Kauf und Verkauf) berücksichtigt.

11.1.4.2 Signale

ABBILDUNG 11.3 | HE_LEBENDSCHWEINE_GO_SIGNALE Quelle: GenesisFT
Signale GO Lean Hogs

11.1.4.3 Realität

Das Live-Trading im Lean Hogs Future startete mit einem heftigen Drawdown und wurde nach zwei Monaten eingestellt.

11.1.5 Wie funktioniert der Global Two in Lean Hogs?

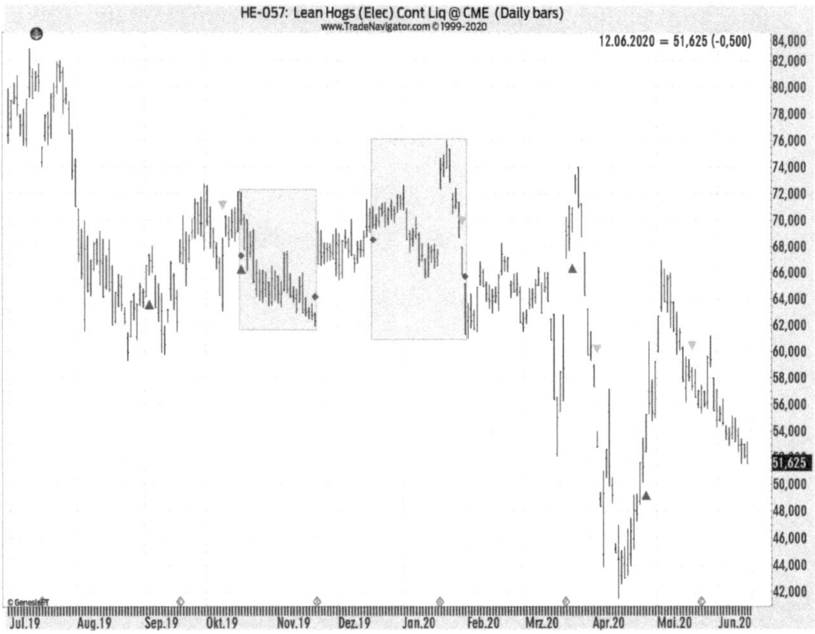

ABBILDUNG 11.4 | HE_LEBENDSCHWEINE_GT_SIGNALE Quelle: GenesisFT
Signale GT Lean Hogs

In den Lean Hogs wurden bislang von acht ALGO-GT-Signalen zwei Kaufsignale durchgeführt, die beide mit Verlust ausgestoppt wurden. Am 16. Oktober 2019 drehte das ALGO-GT-Signal von short auf long, und der Kauf wurde sofort umgesetzt, der Stop-Loss wurde aber zu aggressiv gewählt, sodass die Position am 19. November unglücklich ausgestoppt wurde. Am 17. Dezember 2019 wurde aufgrund der vermeintlich guten Story (Schweinegrippe in China) eine zweite Position eingegangen, die Ende Januar 2020 ausgestoppt wurde. Der Lean Hogs Future gehört zu den anspruchsvollsten Futures-Kontrakten, da aufgrund der sogenannten „Limit Down und Limit Up“-Regel der

Future nach einem bestimmten Tagesverlust oder -gewinn erst am Folgetag weiter gehandelt werden kann. Im Chart ist eine solche Bewegung deutlich zu erkennen, als der Future vom 25. März 2020 in neun aufeinanderfolgenden Handelssessions mehr als 40 Prozent abgab. Eine Umsetzung der Futures-Trades ist aktuell aufgrund nicht vorhandener Optionsscheine oder Mini-Futures schwer durchführbar.

Folgende Trades wurden seit Auflegung am 19.08.2019 im Musterdepot des ALGOreport umgesetzt:

Kauf am 16.10.2019 @ 71,10; Verkauf am 19.11.2019 @ 62,50 – ausgestoppt

Kauf am 17.12.2019 @ 70,25; Verkauf am 31.01.2020 @ 64,00 – ausgestoppt

11.1.6 Über den Lean Hog Future

Börse: Globex, (CME Group)

Ticker-Symbol: HE

Ticker-Symbol Interactive Brokers: HE

Elektronischer Handel CME Globex®: HE

Kontraktumfang: 40.000 Pounds Schlachtgewicht an frischem magerem Schweinefleisch (circa 18 Tonnen)

Tick-Größe: 0,00025 US-Dollar pro Pound (10 US-Dollar/Kontrakt); alle Kursangaben in US-Cent pro Pound

Kontraktmonate: Februar, April, Mai, Juni, August, Oktober und Dezember

Letzter Handelstag: 10. Geschäftstag im fälligen Kalendermonat

Settlement: Bar-Ausgleich (Cash Settlement)

Handelszeiten: CME Globex®: Montag - Freitag, von 08:30 – 13:05 Uhr (Chicagoer Zeit)

Tägliches Preislimit: 3 US-Cent pro Pound (300 Punkte entsprechen 1.200 US-Dollar), jedoch kein Preislimit für auslaufende Kontrakte während der beiden letzten Handelstage

Positions-Obergrenze: Maximal 6.000 Kontrakte, im Spot-Monat maximal 950 Kontrakte

Reportable Limit: 25 Kontrakte

Margin: Initial Margin: 3.696 US-Dollar; Maintenance Margin: 2.957 US-Dollar

11.2 Live Cattle (Lebendrinder)

11.2.1 Geschichte und Allgemeines

Für Lebendrinder gelten ähnliche Bedingungen wie für magere Schweine. Auch hier ist der Preis aufgrund von externen Faktoren extrem schwankungsanfällig. Weltweit gibt es heute fast eine Milliarde Rinder. Als größter Exporteur von Rindfleisch gilt nach wie vor Brasilien mit circa 2,2 Milliarden Tonnen, gefolgt von Indien mit 1,6 Milliarden und Australien und den USA mit jeweils 1,5 Milliarden Tonnen. Obwohl das brasilianische Rindfleisch im Ausland sehr begehrt ist, wird Brasilien selbst immer wieder für seine Viehwirtschaft, die massive Rodungen des Regenwalds zur Folge hat, kritisiert.

11.2.2 Die Preisentwicklung von Live Cattle seit 1969

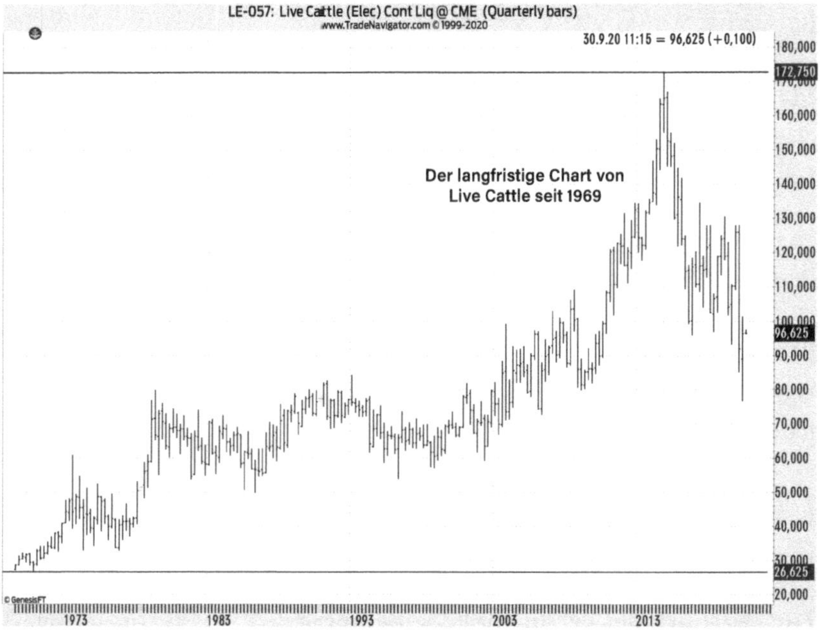

ABBILDUNG 11.5 | LE_LEBENDRINDER_LANGFRISTCHART Quelle: GenesisFT
Der langfristige Live-Cattle-Chart

Der Live Cattle Future ist seit den 70er-Jahren, als das Tief bei 26,625 US-Dollar markiert wurde, in einem langfristigen Aufwärtstrend, der Ende 2014 bei 172,75 US-Dollar sein vorläufiges All-Time-High erreichte. Seitdem befindet sich der Live Cattle Future unter großen Schwankungen in einem intakten Abwärtstrend.

11.2.3 Wie funktioniert der Global One in Live Cattle?

11.2.3.1 Backtest

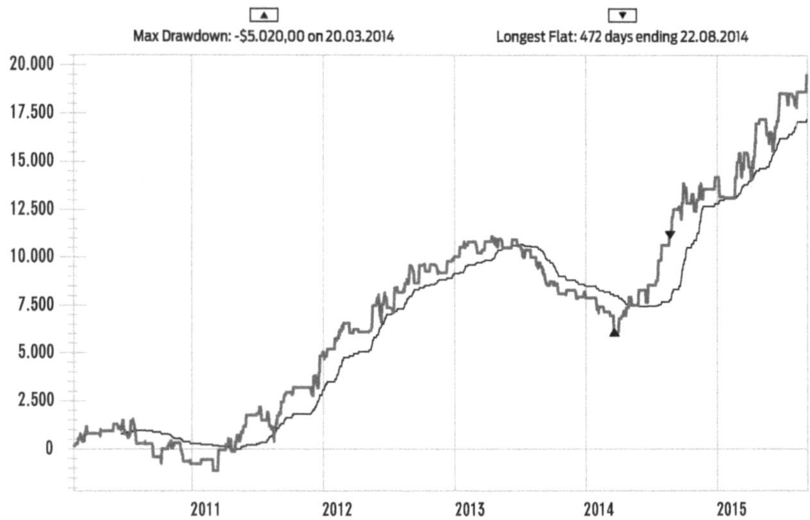

ABBILDUNG 11.6 | LE_LEBENDRINDER_EQUITY CURVE Quelle: GenesisFT
Backtest Equity-Kurve Live Cattle

Die Equity-Kurve des Live Cattle Future zeichnet sich durch zwei Seitwärtsphasen mit einem Drawdown von 5.000 US-Dollar sowie zwei Aufwärtsphasen, in denen jeweils knapp 10.000 US-Dollar erwirtschaftet wurden, aus. Getestet wurde der Zeitraum von 1. Januar 2010 bis 2. Oktober 2015. Slippage und Kommission wurden mit 10 US-Dollar im Durchschnitt pro Round-Turn (Kauf und Verkauf) berücksichtigt.

11.2.3.2 Signale

ABBILDUNG 11.7 | LE_LEBENDRINDER_GO_SIGNALE Quelle: GenesisFT
Signale GO Live Cattle

11.2.3.3 Realität

Leider startete das Live-Trading im Live Cattle Future genauso wie der Lean Hogs Future mit einem Drawdown, und die Handelsaktivitäten wurden nach zwei Monaten eingestellt.

11.2.4 Wie funktioniert der Global Two in Live Cattle?

ABBILDUNG 11.8 | LE_LEBENDRINDER_GT_SIGNALE Quelle: GenesisFT
Signale GT Live Cattle

Im Chart des Live Cattle Future fallen zwei ALGO-GT-Signale auf, die im Nachhinein betrachtet sehr profitabel gewesen wären: das Long-Signal Mitte September 2019 und das Verkaufssignal Mitte Januar 2020. Beide Signale konnten aufgrund fehlender Alternativprodukte nicht umgesetzt werden. Aktuell gilt es als „unmoralisch", mit Tieren zu spekulieren, sodass es zurzeit keine Emittenten gibt, die Produkte auf Lean Hogs und Live Cattle anbieten.

11.2.5 Über den Live Cattle Future

Börse: Globex, (CME Group)

Ticker-Symbol: LE

Ticker-Symbol Interactive Brokers: LE

Elektronischer Handel CME Globex®: LE

Kontraktumfang: 40.000 Pounds Lebendvieh (Schlachtbullen) (circa 18 Tonnen)

Tick-Größe: 0,00025 US-Dollar pro Pound (10 US-Dollar/ Kontrakt); alle Kursangaben in US-Cent pro Pound

Kontraktmonate: 9 Monate aus Februar, April, Juni, August, Oktober und Dezember

Letzter Handelstag: Bis 12:00 (Chicagoer Zeit) am letzten Geschäftstag des Kontraktmonats

Settlement: Physische Lieferung von USDA-Qualität-Lebendrindern mit einem Durchschnittsgewicht von 1.100 bis 1.300 Pounds

Handelszeiten: CME Globex®: Montag - Freitag, von 08:30 – 13:05 Uhr (Chicagoer Zeit)

Tägliches Preislimit: 3 US-Cent pro Pound (300 Punkte entsprechen 1.200 US-Dollar)

Positions-Obergrenze: Maximal 6.300 Kontrakte, im Spot-Monat maximal 600 Kontrakte

Reportable Limit: 25 Kontrakte

Margin: Initial Margin: 6.075; Maintenance Margin: 4.860

KAPITEL 12

WEITERE FUTURES IM ÜBERBLICK

12.1 T-Bond Future (langlaufende amerikanische Staatsanleihe)

12.1.1 Allgemeines

Der T-Bond ist eine amerikanische Staatsanleihe mit einer Laufzeit von 30 Jahren, auch als Treasury Bond (nach dem US-Schatzamt Department of the Treasury) oder Long Bond bekannt. Diese Anleihen werden durch die amerikanische Regierung garantiert und gelten aufgrund des Top-Ratings der USA als eine der sichersten Geldanlagen der Welt. Die USA nutzen die Anleihen, wie alle anderen Staaten auch, als Instrument zur Deckung der Finanzierung von Haushaltsdefiziten. Der Käufer der Anleihe bekommt vom Staat eine regelmäßige Zinszahlung. Der Kurs der Staatsanleihen ist sozusagen eine Fieberkurve für den Gesundheitszustand eines Landes. Ratingagenturen ermitteln die Bonität von Staaten, was große Auswirkungen auf die Währung und somit auch auf die Zinspolitik haben kann. Die USA werden aktuell von der Ratingagentur Moody's mit Aaa, von S&P mit AA+ und von Fitch mit AAA bewertet, was der höchsten Bonität entspricht – ein Ausfallrisiko ist also nicht erkennbar.

12.1.2 Die Preisentwicklung des T-Bond seit 1977

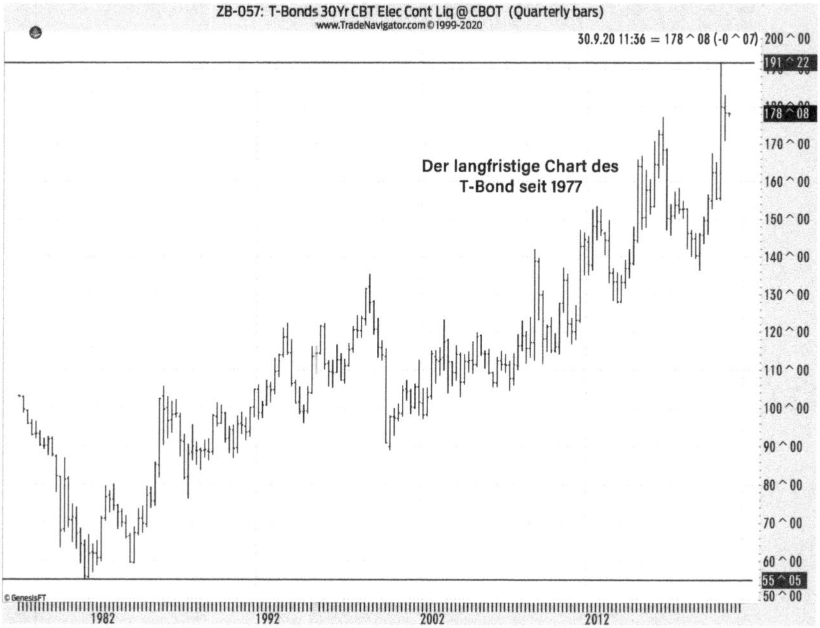

ABBILDUNG 12.1 | ZB_T-BOND_LANGFRISTCHART Quelle: GenesisFT
Der langfristige Chart des T-Bond

Die Entwicklung der langfristigen US-Staatsanleihen zeigt einen klaren Trend nach oben. Anfang der 1980er-Jahre notierte der T-Bond Future noch im Tief bei 55,05 (das entsprach bei einer 30-jährigen Anleihe einer Rendite von über 14 Prozent). Auf dem Höhepunkt der Coronakrise im Frühjahr 2020 kletterte der T-Bond Future in der

Spitze bis auf 191,22, was bei einer 30-jährigen Anleihe eine Rendite von 1,25 Prozent entspricht.

12.1.3 Wie funktioniert der Global One im T-Bond?

12.1.3.1 Backtest

ABBILDUNG 12.2 | ZB_T-BOND_EQUITY CURVE Quelle: GenesisFT
Backtest Equity-Kurve T-Bond

Nach dem etwas holprigen Start und einem Drawdown von mehr als 7.000 US-Dollar im Jahr 2011 ging es über die folgenden Jahre nur nach oben. Nach einer kurzen Seitwärtsphase folgte sofort ein weiterer Anstieg, eine nahezu perfekte Equity-Kurve, die mit einem Future mehr als 25.000 US-Dollar verdiente. Slippage und Kommission wurden mit 15 US-Dollar im Durchschnitt pro Round-Turn (Kauf und Verkauf) berücksichtigt.

12.1.3.2 Signale

ABBILDUNG 12.3 | ZB_T-BOND_GO_SIGNALE Quelle: GenesisFT

Signale GO T-Bond

12.1.3.3 Realität

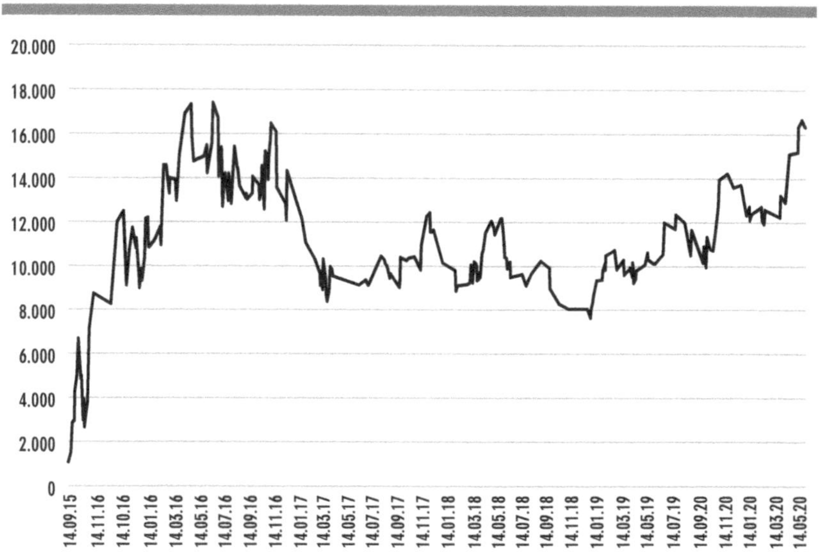

ABBILDUNG 12.4 | ZB_T-BOND_GO_EQUITY CURVE_REAL Quelle: CMCT
Reale Kapitalkurve GO T-Bond

Die T-Bond-Future-Strategie hatte einen verheißungsvollen Start und konnte im ersten Dreivierteljahr eine positive Performance von mehr als 17.000 US-Dollar erzielen. In den darauffolgenden zweieinhalb Jahren verzeichnete die Strategie jedoch einen Drawdown und gab mehr als die Hälfte der Gewinne wieder ab.

Seit Anfang 2019 ist ein klarer Aufwärtstrend zu erkennen, und die Strategie steht kurz vor einem neuen All-Time-High. Die im Backtest angenommene Kommission und Slippage in Höhe von 15 US-Dollar ist im Live-Trading realistisch, wir hatten nur in Ausnahmefällen eine Slippage beim Einstieg.

12.1.4 Wie funktioniert der Global Two im T-Bond?

ABBILDUNG 12.5 | ZB_T-BOND_GT_SIGNALE Quelle: GenesisFT
Signale GT T-Bond

In der Nachbetrachtung der ALGO-GT-Signale im T-Bond Future sticht eindeutig das Kaufsignal Anfang Januar 2020 hervor. Hier wäre nach einem Einstieg bei 158 und einem Ausstieg bei 191 ein Gewinn von 33.000 US-Dollar mit einem Future möglich gewesen. So viel zur Theorie; in der Praxis werden aktuell noch keine Signale im Bond-Markt für den ALGOreport besprochen. Bei den übrigen sechs Signalen wären die vier Verkäufe mit einer optimalen Umsetzung profitabel gewesen.

12.1.5 Über den T-Bond Future

Börse: Globex, (CME Group)

Ticker-Symbol: ZB

Ticker-Symbol Interactive Brokers: ZB

Elektronischer Handel Globex®: ZB

Kontraktumfang: US-Staatsanleihe im Nennwert von 100.000 US-Dollar

Tick-Größe: 1/32 Prozentpunkt (31,25 US-Dollar pro Kontrakt)

Kontraktmonate: März, Juni, September, Dezember für drei Quartale

Letzter Handelstag: 7. Geschäftstag vor dem letzten Geschäftstag des terminfälligen Handelsmonats

Settlement: Ausgleich durch Bucheintrag im automatischen Buchungssystem der Federal Reserve (US-Zentralbank)

Qualität: US-Staatsanleihen (nicht kündbar) mit einer Laufzeit von mindestens 15 und höchstens 25 Jahren. Der Umrechnungsfaktor bezieht sich dabei auf einen Anleihe-Kupon von 6 Prozent.

Handelszeiten: CME Globex®: Sonntag - Freitag, von 17:00 – 16:00 Uhr (Chicagoer Zeit)

Tägliches Preislimit: 300 Punkte (3.000 US-Dollar)

Positions-Obergrenze: Maximal 10.000 Kontrakte

Reportable Limit: 1.500 Kontrakte

Margin: Initial Margin: 7.906 US-Dollar; Maintenance Margin: 6.325 US-Dollar

12.2 Bitcoin

12.2.1 Allgemeines

Bitcoin ist eine Kryptowährung, die im Jahr 2009 angeblich von Satoshi Nakamoto entwickelt wurde, einem Individuum oder einer Gruppe, deren wahre Identität bis heute nicht bekannt ist. Die Hauptidee war, schnelle und kostengünstige Zahlungen ohne Beteiligung traditioneller Bankkanäle zu ermöglichen. Der rasante Aufstieg der Währung begann 2016, als der Preis massiv nach oben ging. Bis 2020 stieg auch die Zahl der Bitcoin-Geldautomaten auf fast 8.000 an. Seit 2020 wird ein Bitcoin Future an der CME gehandelt.

Die Größe der Bitcoin-Chain ist zwischen 2010 und 2019 auf 242.386 Megabyte angestiegen. Bitcoin ist, gemessen am 24-Stunden-Einkaufsvolumen weltweit, die zweitgrößte Kryptowährung nach Tether. Auf Platz 3 liegt Ethereum.

12.2.2 Die Preisentwicklung von Bitcoin seit 2011

ABBILDUNG 12.6 | BTC_BITCOIN_LANGFRISTCHART Quelle: GenesisFT
Der langfristige Bitcoin-Chart

Im Chart wird der Bitcoin Future seit August 2011 dargestellt, die offizielle Einführung des BTC Future durch die amerikanische Terminbörse CME erfolgte jedoch erst im Januar 2020. Bis zum Mai 2017 war die Kryptowährung mehr oder weniger nur Experten ein Begriff und notierte unter 200 US-Dollar. Der explosionsartige Anstieg erfolgte Anfang Mai 2017, als sich der Bitcoin innerhalb weniger Tage von 1.375 US-Dollar auf 2.805 US-Dollar mehr als verdoppelte und somit immer mehr im Fokus der breiten Öffentlichkeit stand. In den folgenden sieben Monaten erfolgte ein Anstieg bis auf 19.770 US-Dollar, die Euphorie kannte keine Grenzen und es wurden Vergleiche mit der großen Tulpenmanie vor 380 Jahren gezogen. Unter großen Schwankungen erfolgte in nur einem Jahr ein Absturz um mehr als 80 Prozent bis auf 3.120 US-Dollar. Sechs Monate später kletterte die Kryptowährung wieder auf 14.170 US-Dollar, um dann im März 2020 wieder um 70 Prozent auf 4.210 US-Dollar zu fallen. Seitdem hat sich der Bitcoin Future wieder verdoppelt.

12.2.3 Wie funktioniert der Global One im Bitcoin?

12.2.3.1 Backtest

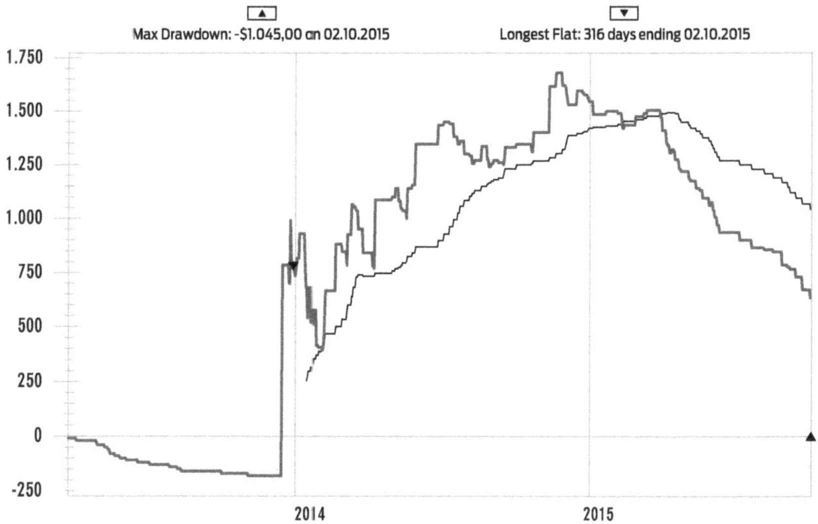

ABBILDUNG 12.7 | BTC_BITCOIN_EQUITY CURVE Quelle: GenesisFT
Backtest Equity-Kurve Bitcoin

Der Backtest im Bitcoin Future zeigt keine verlässlichen Daten und ist nicht aussagekräftig.

12.2.3.2 Signale

ABBILDUNG 12.8 | BTC_BITCOIN_GO_SIGNALE
Signale GO Bitcoin

Quelle: GenesisFT

12.2.3.3 Realität

Bitcoin wird im Global One nicht gehandelt.

12.2.4 Wie funktioniert der Global Two im Bitcoin?

ABBILDUNG 12.9 | BTC_BITCOIN_GT_SIGNALE Quelle: GenesisFT
Signale GT Bitcoin

Das ALGO-GT-Signal hat im Bitcoin Future bislang sechs Signale geliefert, von denen in der Nachbetrachtung alle sehr vernünftig aussehen. Nach dem letzten Verkaufssignal am 20. Februar 2020 brach der Bitcoin Future um mehr als 50 Prozent ein, auf das letzte Kaufsignal Ende März 2020 erfolgte ein Anstieg um mehr als 50 Prozent. Betrachtet man nur das ALGO-GT-Signal, hätten sich sehr lukrative Kauf- und Verkaufschancen geboten. Eine vernünftige Analyse der Commitments-of-Traders-Daten sowie der „Seasonals“ ist jedoch mangels ausreichender historischer Daten schwierig. Im ALGOreport wird der Bitcoin Future bislang noch nicht ausführlich besprochen.

12.2.5 Über den Bitcoin Future

Börse: CME Crypto (Chicago Mercantile Exchange)

Ticker-Symbol: BTC

Ticker-Symbol Interactive Brokers: BRR

Elektronischer Handel Globex®: BTC

Tick-Größe: 5 US-Dollar pro Bitcoin = 25 US-Dollar pro Kontrakt

Kontraktmonate: 6 aufeinanderfolgende Monate sowie 2 Dezember-Kontrakte der darauffolgenden Jahre; falls die 6 aufeinanderfolgenden Monate den Dezember beinhalten, nur ein zusätzlicher Dezember-Kontrakt

Handelszeiten: Nur elektronischer Handel, Sonntag - Freitag, von 18:00 - 17:00 Uhr (New York Zeit) des nächsten Tages. Die Handelspause zwischen dem heutigen Handelstag und dem nächsten Handelstag beträgt 60 Minuten.

Letzter Handelstag: Letzter Freitag des jeweiligen Kontraktmonats um 16:00 Uhr London-Zeit; falls der Freitag ein Feiertag ist, gilt der vorherige Handelstag.

Kontraktspezifikationen: Der CME Bitcoin Future bildet den Preis des Bitcoin ab. Da es keinen offiziellen Referenzpreis gibt, misst die CME einen solchen Preis selbst. Der Future bezieht sich deshalb auf die Bitcoin Reference Rate (BRR). Diese wird aus den Kursen von vier „konstituierenden Kryptobörsen" abgeleitet. Bei diesen Börsen handelt es sich um BitStamp, Coinbase, itBit und Kraken. Das Settlement erfolgt in Cash.
Siehe die Börsenregeln für weitere Informationen:
https://www.cmegroup.com/confluence/display/EPICSANDBOX/Bitcoin

Tägliches Preislimit: 30 Prozent Limit up/down, bezogen auf den „Settlement"-Preis des Vortags

Positions-Obergrenze: Maximal 5.000 Kontrakte über alle Kontraktmonate, im Spot-Monat nur maximal 2.000 Kontrakte

Reportable Limit: Ab 1 Kontrakt

Margin: Initial Margin: 28.812 US-Dollar, Maintenance Margin: 23.050 US-Dollar

12.3 Bund Future

12.3.1 Allgemeines

Der Handel mit Bund Futures startete 1988 an der Londoner Terminbörse LIFFE. Zwei Jahre später, 1990, konnte der Terminkontrakt auch an der Deutschen Terminbörse (DTB) gehandelt werden. Die Bedeutung des Bund Future ist bis heute ungebrochen. Täglich werden im Durchschnitt mehr als 600.000 Kontrakte gehandelt. Die liquideste Börse für den Handel ist heute die Eurex, die Nachfolgebörse der DTB.

12.3.2 Die Preisentwicklung des Bund seit 1990

ABBILDUNG 12.10 | EBI_BUND FUTURE_LANGFRISTCHART Quelle: GenesisFT
Der langfristige Chart des Bund

Mit der Einführung des Bund Future als elektronischem Terminkontrakt an der DTB (Deutsche Terminbörse) Ende 1990 markierte der Future auch gleichzeitig seinen Tiefststand bei 81,66 im Januar 1991. Betrachtet man den langfristigen Chart, stellt man fest, dass er einen seit mehr als 30 Jahren intakten Aufwärtstrend verzeichnet. Die damals verbreitete Meinung der Experten – „Bei 160 ist Schluss!" – kann getrost als eine der größten Fehleinschätzungen betrachtet werden. Die Rendite der zugrunde liegenden 10-jährigen Bundesanleihe fiel im Jahre 1990 von 8,80 Prozent auf einen Tiefststand von -0,90 Prozent im März 2020.

12.3.3 Wie funktioniert der Global One im Bund?

12.3.3.1 Backtest

ABBILDUNG 12.11 | EBI_BUND FUTURE_EQUITY CURVE Quelle: GenesisFT

Backtest Equity-Kurve Bund

Der Backtest im Bund Future im getesteten Zeitraum zeigte keine handelbare Kapitalkurve und wurde nicht weiterverfolgt. Die Vermutung, dass der Bund Future aufgrund seiner Beliebtheit „overbroked" ist, liegt nahe. Slippage und Kommission wurden mit 10 Euro im Durchschnitt pro Round-Turn (Kauf und Verkauf) berücksichtigt.

12.3.3.2 Signale

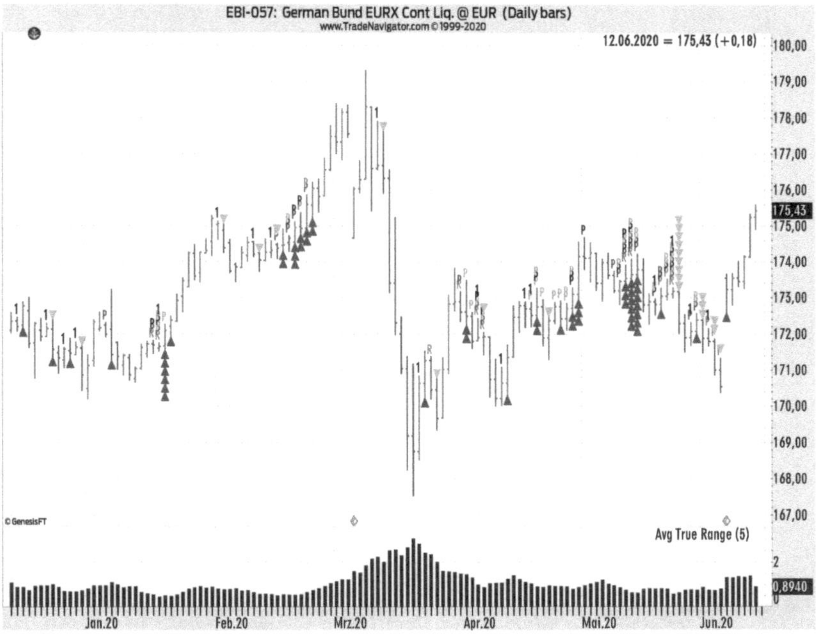

ABBILDUNG 12.12 | EBI_BUND FUTURE_GO_SIGNALE Quelle: GenesisFT
Signale GO Bund

12.3.3.3 Realität

Der Bund Future wird im Global One nicht gehandelt.

12.3.4 Wie funktioniert der Global Two im Bund?

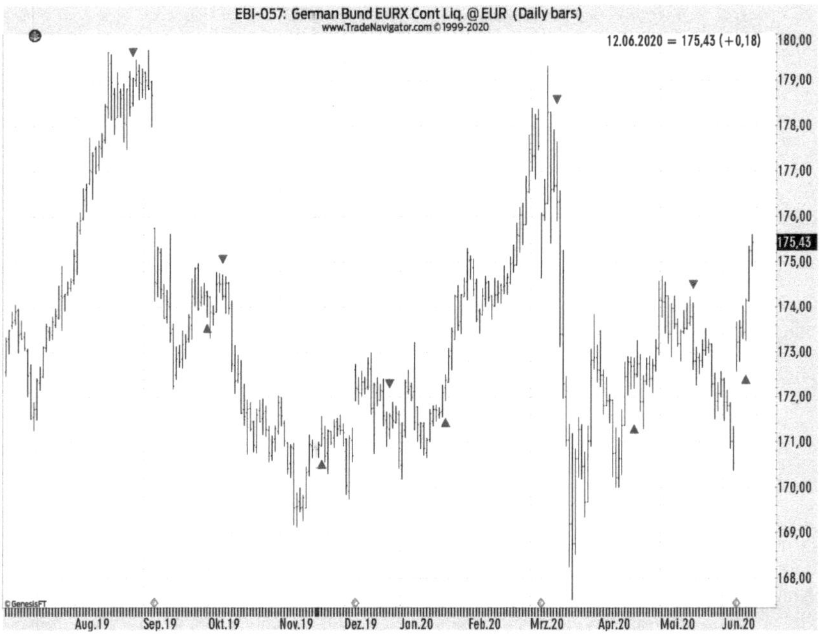

ABBILDUNG 12.13 | EBI_BUND FUTURE_GT_SIGNALE Quelle: GenesisFT
Signale GT Bund

Der Bund Future wird im ALGOreport nicht näher besprochen, die ausgeworfenen ALGO-GT-Signale sehen in der Nachbetrachtung aber sehr vielversprechend aus. Der Verkauf Ende März, der in der Spitze fast zehn volle Punkte im Gewinn lag, sticht besonders hervor.

12.3.5 Über den Bund Future

Börse: Eurex

Ticker-Symbol: FGBL

Ticker-Symbol Interactive Brokers: GBL

Elektronischer Handel Eurex: FGBL

Kontraktumfang: 100.000 Euro einer fiktiven 8½- bis 10½- jährigen deutschen Schuldverschreibung mit einem Kupon von 6 %

Tick-Größe: 0,01 % von 100.000 Euro, 10 Euro pro Kontrakt

Kontraktmonate: Die jeweils nächsten 3 Quartalsmonate des Zyklus März, Juni, September und Dezember

Handelszeiten: Montag - Freitag, von 01:00 - 22:00 Uhr (MEZ)

Letzter Handelstag: 2 Börsentage vor dem Liefertag des jeweiligen Quartalsmonats. Handelsschluss für den fälligen Liefermonat ist 12:30 Uhr MEZ

Liefertag: Der 10. Kalendertag des jeweiligen Quartalsmonats, sofern dieser Tag ein Börsentag ist, andernfalls der darauffolgende Börsentag

Abrechnung und Erfüllung: Anleihen der Bundesrepublik Deutschland mit einer Restlaufzeit von 8½ bis 10½ Jahren am Liefertag. Die Schuldverschreibungen müssen ein Mindestemissionsvolumen von 5 Milliarden Euro aufweisen. Der Schlussabrechnungspreis ist der volumengewichtete Durchschnitt der Preise der letzten 5 zustande gekommenen Geschäfte.

Margin: Initial Margin: 4.325 Euro, Maintenance Margin: 3.460 Euro

12.4 DAX Future

12.4.1 Allgemeines

Der Deutsche Aktienindex (DAX) wurde 1988 eingeführt. Der Future auf den DAX 30 wurde im November 1990 an der Deutschen Terminbörse aufgelegt, heute handelt auch der DAX Future an der Nachfolgebörse Eurex.

12.4.2 Die Preisentwicklung des FDAX seit 1990

ABBILDUNG 12.14 | GX_DAX FUTURE_LANGFRISTCHART Quelle: GenesisFT
Der langfristige Chart des FDAX

Der DAX Future markierte seinen Tiefststand, ähnlich wie der Bund Future, im Januar 1991 bei 1.310. Seitdem geht es unter großen Schwankungen nach oben. Im Sog der Internet- und Neuer-Markt-Blase kletterte der DAX Future im März 2000 bis auf 8.136, um dann bis zum März 2003 um mehr als 70 Prozent auf 2.187 zu fallen. Vier Jahre später konnte bei 8.217 ein neues Allzeithoch notiert werden, um dann in der Finanzkrise 2008/09 um etwas über 50 Prozent auf 3.588 Punkte zu korrigieren. Seitdem konnte sich der DAX Future fast vervierfachen und übersprang im Februar 2020 sein altes Hoch aus dem Januar 2018 um 200 Punkte und markierte bei 13.824 ein neues All-Time-High. Der Corona-Crash im März 2020 sorgte für den prozentual größten Rückgang in der Geschichte des DAX innerhalb von nur vier Wochen.

12.4.3 Extrembeispiel im Handel mit dem FDAX

Einen Vorgeschmack auf die Finanzkrise 2008 bekamen wir als Aktien- und Futures-Trader schon Ende Januar 2008 durch die gigantische Fehlspekulation der Société Générale. Ob der Derivate-Trader Jérôme Kerviel allein gehandelt hatte oder ob das Management der französischen Bank über die riesige Position Bescheid wusste, sei dahingestellt. Long-Positionen in europäischen Indizes in Höhe von 50 Milliarden Euro wurden nach Bekanntwerden der Positionen in drei Tagen liquidiert und verursachten der Bank einen Verlust von fast fünf Milliarden Euro. Der DAX verlor beispielsweise am ersten Tag des Notverkaufs mehr als sieben Prozent, und im Handelsraum der Banken herrschte Panik, da keiner wusste, wer der große Verkäufer war.

12.4.4 Wie funktioniert der Global One im FDAX?

12.4.4.1 Backtest

ABBILDUNG 12.15 | GX_DAX FUTURE_EQUITY CURVE Quelle: GenesisFT
Backtest Equity-Kurve FDAX

Der Backtest im DAX Future zeigt keine klare Tendenz und wurde nicht weiterverfolgt. Die Vermutung, dass der DAX Future aufgrund seiner Beliebtheit „overbroked" ist, liegt nahe. Slippage und Kommission wurden mit 10 Euro im Durchschnitt pro Round-Turn (Kauf und Verkauf) berücksichtigt.

12.4.4.2 Signale

ABBILDUNG 12.16 | GX_DAX FUTURE_GO_SIGNALE Quelle: GenesisFT
Signale GO FDAX

12.4.4.3 Realität

Der DAX Future wird im Global One nicht gehandelt.

12.4.5 Wie funktioniert der Global Two im FDAX?

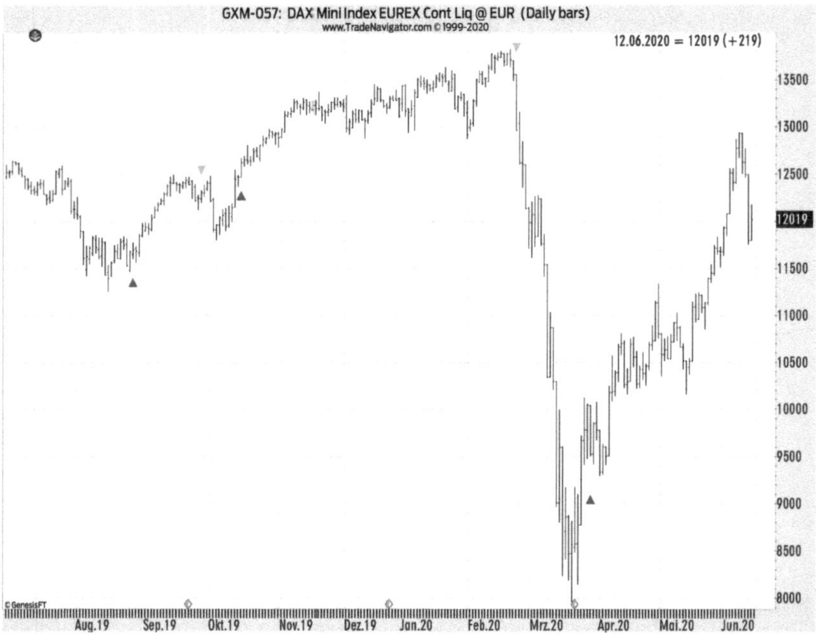

ABBILDUNG 12.17 | GX_DAX FUTURE_GT_SIGNALE Quelle: GenesisFT
Signale GT FDAX

Im DAX Future wurden bislang aufgrund fehlender Commitments-of-Traders-Daten (sie werden für deutsche Futures nicht erfasst) keine Trades umgesetzt. Im Chart wird deutlich, dass es kurz vor dem Corona-Crash Ende Februar ein perfektes ALGO-GT-Verkaufssignal gab. Einen Monat später, am 27. März 2020, drehte der ALGO-GT von short auf long und generierte ein Kaufsignal im DAX bei 9.526 Punkten.

Im ALGOreport wird der DAX Future bislang noch nicht ausführlich besprochen.

12.4.6 Über den DAX Future

Börse: Eurex

Ticker-Symbol: FDAX

Ticker-Symbol Interactive Brokers: DAX

Elektronischer Handel Eurex: FDAX

Kontraktumfang: 25 Euro je Indexpunkt des DAX

Tick-Größe: Minimale Preisvariation 0,5 Indexpunkte,
dies entspricht 12,50 Euro pro Kontrakt

Kontraktmonate: Die jeweils nächsten 3 Quartalsmonate des Zyklus März, Juni, September und Dezember

Handelszeiten: Montag - Freitag, von 01:00 - 22:00 Uhr (MEZ)

Letzter Handelstag: 3. Freitag des fälligen Terminmonats, sofern dies ein Börsentag ist, andernfalls der davor liegende Börsentag

Abrechnung und Erfüllung: Erfüllung durch Barausgleich, Cash Settlement, Schlussabrechnung am letzten Handelstag der untertägigen Xetra-Auktion um 13:00 MEZ

Margin: Initial Margin: 12.803 Euro, Maintenance Margin: 10.242 Euro

12.5 Nasdaq Future

12.5.1 Allgemeines

Der e-mini Nasdaq Future 100 bildet die 100 Aktien der an der Nasdaq gelisteten Nicht-Finanzunternehmen mit der höchsten Marktkapitalisierung ab. Die Indexgewichtung der einzelnen Aktien darf 24 Prozent nicht überschreiten, die Gewichtung der gelisteten Unternehmen wird viermal jährlich überprüft, und über die Zusammensetzung wird in der Regel einmal pro Jahr entschieden. Der Nasdaq 100 Index wird seit dem 31. Januar 1985 berechnet, der Future wurde im Juni 1999 von der CME Group eingeführt.

12.5.2 Die Preisentwicklung des Nasdaq seit 1999

ABBILDUNG 12.18 | NQ_NASDAQ FUTURE_LANGFRISTCHART Quelle: GenesisFT
Der langfristige Chart des Nasdaq

Nach der Einführung im Juni 1999 bei 2.240 Punkten verdoppelte sich der Nasdaq Future auf dem Höhepunkt der Spekulationsblase im Technologiesektor (Dotcom-Blase) innerhalb von nur einem Dreivierteljahr bis auf 4.884. Nach seinem Allzeithoch am 27. März 2000 fiel der Nasdaq 100 Future Ende 2002 bis auf 797,50, das entsprach einem Verlust von über 84 Prozent in weniger als drei Jahren. Nach der Finanzkrise 2008 startete der Nasdaq Future eine fulminante Rallye und durchbrach seine alten Höchststände im September 2016. Getrieben durch die Schwergewichte im Index, die sogenannten FA-ANG-Aktien (Facebook, Amazon, Apple, Netflix, Google), verdoppelte sich der Technologieindex in nur vier Jahren und durchbrach im Juni 2020 die 10.000er-Marke. Im Vergleich zu anderen Aktienindizes ist eine deutliche Outperformance zu beobachten.

12.5.3 Wie funktioniert der Global One im Nasdaq?

12.5.3.1 Backtest

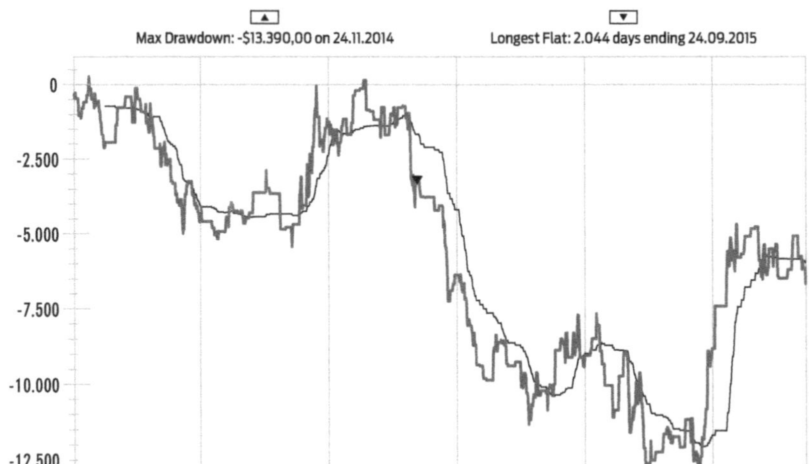

ABBILDUNG 12.19 | NQ_NASDAQ FUTURE_EQUITY CURVE Quelle: GenesisFT
Backtest Equity-Kurve Nasdaq

Die Backtest-Ergebnisse im Nasdaq 100 Future waren mehr als enttäuschend. Es liegt wiederum die Vermutung nahe, dass ein Breakout-System in sehr beliebten und „overbrokten" Instrumenten nicht funktioniert.

12.5.3.2 Signale

ABBILDUNG 12.20 | NQ_NASDAQ FUTURE_GO_SIGNALE Quelle: GenesisFT
Signale GO Nasdaq

12.5.3.3 Realität

Der Nasdaq Future wird im Global One nicht gehandelt.

12.5.4 Wie funktioniert der Global Two im Nasdaq?

ABBILDUNG 12.21 | NQ_NASDAQ FUTURE_GT_SIGNALE Quelle: GenesisFT
Signale GT Nasdaq

Der Nasdaq 100 Future wird im ALGOreport nicht besprochen, die ausgeworfenen ALGO-GT-Signale sind in der Nachbetrachtung aber mehr als beeindruckend. Sowohl das Verkaufssignal kurz vor dem Corona-Crash im März 2020 als auch das Kaufsignal vor der 30-prozentigen Rallye im April 2020 hätten mit einer optimalen Umsetzung stattliche Gewinne erzielt.

12.5.5 Über den Nasdaq Future

Börse: Globex (CME Group)

Ticker-Symbol: NQ

Ticker-Symbol Interactive Brokers: NQ

Elektronischer Handel Globex®: NQ

Kontraktumfang: 20 US-Dollar je Indexpunkt des Nasdaq 100

Tick-Größe: Minimale Preisvariation 0,25 Indexpunkte, dies entspricht 20 US-Dollar pro Kontrakt

Kontraktmonate: Die jeweils nächsten fünf Quartalsmonate des Zyklus März, Juni, September und Dezember

Handelszeiten: Sonntag - Freitag, von 00:00 - 22:15Uhr (MEZ) 22:30 – 23:15 (MEZ)

Letzter Handelstag: 3. Freitag des fälligen Terminmonats

Abrechnung und Erfüllung: Erfüllung durch Barausgleich, Cash Settlement

Margin: Initial Margin: 16.500 US-Dollar, Maintenance Margin: 15.000 US-Dollar

SCHLUSSWORT

Wenn wir auf unsere Zeit im Investmentbanking als Händler zurückblicken, bleiben sicherlich viele schöne Erinnerungen und Anekdoten, an die wir immer wieder gern denken. Wir waren zur richtigen Zeit am richtigen Ort, und der Beruf des „Bankers“ hatte einen besseren Ruf als in den heutigen Tagen. Der breiten Bevölkerung wurde erst nach der großen Finanzkrise 2008 bewusst, in welchen Dimensionen an den globalen Finanzmärkten gespielt wird und welche Auswirkungen ein außer Kontrolle geratener Markt auf die ganze Welt haben kann. Für uns persönlich bedeutete die Krise 2008, mit einer gewissen Verzögerung, auch das Ende einer steilen Karriere. Die Privilegien, die eine Führungsposition in einer Investmentbank mit sich brachten, sind in anderen Branchen nur schwer erreichbar. Folgerichtig blieb nur der Weg in die Selbstständigkeit, der neben der finanziellen Unsicherheit den Vorteil der Unabhängigkeit mit sich bringt.

In den letzten Jahren stellten wir für uns fest, dass der wahre Reichtum darin besteht, nicht mehr an sinnlosen Meetings teilzunehmen, die Zeit nicht mehr mit Kollegen zu verbringen, gegen die eine Aversion besteht, und nicht mehr in einem festgefahrenen Schema gefangen zu sein, das Zeit und Energie verschwendet.

Die letzten sieben Jahre der Selbstständigkeit waren alles andere als einfach, da sich die Entwicklung von Handelsstrategien sehr zeitintensiv gestaltet. Die ausführlich im Buch beschriebene Breakout-Strategie Global One wird von uns nunmehr seit mehr als fünf Jahren live gehandelt und konnte bislang eine sehr ordentliche Performance generieren. Während dieser Zeit wurden aber auch andere, im Nachhinein nicht sehr erfolgreiche Handelsstrategien entwickelt und auch live gehandelt. Diese gescheiterten Projekte gehören leider dazu und sind ein Teil der Lernkurve, eine Erfahrung, die andere Trader in ihrer Karriere bestimmt auch durchlebt haben. Die Palette der kostspieligen Ausflüge reicht vom Trading in kurzfristigen Zeitzonen über den Handel von gleitenden Tagesdurchschnitten bis zum Trading diverser Indikatoren.

Als logische Konsequenz dieser Erfahrungen und unserer ständigen Weiterentwicklung entstand der Global Two, den wir in Form des ALGOreport seit August 2019 veröffentlichen. Als Fazit kann festgehalten werden, dass es möglich ist, mit einem relativ einfachen Breakout-System über Jahre hinweg Geld zu verdienen.

Wir gehen aber nach den von uns gemachten Erfahrungen davon aus, dass es für einen Trader allein auch emotional sehr schwierig sein dürfte, diesen Weg zu beschreiten. Die Tatsache, dass der selbstständige Trader nicht Monat für Monat ein regelmäßiges Gehalt bezieht und Weihnachten in einer guten Woche auch in den Sommer fallen kann, sollte jedem bewusst sein, der hauptberuflich sein Geld an den Finanzmärkten verdienen will.

Carsten Stork und Markus Hechler

ALGOreport

Die smarte Art, ein Vermögen zu machen

ALGOreport

Die smarte Art, ein Vermögen zu machen

Inhalt

Liebe LeserInnen,

herzlich willkommen zur 32. Ausgabe des ALGOreports!

Wie geht es weiter, wie sieht der „große Plan" aus?

Durch den zündenden Funken Corona haben weltweit die Regierungen einen Gefallen daran gefunden, ihren politischen Willen auch ohne lästige Parlamentsinterventionen durchzusetzen, die Berufung auf die Coronakrise genügt, um bislang undenkbare politische Entscheidungen durchzuboxen.
Schon der damalige US-Präsident Franklin D. Roosevelt wurde mit den Worten zitiert: „In der Politik passiert nichts zufällig. Wenn es doch passiert, war es so geplant." Das weltweite Wirtschaftswachstum ist schon vor Corona an seine Grenzen gestoßen, denn spätestens nach der 2008er Krise wurde den handelnden Personen bewusst, dass ohne dauerhaft niedrige Zinsen und weiter steigenden Schulden ein Weiterbestehen der Welt, wie wir sie kennen, nicht möglich wäre. Ohne die Interventionen der Notenbanken an den Märkten würde ein DAX nicht bei 12.500 Punkten stehen, eine zehnjährige italienische Staatsanleihe nicht bei 0.70 (!) Prozent rentieren und der Quadratmeterpreis in Frankfurt bei 7.000 Euro, Tendenz steigend, liegen. Wir haben es hier mit einer „everything-bubble" zu tun, die mit einer stetig wachsenden Notenbankbilanz immer größer wird und irgendwann platzen wird. All about timing- wie lange es weitergeht, steht in den Sternen, es ist

News Corner	S. 5
ALGOreport-Empfehlungen	
Short Zucker	S. 6
Watchlist	S. 22
Aktuelle Trade-Besprechungen	S. 23
Musterdepot	S. 26
Transaktionsliste	S. 26
Impressum & Disclaimer	S. 30
Anhang	
Das ALGO-GT-Prinzip	S. 31

Rohstoff-Trading mit System – auch im Abo!
Der ALGOreport präsentiert regelmäßig die besten Trading-Gelegenheiten und begleitet laufende Trades.

Carsten Stork

Markus Hechler

Zwei absolute Profis zeigen, wie Privatanleger an den Rohstoffmärkten investieren können

www.algoreport.de